국가의 품격

담론과 성찰 2

김우창

이광주

송재소

김찬호

박상익

곽노현

백종국

전재성

조홍식

조광호

김언호

김민웅

한길사

펴낸이 · 김언호
펴낸곳 · (주)도서출판 한길사

등록 · 1976년 12월 24일 제74호
주소 · 413-756 경기도 파주시 교하읍 문발리 520-11
　　　www.hangilsa.co.kr
　　　E-mail: hangilsa@hangilsa.co.kr
전화 · 031-955-2000~3　　팩스 · 031-955-2005

상무이사 · 박관순 | 영업이사 · 곽명호
편집 · 박희진 안민재 이지은 김지희 임소정 김세희 | 전산 · 김현정
마케팅 및 제작 · 이경호 박유진 | 경영기획 · 김관영
관리 · 이중환 문주상 장비연 김선희

CTP 출력 및 인쇄 · 현문인쇄 | 제본 · 자현제책사

제1판 제1쇄 2010년 9월 30일

값 15,000원
ISBN 978-89-356-6167-1 03300

이 도서의 국립중앙도서관 출판시도서목록(CIP)은
e-CIP 홈페이지(http://www.nl.go.kr/cip.php)에서 이용하실 수 있습니다.
(CIP제어번호: CIP2010003437)

" 이 대중의 시대에 국가의 품격은 국민 모두의 성정(性情)과

　문화 수준에 따를 수밖에 없다. 지도자의 인품과 격위(格位) 또한 나라의

　위상과 품격을 비춰준다. 그렇기 때문에 우리는 지도자가 겨레의 도덕성과

　문화 이상의 상징이며 구현자이기를 요구할 수밖에 없지 않은가.

　자본주의 사회를 '욕망의 체계'로 진단한 말이 있지만 우리 사회만큼 욕망이

　가득한 사회가 또 있을까. 좋은 사회란 욕망을 정화하고 욕망으로부터

　자유로운, 그럼으로써 서로 아끼고 '삶의 질'을 귀하게 여기는 사회,

　품위 있고 품격 있는 사회다. "

　　• 이광주

" 진선미의 총화를 진리라고 표현하고 싶습니다.

더 넓게는 '바른 이치'로, 어쩌면 '가장 아름다운 이치'인 진리를

어떻게 드러내느냐를 생각하면 미술에서의 진리와

종교적 진리는 결코 다르지 않습니다. 종교는 예술로써

아름다운 향기와 열매를 맺는 나무가 될 수 있고,

예술은 종교적 경지에 이르러서야 그 절정의 향기와

열매를 맺을 수 있습니다. 또한 생명에 대한 아이러니에 주목합니다.

가장 화려한 자연의 빛과 색을 통해서 그 화려함 속에

가장 비극적인 생태계의 분열이 일어나는 역설적 상황을

그려내보고자 했습니다. 오늘날 환경파괴가 인간성의 파괴,

나아가 우주적 환란이 되는 것 역시 인간이 이웃과 자연은 물론

초월자의 목소리에 귀를 막은 결과입니다. 예술은 바로

진리 앞에 겸허한 자세로 내면의 목소리를 듣고, 그 진리의 빛나는

얼굴을 언뜻언뜻 드러내는 인간의 가장 눈부신 언어입니다. "

- 조광호 인천가톨릭대 조형예술대학장 | 신부

Korea Fantasy-Apoc 451×239cm 캔버스에 유화 2009

Korea Fantasy - happy birthday to you 400×215cm 캔버스에 유화 2009

The Cord of Africa 241x180cm 캔버스에 유화 2009

Via Hominis 362x180cm 캔버스에 유화 2009

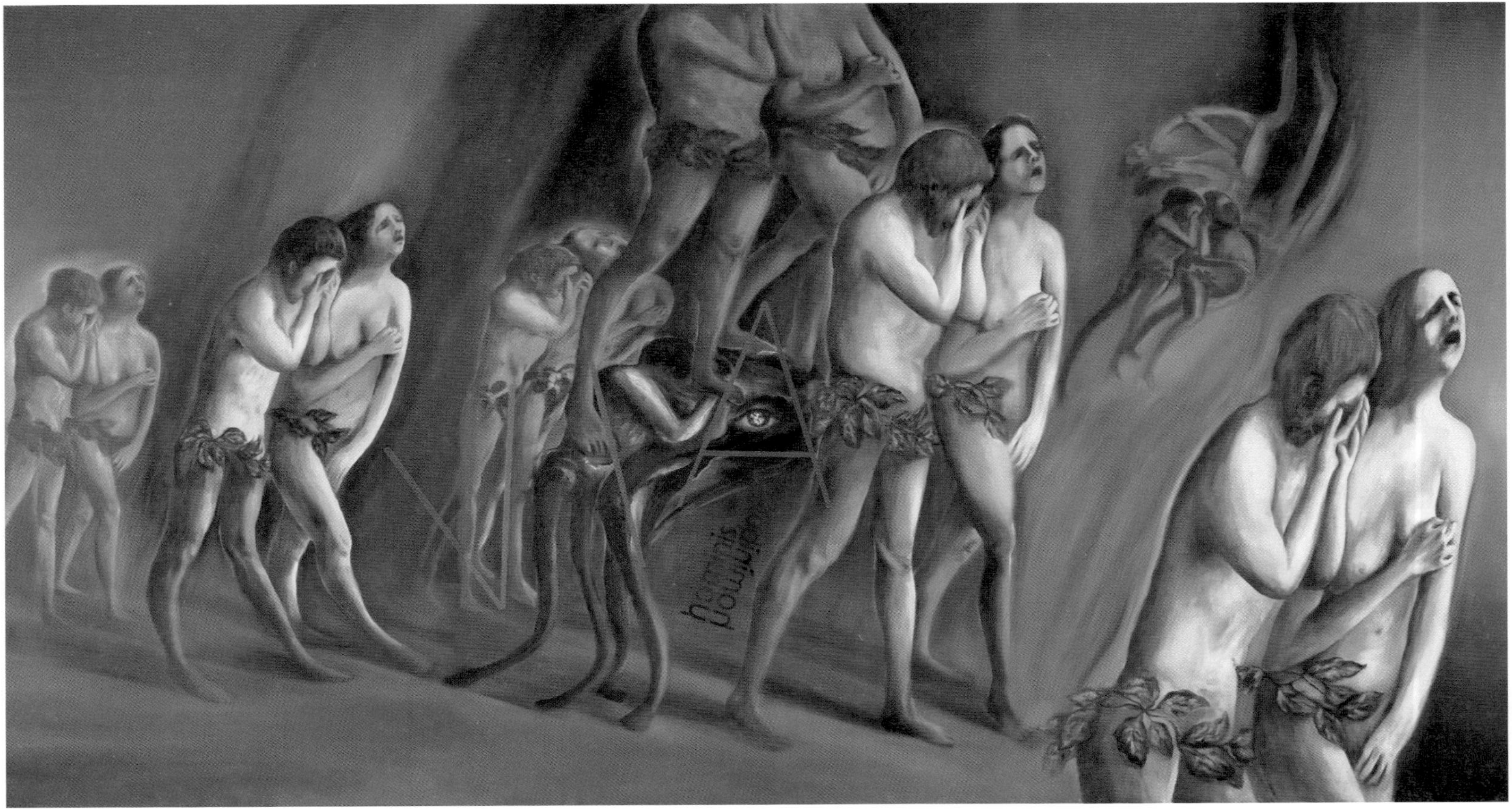

Korea Fantasy 21- Apoc 480.5×181cm 캔버스에 유화 2009

삶의 자리 162×130.5cm 캔버스에 실사출력 및 아크릴 2009

푸른 나비 130.5×162cm 캔버스에 유화 2009

품격, 사람답게 살 수 있는 희망의 원리

✍ 『담론과 성찰』 제2집을 내면서

    요즈음 우리 사회에서는 차츰 '격'(格)을 논한다. 이른바 '국격'(國格)에 대한 이야기도 나온다. 그나마 다행스럽다. 양적 성장에만 몰두해왔던 가치관에 대한 반성일까. 질적 깊이를 만들어내지 않고는 사회의 진정한 발전을 도모할 수 없다는 한계에 대한 위기의식일까.

    격조 없는 사회와 결별하고 품격 있는 사회를 만들어낼 수 있는 바탕은 어떻게 가능한지 고민해보는 노력은 소중하다. 무언가 겉으로 보기엔 대단한 업적을 이루는 듯하지만 사실 속은 점점 더 비어가고 있다면 그것은 시간을 낭비하는 일이며, 잘못 살고 있는 것이다. 『담론과 성찰』 제2집은 '격'에 대한 우리의 생각을 한번 짚어보는 기회를 마련해보았다.

    먼저, 동아시아 전통에서는 '격'을 어떻게 사고해왔을까. 한자로 '격'(格)은 '바로 잡는다'는 뜻을 가지고 있다. 각기 질서 없이 흩어져 있는 것을 중심 잡아 서로 어울리는 모습을 갖추도록 하는 것이다. 여러 가지라는 의미의 '각'(各)에 나무 '목'(木)자가 붙은 이 글자는 고대 농경시대, 밭농사를 하는 과정에서 나무 버팀대를 세워 작물이 거기에 의지해 잘 자라도록 한다는 뜻이 담겨 있다. 성장의 틀 거리를 제대로 만들어주는 것이다.

    '품격'(品格)이란 물건(品)이 바른 틀 속에서 생겨났음을 말한다. 그래야 격조가 생긴다. 사람의 수고가 어떤 사물이나 인간 자신 또는 사회의 본래 가치를 보다 돋보이도록 한 결과다. 이것이 사회적 의미로 확대되어갈 때에는 한 사회를 바로 세워 나가는 힘이라고 번역될 수 있다. 올바른 버팀대를 고르고 그것을 세워 가치 향상을 이루어내기 위해서는 무엇보다 앞을 내다보는 안목과 깊이 있는 사유, 사려 있는 행동을 요구한다.

서양문명에서 '격'이란 어떤 뜻을 가지고 있을까. 격조와 위엄, 존엄성이라는 뜻을 가진 영어 단어 dignity의 라틴어 뿌리는 dignitas로, 이는 '공동체를 위한 명예로운 가치'를 의미한다. 강력한 군대로 제국의 판도를 넓힌 로마는 그 문명의 중심에 전체를 위해 발휘되는 용사의 명예를 가장 우선으로 올려놓았다. 오늘날 '격조 있는 덕'이라고 번역할 수 있는 영어 단어 virtue도 라틴어에서는 virtus라고 해서 '전쟁에서 요구되는 남자다운 탁월한 용기'를 가리키고, 이것이 dignitas의 본바탕이라고 이해되었다.

사실 이렇게만 보면 군사패권주의나 남성우월주의에 매몰되는 감이 있으나 그 본질에는 타인을 위한 희생과 헌신, 투신이 전제되어 있다. 따라서 자기위주의 이기심은 이 격조와 명예, 덕과는 인연이 없다. virtue와 같은 의미를 가진 라틴어 rectum도 동아시아 전통에서 말하는 격과 같이 '올바로 세운다'는 의미를 갖는다.

이렇게 일단 언어사적으로만 보아도, '격'이란 동서양 모두 한 사회 전반을 떠받칠 중심 기둥을 세우는 일이다. 격이 있다는 것은 그 기본 틀의 수준이 다르다는 얘기다. 이는 타인의 복리를 위해 자신을 버팀목으로 서슴없이 내놓는 개인적·사회적 역량과 관련이 있다. 이런 헌신에 나서는 사람에게 비로소 명예가 돌아가고, 그로 인해 사회의 본질적 가치를 드높일 수 있다. 한 사회의 모델이 이로써 만들어진다. 물론 '격'이라는 명분을 내세워 자칫 전체를 위한 개인의 희생을 정당화하는 논리로 발전할 수도 있다.

그러나 그런 우려보다는, 너나 할 것 없이 탐욕과 욕망을 무제한적으로 분출하면서 타인을 희생시키고, 유·무형의 폭력을 구조화해서 인간과 자연의 존엄성을 해치는 일이 더욱 큰 문제다. 무엇이 옳고 그른가를 신중히 판단하기보다는 기능주의적 발상만이 압도한다. 수단이 아니라 목적에 대한 사회적 성찰과 고뇌가 결여되어 있다. 그러한 과오를 계속해서 반복한다면 도덕이나 윤리의식은 땅에 떨어지고, 통제되지 않는 이기심과, 눈앞의 업적에만 매달리는 분위기가 팽배해질 것이다. 이런 사회에서는 타인의 인격과 권리를 존중하는 마음은 어디에도 찾아볼 수 없고, 품위 없는 자들이 득세하게 마련이다. 공적 영역이 사익에 의해 혼탁해지고, 그런 일을 요령 있게 잘하는 자들이 지도층에 오른다. 그런 곳에 공동체의 헌신에 기초한 명예의식은 없다. 이는 인간적인 사회를 꿈꾸는 모두에게 좌절을 안긴다. 품격 있는 사회는 이런 좌절을 추방하고 사람답게 살 수 있는 희망이 싹트는 공동체다.

김우창 교수와의 대담 「다원성의 경험과 성찰의식, 그리고 격의 문제」는 다양한 문화·문명과의 접촉·경험이 갈등을 불러일으키는 반면 그것을 해결하는 노력 속에서 성찰의식이 싹트고 궁극적으로 인간의 존엄성을 묻게 되는 '격'의 문제가 일어난다는 점을 짚었다. 산업화와 민주화로 상징되는 복잡다단한 역사적 과정을 경험했지만, 우리는 여전히 산적한 사회 갈등과 모순의 격 있는 해법을 제시하는 데는 능숙치 못하다. 그런 점에서 최근 대두한 용산문제, 세종시 논란, 4대강 사업을 중심으로 교육, 언론, 경제, 정치, 문화 전반에 대해 격 있는 해법을 모색한다. 쉽게 이념적 분류로 사태를 접근하는 데에서 오는 모순을 짚으면서, 진지하게 따져봐야 할 문제들이 얼마나 많은지를 살핀다. 도덕의식을 가볍게 보는 풍조에 대해 일침을 가하고, 정말 좋은 사회를 무엇으로 상징하는지 돌아보며 공동체적 능력의 소중함에 주목한다. 원로 인문학자의 깊이 있는 사유에 귀 기울여본다.

서양사학자 이광주 교수의 「품격 있는 사회, 욕망으로부터 자유롭다」는 경제지표로 모든 것을 평가하는 사회풍조를 비판하고 역사성과 문화적 역량을 축적하는 품격 있는 나라를 논하고 있다. 유럽의 소도시들과 옛 동아시아의 아름다운 전통을 살펴보며, 오늘날 시장주의나 경제제일주의 관점이 아니라 성숙한 문화와 함께 한 사회의 정치경제가 공정성을 만들어내는 새로운 국가발전의 패러다임 전환을 요청한다. 아울러 체제지향적인 보수세력과 체제비판적인 진보세력이 단순히 좌우로 갈리는 반목상황을 지양하고, 건전한 견제세력으로서 자유민주주의 발전을 함께 이루어낼 것을 촉구하며 더불어 사는 공동체에 대해 생각한다.

송재소 교수의 「글 배운 사람 구실 참으로 어렵다」는 나라와 사회를 위해 바른 도(道)의 실천과 의로움을 생명처럼 여겼던 조선조 지식인들의 삶을 통해 기능적 지식인이 넘쳐나는 오늘의 시대를 돌아본다. 때로는 지엄한 왕권에 대한 서릿발 같은 진언도 서슴지 않는 결연함과 백성들에 대한 깊은 연민과 사랑을 몸소 실천했던 그들에게서 참 지식인의 길을 찾아본다.

김찬호 교수의 「우리의 언어세계 가다듬기, 삶의 경외감 회복하기」는 관계 맺기와 소통의 핵심인 언어가 개인적·사회적 자아를 만드는 기반이라는 사실을 새삼 확인하며, 폭언·허언·극언·실언·망언으로 치닫는 오늘의 언어문화의 심각성을 돌아본다. 말은 현실의 반영인 동시에 그 현실을 새롭게 빚어낼 수 있다며, 상대방의 이야기에 경청하는 사회적 분위기 조성과 삶의 감수성과 내재율을 회복할 수 있는 언어사용 방법에 대해 성찰한다. 궁극적으로 말과 언어 너머에 존재하는 삶의 경외감을 회복하는 노력에 닿을 때 품격 있는 일상이 될 수 있다.

박상익 교수의 「모국어 콘텐츠의 확충과 국가의 품격 높이기」는 단순히 언어해독 능력으로만 보기 쉬운 번역의 문제를 우리 사회 전반의 사고와 문화적 격을 높이는 차원에서 접근하고 있다. 번역으로 중세 유럽문화를 꽃피운 이슬람 학자들의 노력과 메이지 시대 이후 번역으로 근대의 문을 연 일본의 사례를 추적하며 번역의 문명사적 가치와 의미를 돌아본다. 인문학의 기초를 다지고 지식 기반으로서 풍부한 우리말 콘텐츠를 확충하는 데 번역의 중요성을 역설하며, 사회적 관심과 지원을 강조한다.

곽노현 교수의 「사법정의는 자유와 인권을 약동시킨다」는 인권의식 없는 사법정의란 성립할 수 없다고 단언하며, 이명박 정부 출범 이후 인권지수가 떨어지고 있는 현실을 지적한다. 선진사회의 지표리는 차원에서도 바람직한 법의 이념과 가치 설정, 합리적 운용은 인권의식을 신장하는 데 필요하다. 학생의 인권에서부터 기업의 사회적 책임에 이르기까지 사법정의의 실현을 통해 국가의 품격을 회복하는 일을 역설한다.

백종국 교수의 「이윤추구, 사회적 책임, 공동체의 행복 사이에서」는 기업에 대한 맹목적인 지지나 비판 모두를 배척하는 가운데 생산주체로서 기업의 바른 위상과 품격을 논한다. 한국 기업의 성장·발전사는 공동체의 헌신이 기초가 되었다는 점을 간과해서는 안 되며, 이윤추구에만 존재이유를 두지 말고 공동체 전체의 행복에 기여할 수 있는 책임의식을 가져야 한다고 말한다. 이러한 요구는 결코 반기업적 사고가 아니며, 근본적으로 기업의 품격을 높이는 일임을 강조한다.

전재성 교수의 「21세기 국제정치와 품격 있는 한국외교」는 유럽의 외교사를 살펴보며 21세기 국제정치가 힘의 외교에서 품격의 외교로 전환되고 있음에 주목한다. 아울러 중국의 정치경제적 부상에 따라 급변하는 동북아 국제질서도 우리에게 품격 있는 외교 전략을 요구한다. 외교노선이 국가이익의 중심이 되어야 하겠지만, 그것을 넘어 더 높은 이상과 가치를 추구할 때 외교 역량이 한 단계 발전할 수 있다고 내다본다. 이러한 목표를 위해 내적 자원, 곧 소프트 파워가 얼마나 있는지 돌아보고, 그것을 넉넉히 갖출 때 한국 외교는 약소국 패러다임에서 중견국의 패러다임으로서 격이 바뀌는 동력을 얻을 것이라고 기대한다.

　조홍식 교수의 「편향된 시각으로 세계 시민이 될 수 없다」는 서구 중심의 세계관이 가지고 있는 문제점과 우리 사회 내부에 존재하는 비서구권 나라에 대한 편견을 지적하고, 인류 전체의 평등한 질서를 세우는 노력을 강조한다. 그렇지 못할 때 새로운 형태의 식민지 질서의 재편을 불러온다고 경고한다. 편향된 시각을 바로 잡고 편견을 깨고, 품격 있는 나라가 되기 위해서는 자존감을 회복하고 존재로부터 우러나는 힘을 믿는 사회로의 변화가 중요하다.

　조광호 교수와의 대담 「종교의 길 예술의 길 더불어 살아가는 가치와 문화」는 외형적 성장에 미치지 못하는 우리 사회의 일상과 내면 풍경을 어떻게 질적으로 변화시킬 것인가에 대한 고민을 나누고 있다. 화가이자 가톨릭 사제이기도 한 그는 종교와 예술이 서로 어떻게 인간정신을 고양시키면서 한 사회를 근본적으로 변화시킬 수 있는지를 거론한다. 더불어 같이 사는 삶을 살아온 한 종교인의 예술정신이 어디에 중심을 잡고 있는지 흥미롭게 살펴볼 수 있다.

　김민웅 교수의 「우리 정치의 품격을 위하여」는 한국사회의 민주주의 기반이 손상되고 있음을 거론하며 소통의 구조를 보다 민주화하고 자본주의 체제의 모순과 관련한 대안적 논의의 필요성, 그리고 동북아시아의 미래를 유기적으로 통찰하고 평화체제를 이루어내는 문제를 제기한다. 더불어 우리 사회의 망각 현상에 대한 극복과 윤리적 성찰의 가치를 강조한다.

　실적과 업적, 효용과 실용의 구호가 넘치는 시대에 품격의 문제를 논하는 일이 자칫 뜬구름 잡는 이야기처럼 들릴지 모른다. 그러나 품격은 한 개인이나 사회가 정신적 위기와 한계에 부딪혔을 때 언제나 돌아가야 하는 근본 자리이다. 그에 대한 탐색을 게을리 하는 사회는 퇴보의 길을 걸으면서도 발전하는 것으로 착각하기 쉽다. 각자 인간적 품위를 지키고 삶의 방향을 제대로 잡으려고 노력하지 않으면 공동체 전체의 운명은 우울해질 수밖에 없다. 격에 대한 논의가 점화력을 가지고 우리 사회의 사유방식과 윤리적 가치, 실천 능력을 한층 높여나갈 수 있으면 좋겠다. 지금과는 그 수준을 달리하는 미래를 만들어내는 창의적 열정도 이런 과정을 통해 분출될 수 있으면 한다.

다양한 분야의 주제와 필자들의 목소리를 담지 못한 것이 아쉽지만, '격'에 대한 『담론과 성찰』 제2집의 짧은 논의가 더욱 폭넓은 인문학적 담론을 만들어내기를 기대해보며, 독자 여러분의 좀더 진전된 논의의 장이 만들어질 수 있기를 바라 마지않는다.

담론과 성찰 2 **국가의 품격**

다원성의 경험과 성찰의식, 그리고 격의 문제

김우창 이화여대 석좌교수

김민웅 성공회대학교 NGO 대학원 교수

* 이 대담은 2010년 연초에 이화여대 학술원 석좌교수실에서
  '품격'을 주제로 자유롭게 나눈 이야기를 정리하고 보충한 것이다.

김민웅 ┃ 안녕하세요, 선생님. 여전히 활발하게 활동하시는 모습이 아름답습니다. 바쁘신 가운데 이렇게 시간을 내주셔서 감사합니다.

김우창 ┃ 안녕하세요. 여기까지 오시느라 수고하셨어요. 제가 도움이 될지 모르겠네요.

김민웅 ┃ 오늘 선생님과 최근 많이 거론되는 '국가의 품격'이라는 주제로 이야기를 나누어보고자 합니다. 조금 무거울 수 있는 주제입니다만 우리 사회에 갈수록 심화되어가는 시장논리와 물질주의 풍조를 성찰해보기 위해서입니다. 정치 · 경제 · 교육 · 문화 등 우리 사회 여러 영역의 풍경을 되돌아보고, 이를 한 차원 높은 수준으로 끌어올리는 이론적 · 실천적 방안을 모색하는 계기가 되었으면 합니다. 뭔가 본질적인 논의가 필요하다는 생각에서 말이지요.

선생님께서는 많은 학문적 업적을 내신 영문학자이면서, 우리 모두가 존경하는 원로입니다. 좋은 이야기를 많이 해주실 것으로 기대합니다. 요새는 어떻게 지내세요? 강의도 하신다고 들었는데요.

김우창 ┃ 이화학술원의 동아시아 협동과정에 참여해 강의를 하나 맡고 있지요. 서양에서 본 동양에 대해 주로 이야기하는데, 예를 들면 서양 사람은 공자를 어떻게 생각하는지에 관한 거예요. 사상을 중심으로 강의하는데, 역시 중국사상 하면 춘추전국시대니까 옛날로 가는 거 같아요. 그 전에는 유교문제를 다루었고, 지난 학기에는 비교사적인 관점에서 야스퍼스가 『역사의 기원과 목표』에서 이야기한 '지축시대 문명'을 가지고 중국 · 희랍 · 이스라엘, 그리고 유대교를 비교한 논문들을 좀 읽었지요.

김민웅 ┃ '문명'이라는 관점에서 동서가 서로를 견주어보기도 하고, 어떤 정도의 수준에 있는지 비판적으로 검증하는 움직임들이 계속 있어왔잖아요. 과거에는 서양이 동양에 대해서 때로는 신비롭게 보기도 하고 때로는 능멸하기도 했는데, 이제는 정당한 평가의 지점이 어딘지 모색하는 단계로 왔다고 생각됩니다. 그런 각도에서 서양은 동양 문명의 어떤 부분을 궁금해한다고 생각하세요?

김우창 ▎ 지난 학기에는 주로 야스퍼스의 생각에서 출발했어요. 야스퍼스는 '세계문명'이라는, 상당히 넓고 큰 관점에서 이 주제에 접근하지요. 야스퍼스 말고도 슈펭글러나 토인비도 그런 생각을 했지요. 이스라엘의 정치사회학자 아이젠슈타트가 야스퍼스를 주제로 심포지엄에서 발표한 논문들을 모은 게 있어, 그것을 읽었습니다. 핵심적인 문제는 '초월적인 도약', 영어로는 transcendental이지요.

야스퍼스가 좋은 생각을 했던 것 같아요. 어떻게 해서 비판적 사고가 생기게 됐느냐, 어떻게 인류가 여러 가지 관습과 전통의 틀에서 벗어나 이성적이고 비판적으로 생각하게 됐느냐를 이야기하고 있습니다. 야스퍼스는 소크라테스, 공자, 춘추전국시대의 사상가, 희랍의 여러 사상가, 유대교 예언자 및 불교나 힌두교의 사상가들을 비교하면서, 어떻게 해서 비슷한 시기에 독립되고 독자적인 사고가 발달하게 되었는지를 문제 삼고 있지요. 아이젠슈타트의 논문집을 보는 가운데 어떻게 서로 각기 다른 지역에서 현재와 같은 사고가 생겼는지, 그것도 비판적인 사고를 주업으로 하는 지식계급이 발달할 수 있었는지, 이 지식계급이 사회나 정치에서 어떤 역할을 했는지, 그런 것들을 주로 공부했어요. 여기서 '초월'의 대두가 중요한 역할을 합니다.

학생들하고 이야기하면서 제일 중요한 문제로 생각했던 것은 어느 게 좋고 나쁜지를 판단하지 않고, 우열을 가리는 일도 없이, 이것들이 어떻게 생겨났고 어떤 차이를 가지고 있는지에 대해서만 논의했어요. 늘 그렇지만 공부할 때 '우리 것이니까 제일이다' 또는 '우리는 저쪽만 못하다' 같은 편견을 버리는 자세가 중요한 것 같아요.

김우창 교수

김민웅 ▎ 개인과 사회, 나아가 역사에 대해 비판적이면서도 성찰적인 관점이 야스퍼스가 문명을 바라보는 중요한 시각이라고 볼 수 있는데, 이것과 오늘의 주제인 '국가의 품격'이 서로 만나는 지점이 있을까요?

김우창 ▎ 지금 반성적이다, 성찰적이다는 말씀을 하셨는데, 성찰은 자기를 되돌아보면서 스스로 생각하기도 하지만, 다른 사람이 자기와 다른 이야기를 할 때 그것과 자신을 비교하면서 생각하기도 하지요. 역시 다양한 사회와 문명과 접촉을 하게 되면 저절로 성찰적인 태도를 기를 수 있어요. 그러한 접촉이 갈등의 요인이 되기도 하지만 점차 성찰적인 태도가 생겨나게 되고, 그러다 보면 인간적인 존엄성이 어디서 생기느냐 하는 문제까지도 생각하게 되지요. 저절로 '격'(格)이라는 문제가 일어나지요.

모든 용어란 게 그렇지만, 사실 격이란 모호한 말입니다. 예컨대 격은 남의 눈으로 자기를 보는 것이기 때문에 그것을 너무 중요하게 생각하면 주체성을 잃어버리는 결과를 가져올 수가 있지요. 자기의 방식으로 생각하고 행동하는 게 아니라 남이 자신을 어떻게 평가하느냐에 의존하게 되거든요. 자칫 '천격'(賤格)이 될 수가 있어요.

그렇지만 현실적으로 다른 사람을 의식할 때, 꼭 그 사람의 기준에 따라서 자기를 평가하지는 않는다고 하더라도, 자신에 대한 기대치가 높아지는 게 사실인 거 같아요. 칸트는 예의라는 것이 남 눈치를 보고 남 비위에 맞추려는 행동일 수도 있지만, 예의 자체가 자신의 내면적인 기준이 되어 자기 자신에 대한 인식 수준이 높아질 수 있다고 말했어요.

우리 동양에서도 사실 예의란 뜻에 그런 의미가 들어 있지요. 성리학에서 말하는 '공구신독'(恐懼愼獨)은 혼자 있을 때도 남이 보는 것처럼 행동하라는 것인데, 남 눈치를 보면서 사는 게 옳지 않다는 느낌이 들면서도 동시에, 남이 안 봐도 늘 바르게 행동하는 사람이 되는 데 이것이 도움이 되기 때문에, 말하자면 변증법적인 주고받음이 있는 거 같아요. 그래서 격이라는 것은 일단 남을 의식한다는 측면에서 조금 비천한 면이 있기는 하지만 결국 그것을 넘어 스스로 더 높아지고 다른 사람도 더 높이 대접하는 자세가 확립되는 하나의 계기가 된다고 말할 수 있습니다.

김민웅 ▎ 다른 사람이 나를 어떻게 바라보는지, 또 그 사람과 내가 어떤 형태의 관계를 맺는지가 문제가 될 것 같은데요. 기원전 500년 경, 이른바 '지축시대'라고 해서 정신적인 전환 이전 단계의 인류를 보면, 엄청난 전쟁과 희생이 있있지요. 야스퍼스는 그런 비참함을 겪으면서 '더는 아니다' 하는 성찰적 정신성이 도처에서 생긴 데 주목한 것 같습니다. 최근 우리 사회에서도 격에 대한 논의가 본격적으로 나오기 시작합니다. 우리 사회에 어떤 배경이 있기에 이런 논의가 일어나는 걸까요? 무언가 격동적인 체험이 밑바탕에 깔려 시간이 지나면서 서서히 성찰의 지점까지 오는 기운이 조성된 게 아닌가 싶습니다.

김우창 ▎ 야스퍼스나 아이젠슈타트의 글들을 보면 그러한 성찰적·반성적 사고가 생기는 것은 다원성이 생기는 것과 밀접한 관련이 있다는 생각이 듭니다. 다원성은 갈등을 불러일으킬 수 있지만, 그 속에서 한편 자기를 되돌아보고 어떻게 하면 다른 사람과 공통된 근거를 만들 수 있을지 고민하게 되거든요.

우리나라의 경우 중국과 비교하면 다원적인 체험이 부족했다는 생각이 들어요. 사실 중국 사상의 모태라고 할 수 있는 춘추전국시대는 그 말에 담긴 뜻처럼 '싸우는 시대'예요. 싸우면서 '이를 극복할 수 있는 합리적인 방법이 무엇이겠느냐, 모든 사람이 공유할 수 있는 가치기준은 무엇이겠느냐 하는 물음들이 생겨나고 거기에 대한 답을 찾기 위해 노력하지요. 다원성은 이러한 양의성(兩意性) 때문에 좀더 합리적인 상황으로 나아가는 하나의 발판이 되는 거 같아요.

우린 상대적으로 전통적인 사상 자체가 비다원적인 성격을 가지고 있었는데, 근대화를 통해서 다른 세계를 많이 경험하게 되고, 그 후 더 합리적이고 성찰적으로 생각하게 되지 않았나 싶습니다. 근대화에서 다원적인 체험을 본격적으로 하게 된 것, 이것이 격을 묻게 된 중요한 계기가 아닌가 생각합니다.

갈등에 기초한 인간사회에 대안 인정

김민웅 ▌ 근대화를 경험하면서 우리에게 충격적으로 다가왔던 체험들이 과연 뭘까요? 우리는 근대 이전에도 격에 대해서 많이 생각해왔던 역사의 흐름이 있는데, 근대 이후 이것과는 또 구별되게 말이지요. 올해는 한일병합 100년을 비롯해 한국전쟁 60년, 4·19 50년, 전태일 분신 40년, 광주항쟁 30년, 분단 이후 첫 남북정상회담 10년까지 여러 가지 의미를 가진 해라고 할 수 있습니다. 이제는 정말 격 있는 사회를 만들어가야 하지 않겠느냐고 요구해도 이상하지 않을 만큼 많은 체험들이 쌓였다고 봅니다. 다원적 체험을 하면서 자연스럽게 일어난 각성도 하나의 조건이 되겠지만, '이건 아니지' 하는 생각이 든 충격적인 경험으로 어떤 게 있을까요?

김우창 ▌ 흔히 이야기하듯이, 민주화라든지 산업화라든지 모두 중요한 체험이었지요. 하나로 얘기하면 '근대화'라고 할 수 있고요. 다원적인 체험은 되풀이해서 이야기하지만 갈등의 원인이 될 수 있는데, 갈등 속에서 어떻게 인간다움을 되찾을 수 있겠느냐 할 때, 거기에 대해 가장 쉬운 답변이란 이른바 '도덕'적인 답변이지요. 어떤 도덕적인 기율에 따라 모두 행동한다면, 주체성을 잃지 않고 다른 사람과 화합도 이루어갈 수 있지요.

그런데 오늘날에는 근대화를 통해서 도덕적인 답변만이 아니라 다른 '타협'의 가능성도 고려할 수 있게 된 거 같아요. 종전에는 다원성에서 갈등이 유발될 때 그 해결책으로 새로운 도덕률을 찾곤 했는데, 지금에 와서는 이에 못지않게 타협이 중요하게 된 것이지요. 모든 사람이 다 자기 이익은 그대로 가지면서 동시에 어떤 한계를 정하고 공동체적인 기율을 만들어낼 수 있어야 되겠다 하는 게 옛날과 오늘의 다른 점인 것 같습니다.

김민웅 ▮ 타협이란 정치적이거나 사회적인 편견이 실려 있는 말이라 조금 정리할 필요가 있을 것 같은데요. 타협이 합리적인 지성에 도달하려는 노력이라기보다는 어떤 원칙을 포기하고 정치공학적으로 또는 사회공학적으로 이루어지는 의견을 뜻할 수도 있습니다. 선생님께서 말씀하신 것은 조금 다른 의미이지요?

김우창 ▮ 아닙니다. 바로 그런 뜻을 가지고 있어요. 우리가 인간을 고차원적인 존재로만 본다면, 그것이 인간문제를 완전하게 해결하는 답변이 될 수 없지만, 일단은 문제를 살아가는 방법으로서 받아들여야 된다는 생각이 들어요. 민주주의라는 것도 사실 그렇지요. 아이젠슈타트가 동원한 여러 학자들 이야기나 야스퍼스의 생각도 그렇지만 다원적인 요소에서 비롯되는 갈등에 대해 희랍 사람들이 찾은 답변은 민주적인 토의를 통해서 어떤 합의에 이르자는 것이었고, 중국 사람들은 가령 천자(天子)와 같은 공통적인 도덕적 원리를 찾자고 답변했다는 거예요. 민주적인 방법은 어떻게 보면 초월적인 해결을 포기한 제2차적인 해결방식이라고 할 수 있습니다. 서로 극단의 사태로 몰려가 싸우지 않고 사는 방식은 없을까, 이런 생각이 그 안에 있습니다.

이에 반해 새로운 도덕적 원리를 확립하는 것은 다시 초월적인 차원을 현실 속에 끌어들이는 답변이기 때문에, 한쪽으로 보면 인간의 위용을 높이는 것이면서 다른 한쪽으로는 다원성을 억제하는 것이 되지요.

그렇다고 해서 희랍 사람들의 경우에 인간의 도덕적인 차원, 초월적인 차원을 포기한 것이냐? 야스퍼스나 아이젠슈타트는 "아니다"라고 답변하는 것 같아요. 단지 그러한 초월적인 차원이 정치적이거나 사회적인 것과는 다른 독자적인 영역을 이루고 있다고 생각하지요. 예를 들면 어떤 독일 철학자는, "희랍에서는 철학과 정치학이 분리해서 존재한다. 그런데 중국에서는 철학과 정치학이 늘 하나로 존재한다. 그래서 철학이 이야기하는 초월적인 원리를 정치 속에 실현하려고 하기 때문에, 도덕적으로 사회 전체를 향상시키려는 노력이 이루어지면서 동시에 자유가 억제된다" 이렇게 보지요. 희랍에서는 철학은 철학대로 초월적인 차원을 추구하면서 또 정치에 영향을 미치기도 하지만 정치와 분리되어 있기 때문에, 정치는 정치대로 오히려 보다 합리적 토의에 의한 현실적인 해결책을 찾을 수 있게 되는 거지요.

김민웅 ▎ 아주 흥미롭네요. 듣고 보니, 한 사회가 자신의 갈등과 모순을 풀어가는 과정에서 도덕적 원리를 현실에서 어떤 수준으로 적용할 것인지, 그리고 타협이라는 방식으로 현재 가능한 지점을 어떻게 찾을지를 생각해볼 수 있을 것 같습니다. 국가나 정치에 대해 사람들이 바라는 기준과 현실의 격차도 이런 점에서 새롭게 해석해볼 수 있을 것 같기도 하고요. 기대 수준은 높고 현실에서 해결할 능력은 그에 미치지 못할 때 어떻게 할 것인가, 하는 문제 말이지요.

그런 고민을 안고 있는 현재의 우리 자신을 제대로 알기 위해서라도 다원성이라는 각도에서 우리나라의 근대시기를 짚고 넘어갈 필요가 있는데, 19세기 이후에 특히 동북아시아에서 근대를 어떻게 경험했느냐에 따라서 한국·중국·일본 이 세 나라의 역사적인 운명이 많이 갈리지 않았습니까? 그때 사실 서구 주도의 문명 기준을 따르는 것이 '국가의 격'이라고 생각하는 사람들이 많았습니다. 일본의 경우도 그걸 뒤쫓아서 제도·문화·교육 등을 구비해나가는 것이 곧 국가의 격을 다른 나라와 유사한 수준으로 올리는 것이라고 생각했고요.

우리의 근대 경험을 돌아보면, 국가권력과 자본의 축적이 커지면 우리의 삶을 향상시키고 인간의 존엄성과 사회공동체의 격을 높일 수 있다는 논리가 지배적이었지요. 우리는 더 이상 가난하고 비참하게 다른 나라의 식민지로 살아갈 수 없고, 그렇게 되려면 물질적인 기반이 있어야 하며 국가의 힘도 강해져야 된다는, 식민지 경험에서 비롯된 '부국강병'에 대한 선망 말이에요. 그런데 이런 바람이 일정하게 이뤄져왔다고 생각하는 사람도 있지만, 한편으로는 거대한 국가와 자본에 의해서 인간의 존엄성이 도리어 훼손됐다고 보는 사람들도 있어요. 국가권력이 자본을 더 확대생산하기 위해서 본래 그것이 목표로 했던 인간의 존엄성, 공동체의 연대감, 민주주의를 오히려 파괴한 게 아니냐는 것이지요.

김우창 ▮ 근대적 경험의 중요한 의미 중 하나는 사람 사는 게 단지 화합에 의해서만 운영되는 게 아니라 갈등을 통해서 운영되는 바가 있음을 아는 것 같습니다. 서양에서는 특히 그것이 옛날부터 인정되어왔던 반면, 동양에서는 받아들이지 않았어요. 분란을 일으키는 사람은 뭔가 잘못된 사람으로 치부되며 갈등을 사회생활의 중요한 요소로 인정을 안 했어요. 이런 풍토가 상당히 크게 또는 지나치게 작용한 결과가 우리의 근대 경험이지요. 갈등이라는 게 국가를 수립하거나 사회관계를 형성하는 데 큰 역할을 한다는 걸 지나치게 많이, 한꺼번에 경험했지요. 그 갈등을 극복할 수 있는 방책이 병행해서 존재했어야 되는데 그렇지 못했어요.

그렇다고 해서 서양이 그런 갈등도 없이 근대화할 수 있었느냐 하면 그건 아니에요. 서양에서도 지속적으로 갈등이 있었어요. 다만 우리와 차이점은 그들은 갈등을 사람 사는 데 중요한 부분의 하나라고 인정했지요. 우리가 심하게 경험한 경우이긴 한데, 그렇다고 해서 반드시 지나치게 예외적인 것이었다고는 할 수 없어요. 이념적으로 보면 갈등 없는 화해의 세계라는 게 좋지만, 화해의 세계란 그것만 앞세울 경우 그 나름의 억압적인 요소를 가지고 있게 마련이거든요. 엄연히 현실세계에서 갈등이 있는데도 그 갈등을 이야기하는 사람은 좀 인격적으로 덜 된 사람이 되거든요. 이를테면 왕권과 서민의 관계도 임금이 알아서 다 자비롭게 하는데 밑에서 왕권에 저항하면 안 된다면서 좋은 게 좋다는 식으로 유지되는 거지요. 그러니까 모든 통합의 이상이라는 게 한편 좋은 것이면서도 갈등을 은폐하고 그 갈등 속에서 나오는 발언을 듣지 않는다는 점에서 억압적인 요소가 있습니다. 우리가 그동안 갈등을 많이 경험했는데 지나치게 많은 고통을 통해서 배웠지요. 갈등을 수용하면서 어떻게 그것을 넘어서 더 조화로운 인간적인 삶을 이룩하느냐는 게 우리가 지금 부딪치고 있는 과제인 것 같아요.

권리라는 개념도 그래요. 우리가 지금 인권을 많이 이야기하고 모두들 다 긍정적으로 받아들이지만, 사실 인권에도 부정적인 면이 있습니다. 침해의 가능성을 생각하고 있는 게 인권이란 말이지요. 그래서 이미 인권을 확보하고 있는 사람을 도와주는 경우는 별로 없고 그것을 침해받은 사람만을 주로 도와주지요.

인권의 밑바닥에는 인간이 서로 갈등을 일으키는 존재라는 게 전제되어 있습니다. 그러나 그것이 인간의 관계 전부를 설명한다고 생각하는 것은 곤란해요. 가령 꼭 그런 건 아니지만, 사랑하는 사람과의 관계나 부모와 자식 사이에서 권리를 주장하는 일은 거의 없지요. 아버지의 권리, 아들의 권리, 남편의 권리, 아내의 권리 이런 걸 말하기 전에 사랑으로 다 감싸기로 한 것인데, 이게 깨지니까 아내는 아내로서의 권리가 있다, 자식은 자식으로서의 권리가 있다는 이야기가 나오는 거예요. 너무 인권이라는 방식으로만 접근하기보다는 권리 이전에 존재하는 인간관계를 대전제로 생각할 필요가 있어요. 권리가 앞장서면 이런 관계는 자칫 부차적이 되기 때문입니다.

한편, 사회 안에서 권리는 매우 중요하면서도 갈등을 상정하는 것이기 때문에, 갈등이 있기 전에 이미 화합을 이루었다고 여기는 사회에서는 갈등의 존재와 권리라는 개념이 있을 수 없지요. 공산주의 사회라는 게 사실 그래요. 화합의 이념이 좋은 것이면서도 억압적인 측면이 있다는 사실이

"갈등에 기초한 인간 사회를 인정할 필요가 있고, 또 갈등을 초월한 세계가 있다는 것도 받아들일 필요가 있어요. 그런데 우리의 전통사회에서는 화합의 이념을 지나치게 강조했고, 근대에 들어서는 갈등을 너무 많이 경험했어요. 그래서 이 두 경우를 합쳐서 어떻게 인간적인 사회를 만들어 나가느냐 하는 것이 우리에게 중요한 과제라고 말할 수 있습니다."

• 김우창

여기서도 드러나지요. 공산주의 사회에서는 갈등을 인정할 수 없어요. 왜냐면 화합이 사회이념이기 때문이지요. 폴란드에서 바웬사가 노동조합을 만들었을 때, 정부에서 "노동자의 정부인데 무슨 거기에 대항하는 노동조합이 필요하냐"는 이야기를 한 것이겠지요.

갈등에 기초한 인간 사회를 인정할 필요가 있고, 또 갈등을 초월한 세계가 있다는 것도 받아들일 필요가 있어요. 그런데 우리의 전통사회에서는 화합의 이념을 지나치게 강조했고, 근대에 들어서는 갈등을 너무 많이 경험했어요. 그래서 이 두 경우를 합쳐서 어떻게 인간적인 사회를 만들어 나가느냐 하는 것이 우리에게 중요한 과제라고 말할 수 있습니다.

우리같이 좀 늙은 사람의 관점에서 보면, 우리 사회는 지나치게 갈등이 강조되는 측면이 있어요. 갈등을 인정하면서 인간적인 사회를 이뤄나가는 일도 중요하지만 동시에 이를 초월하는 세계가 있다는 것, 이것도 좀 끊임없이 상기하면서 전통에서 배워야 되지 않나 하는 생각입니다.

김민웅 ┃ 권리의 주장 이전에 이루어져야 할 인간관계의 가치에 주목하자, 좋은 말씀입니다. 그런데 현실에서는 아무래도 권리문제를 중심으로 문제를 풀어가지 않으면 안 되는 상황이 더 압도적이지 않을까 합니다. 권력의 억압이나 자본의 착취 때문에 어떤 사람들은 불행해졌지만, 다른 한편으로 자본이 커질수록 혜택을 받는 사람들은 "사회가 진보했다, 발전했다"고 생각하는데, 이 두 가지 시각이 부딪히는 것 같습니다.

조금 전에 선생님께서 다원성에 대한 얘기를 하시면서 이것이 갈등이 발생할 때 합리적으로 풀어보려고 노력하는 성숙한 자세와 성찰적인 태도를 갖게 한다고 말씀하셨습니다. 현실에서는 이 다원성이 존재하는 방식에 문제가 좀 있는 것 같습니다. 서로 동등한 위치에서 상대방의 생각을 다원적으로 인정하는 구조가 아니라 힘의 불균형을 이루는 경우가 많다는 것이지요. 다원성의 요소가 평등한 것이 아니라 그 안에서 이미 권력관계가 구성되어 있는 것이지요. 다시 말해, 모두가 각자 발언할 수 있는 기회를 갖고 합리적인 타협을 통해 결론을 도출하는 게 아니라, 권력이나 자본이 다양한 목소리를 봉쇄하면서 자신들만의 요구를 관철시키는 경우가 현실에서는 더 자주 일어나는 것 아니냐는 것입니다. 사회에서 버림받고 인권이 침해되고 있는 사람들, 이들의 행복이 존중받지 못하고 무시되는 오늘날의 현실을 다원성과 관련해 어떻게 바라봐야 할까요?

김우창 ┃ 서로 이해를 달리하는 집단들이 균형을 맞출 수 있도록 시속적으로 노력해야 돼요. 한 번에 해결하려고 하는 게 우리 사회의 큰 문제입니다. 구조를 한 번 마련했다고 해서 문제가 완전히 해결되는 게 아니라, 끊임없이 수정을 계속하면서 균형을 맞춰나가야 해요. 가령 공산주의 사회에서는 어떤 제도를 처음으로 만들면 그것으로 관련된 문제를 한번에 해결할 수 있다고 생각해요. 아침 신문을 보니까 이북에서 100대 1로 화폐개혁을 했는데, 군이라든지 당 간부의 봉급은 화폐개혁 이전 수준으로 준다더군요. 그럼 거기에 불만이 있는 사람들이 없지 않을 텐데, 이북은 이미 새로 도입한 화폐제도로 모든 문제가 해결됐으며 이런 정책은 국가가 알아서 필요에 따라 시행하므로 제도에 대항하는 사람들에게 "국가는 다시 협상하고 제도를 보완할 여유가 없다"고 주장할 가능성이 많거든요. 하지만 지속적인 수정 노력이 필요합니다.

합리적 판단을 그르치는 말의 문제

김민웅 ┃ 조금 화제를 바꾸어서 말과 관련한 격의 문제를 생각해보겠습니다. 우리 사회도 그동안 많이 변화해왔는데, 특히 눈에 띄는 게, 말이나 태도의 변화예요. 말도 많이 거칠어진 것 같고요. 한편 태도도 어떻게 보면 대단히 세련되어진 것 같지만 사실 상대방을 배려하지 않는 경우가 더 많아 마음을 상하게 하기가 쉬운 것 같습니다. 이런 태도가 결국 개인의 격이나 국가의 격을 떨어뜨리는 것 아니겠습니까? 지난 겨울에 폭설이 내렸는데 이른바 선진국들은 눈이 오면 자기 집 앞에 쌓인 눈을 치운단 말이지요. 물론 벌금 때문이기도 하겠지만 사회공동체 내부의 배려 같은 자세가 보이는 겁니다. 우리는 그러지 않아 사고가 많이 발생했습니다. 이런 사소한 행동들이 사실은 삶의 중요한 부분이라고 할 수 있는데, 말과 태도에서 우리 자신도 모르게 변해버린 부분이 있을까요?

김우창 ▎ 일상적인 예절이라는 게 우스운 것 같으면서도 사회를 원활하게 움직이는 데 중요하지요. 우리가 생각하기에 미국 사람들은 왠지 힘자랑만 할 것 같고 또 제국주의 이미지만 떠오를 것 같지만 사실 미국을 선진국이라 하는 데는 일상의 예절과 질서를 존중하는 국민들의 자세가 있습니다. 어바인이라는 도시 이야기를 하나 해보면, 한번은 아침 출근시간에 사거리에서 신호등 전기가 나가버렸어요. 그런데 네 차선에 차들이 다 있는데도 원활하게 운행이 되더라고요. 교통규칙이 우리와 똑같아요. 오른쪽 차부터 한 대씩 사거리를 빠져나가는데, 한 차선에서 차 한 대가 움직이면 그다음 차는 기다리고, 다른 차선에서 차 한 대가 움직이는 식으로 아무 문제없이 운행이 됐어요. 이게 문명국의 모습이라는 생각이 들더군요. 우리나라에서는 이런 모습을 기대하기가 참 힘들지요. 너무 급하게 많은 게 바뀌어서 좀 정신이 없어 그렇지 차차 괜찮아질 거라고 생각합니다.

김민웅 ▎ 제 경우에는 한 20여 년 만에 귀국해서 굉장히 당혹스러웠던 게, 자동차 타고 가는 사람이 길을 건너가는 보행자에게 경적을 울리는 일을 아무렇지도 않게 하는 모습이었습니다. 운전자가 기다리는 게 당연한데 비키라고 하면서 말이지요. 경적소리가 생각보다 굉장히 크거든요.

김우창 ▎ 서울 시내에 경적이 울릴 때가 굉장히 많아요. 우리가 빨리빨리 문화에 익숙하고 아직 시민의식이 성숙하지 못하기 때문에 불가피하게 일어나는 현상인데, 앞으로 좋아질 거라고 생각해요. 그런데 옛날부터 우리는 예의에 대한 개념이 외국과는 조금 다른 것 같아요. 무슨 이야기냐 하면, 서양의 예의는 늘 그런 것은 아니지만, 기본적으로 높은 사람이 낮은 사람을 배려하는 것이에요. 그러니까 누가 문을 열어주면서 나가시라고 인사한다고 해서 그 사람이 당신보다 낮다고 생각하면 안 돼요. 우리는 높은 사람한테 낮은 사람들이 지키는 게 예의잖아요. 옛날부터 있는 풍습이지요. 높은 사람이 낮은 사람을 배려하는 거, 남자가 여자를 배려하는 것도 그래요. 그래서 페미니스트들은 싫어하지만 가만히 보면 힘센 남자가 약한 여자를 배려하는 상황이거든요. 그런데 우리는 정반대로 예의를 차리는 까닭이 신분질서의 위계를 지켜내기 위한 것이라 할 수 있습니다.

김민웅 ▍ 말에 대해서는 어떻게 생각하십니까? 말이 많이 거칠어졌는데 그 현상을 문제 삼지 않고 그냥 습관대로 쓰고 있는 것 같은데요.

김우창 ▍ 말이 많이 거칠어졌지만, 또 우리말이 너무 어렵기 때문에 차근차근 정비를 해야 할 것 같아요. 높임말이 너무 어렵지요. 가령 중국어 정도는 돼야지요. 중국어는 경어 체계가 그렇게 복잡하지 않아요. 우리말은 높임말 부분이 너무 어렵기 때문에 평등사회, 민주사회라면 말 자체도 조금씩 바뀌어야 하지 않을까요. 지금은 과도기니까 듣기 싫은 말들이 있어도 참고 견뎌야 된다는 생각도 들어요.(웃음)

그러나 욕지거리를 하면서 그것이 무슨 진보적인 입장의 표명처럼 착각하는 것은 잘못이에요. 나한테 어떤 시인이 "요새 욕지거리를 쓰는 시인이 많은데 자기도 욕지거리를 좀 써야겠다"고 하기에 내가 "다른 사람 상관없이 당신 마음이 절실하게 원한다면 그렇게 쓰시오" 그랬지요. 그런데 요즘은 마치 함부로 말을 해야 무슨 진보적인 사람으로 보인다고 생각하는 사람도 있는 것 같아요. 잘못된 생각이지요.

김민웅 ▍ 저도 욕을 쓰는 것은 반대합니다만, 때로 욕설을 내뱉고 싶은 심정도 넉넉히 이해하고 받아주는 것도 한 사회의 넓이를 보여주는 길 아닌가 싶기도 해요. 정치적으로는 더더욱 그런 넓이가 있으면 좋겠고요. 그래도 성찰적이거나 정서적 소통을 잘할 수 있는 단어들을 많이 썼으면 좋겠는데 그렇지 못하고 사라져버린 말도 많은 것 같아요. 옛날에는 "아, 그 아주머니 참 인정 많게 생기셨어" 이런 말을 흔히 했단 말이지요. 그런데 '인정'이라는 말을 요즘은 잘 안 쓰지요.

김우창 ┃ 기억하실지 모르겠는데, 옛날에 김영삼 전 대통령이 단식투쟁하고 그럴 때 기자한테 했던 말이 있어요. "날 착한 사람이라고 생각하지 마시오." 상당히 상징적인 말이었던 것 같아요. "착한 사람"이라 하면 못난 사람, 내 맘대로 해도 되는 사람이라고 생각할 수 있기 때문에 그런 말을 한 게 아닌가 싶어요.(웃음) 다른 말로 표현하면 사람 덕성에 강한 덕성이 있고 약한 덕성이 있는데, 양보·존중·겸손 같은 약한 덕성은 다 죽어 없어지고, 주장하고 권리를 내세우고 호기롭게 행동하는 강한 덕성만 이야기하는 사회가 된 것 같아요. 사실 정의라는 것도 강한 덕성이지요. 좀 부당한 일이 있어도 참는 것은 약한 덕성이지요. 그런데 좀 부당하더라도 참는 것은 못난 놈이 하는 짓이 돼버렸어요.

김민웅 ┃ 그러면 잘난 사람은 대체 누구냐 하는 질문이 나올 수밖에 없는데 사회적으로 선망의 대상이 되는 사람들이 어떻게 말을 하는가가 자연 관심일 수밖에 없지요. 우리 사회에서 사회적으로 주목받는 말들을 보면, 정치인이나 연예인들의 말인 경우가 많아요. 이들의 말은 일정한 교육효과도 있거든요. 혹시 유명인들의 말이나 소설이나 문학작품 속에서 말이 어떻게 변했다고 생각하세요?

김우창 ┃ 말이나 행동이 모두 거칠어졌는데, 가령 정치인들이 사진 찍으면 전부 다 주먹쥔 포즈를 취합니다. 그렇게 한다고 뭐 큰일나는 것은 아니지만 보기에 상당히 안 좋아요. 또 흔히 '결사반대'라는 글이 적힌 현수막을 들고 사진 찍는 모습을 봅니다. 국회의원이 국회에서 토의를 해야지, 자신들은 반대했다는 증거를 남기려고 사진을 찍는 건 잘못됐어요. 국회라는 토의장의 의미를 없애버리는 행동이에요.

김민웅 ▮ 그렇긴 하지만 꼭 반대했다는 증거를 남기려고 그랬다기보다는 제대로 토론하고 말할 수 있는 공간 자체가 봉쇄되거나 사라진 위기에서 그런 모습이 유발된 게 아닐까요?

김우창 ▮ 노동자들이 데모할 적에 폭력으로라도 대항하겠다고 하는 것은 이해할 수 있지만, 국회의원들이 그러면 안 되는 것 같아요. 얼마 전에 아일랜드 국회가 시끄러웠던 이유 중의 하나가, 한 녹색당 국회의원이 국회에서 자기가 얘기하는데 노동당원이 자꾸 걸고 넘어지니까, 에프(F)자가 들어가는 심한 욕을 했어요. 이 사건을 어떻게 처리하느냐가 문제가 됐지요. 재미있는 게, BBC 방송을 보니까 아일랜드 국회에서 써서는 안 되는 말을 정해 놓은 규정이 있다고 합니다. 이디어트(idiot)란 단어를 쓰면 제재를 받게 되는데, 문제가 된 욕은 리스트에 들어 있지 않다는 거예요.

김민웅 ▮ 아마 그런 욕까지 하는 사람은 없을 거라고 생각한 거군요.

김우창 ▮ 그래서 더 이슈가 됐지요. 우리나라 국회는 일정한 규칙에 따라 토의하는 것을 중요하게 생각하지 않는 것 같아요. 가령 영국 국회 같으면 "김 의원!" 이렇게 말하는 게 아니라 반드시 의장을 통해야 발언권을 얻을 수 있어요. 사람 사는 데는 이런 작은 것들이 갈등을 줄이는 데 무척 중요하다고 생각합니다.

언론·문학·출판 문화에 대하여

김민웅 ▮ 언론이 사용하는 말도 유심히 살펴볼 점이 있지 않을까요?

김우창 ▮ 이제는 극단적인 자기표현이 필요하다고 여기는 상황이 아닌가 생각합니다. 급진주의도 사리를 가려서 이야기하는 게 아니라, 정서적으로 호응을 얻기 쉬운 자극적인 구호만을 좋아하는 경향이 있어요. 이런 태도가 왜 생겨났는지는 잘 모르겠어요. 하지만 우리 판소리를 보면 통곡하고 아우성 치고 하는 형식들이 많거든요. 그러니까 전통적으로 감정이 풍부한 언어를 사용하는 경향이 있기는 한 것 같아요. 요즘 와서는 극단적인 언어를 사용해 투사의 이미지를 얻어야 국회의원에 출마하기 쉬워 이렇게 된 것인지는 모르겠지만, 아무튼 이해하기 어려운 부분입니다.

김민웅 ▍독자들이 오해할 수도 있을 것 같아서 드리는 질문인데, 진보주의자들이 사용하는 언어만 극단적이라는 생각이 드시는 건지요. 우리 사회의 보수들이 사용하는 말은 어떤가요?

김우창 ▍사진 찍을 때 주먹 쥐는 것은 진보주의자나 보수주의자나 다 같이 하는 행동이지요. 모였다 하면 현수막 만들어 와서 보여주고 말이지요. 진보나 보수 다 마찬가지예요.

단지 진보주의자들은 좀더 정서적인 면을 공략해 문제를 해결하려는 측면이 있는데, 극우파도 그럴 때 많아요. 전에 나한테 이메일이 왔는데 프레스센터에서 애국단체들이 신년하례회를 하는데 "애국자들은 전부 모여라"라는 말이 나왔데요. 이건 비난하는 것은 아니지만 거기 안 나온 사람은 애국자가 아니란 말인가요? 애국이라는 게 또 좋은 것인지도 의문이지요. 또 '빨갱이'란 단어 말인데요, 뭐 빨간색이 나쁠 것도 없지만 삼갔으면 해요. '보수골통' '조중동'이라는 말도 그래요. 합리적 판단을 제거하는 상투어는 문제가 좀 있습니다.

전에 『경향신문』과 인터뷰하면서, 신문 보도할 때는 사실만 보도하고 사건의 동기라든지 앞으로 어떻게 될 것이라는 추측은 안 하는 게 좋겠다고 이야기했어요. 보수나 진보나 보도의 객관성이 너무 부족해요. 자기 회사에서 하는 행사는 크게 보도하고 다른 회사에서 하는 행사는 보도도 안 하고 말이지요. 오늘 아침에 내가 놀란 게 어떤 신문에 『중앙일보』에서 작가대상을 받은 사람 이름이 나왔데요. 대개는 다른 신문사에서 작가상을 받든 말든 안 내거든요. 그럼 객관성이 없지요. 또 자기 사주가 한 일이면 크게 보도하는 일도 다른 나라 신문에는 찾아보기 어려워요. 객관적인 저널리스트로서 양심에 걸릴 만한 일이지요.

김민웅 ┃ 아무래도 말, 언어의 격과 관련해서는 문학의 역할이 핵심적일 것 같습니다. 최근에 우리나라 문학작품 또는 번역되는 문학작품을 눈여겨보신 적 있으신지요?

김우창 ┃ 잘 안 봐서 모르겠는데, 전반적으로 무게감이 상당히 줄어든 것 같아요. 민주화운동이 한창일 때는 이데올로기적인 요소가 강한 점이 문학적으로 문제될 수 있었지만, 그래도 그때는 심각한 주제를 다뤘거든요. 민주화운동이나 노동운동을 주제로 한 작품들이 많았지요. 그런데 지금은 그런 심각한 주제보다는 경박한 게 많아요. 또 상업성이 강한 것 같습니다.

문학작품의 상업성이란 독자를 얼마나 끌 수 있는지, 베스트셀러가 될 수 있는지를 말하는 것인데, 상업성을 추구하는 게 꼭 나쁘다고만은 할 수 없지요. 그러니까 문학하는 젊은 사람 중에는 먹고 사는 일 생각 않고 문학에 완전히 헌신함으로써 무슨 큰일을 하는 것처럼 생각하는 사람이 더러 있더라고요. 사람 사는 데 제일 중요한 게 먹고 사는 것인데 먹고 살기 위해서 문학을 하는 것은 괜찮은 것 같아요. 문학을 하기 때문에 자기는 고매한 사람인 것처럼 생각하는 것은 옳지 않아요. 오히려 베스트셀러를 써서 먹고 좀 살아야겠다고 생각하는 게 낫다고 봐요.

그러나 지나치게 상업성을 고려할 경우 진지함이 사라지는 것은 사실이에요. 더러 하는 이야기입니다만, 독재 시대에 민주주의를 주제로 다룬 문학작품이 증가한 것은 좋은 일이지만 그렇다고 해서 정치만이 진지한 주제가 될 수 있는 것은 아니라는 겁니다. 그리고 어떻게 보면 나쁜 놈도 봐주는 게 문학이지 않을까요. 나쁜 놈도 그 사정을 들어보면 나쁠 수밖에 없는 이유가 다 있거든요. 좋은 사람은 또 나름대로 나쁜 놈들과 싸워서 이기는 이야기가 있을 수 있고 말이지요. 문학은 나쁜 사람이나 좋은 사람이나 고르게 보는 면이 있는데, 그것을 정치적으로만 해석한다고 해서 진지한 문학이 되는 것은 아니라고 생각해요.

김민웅 ▎그런 여러 시각들이 인정될 수 있다면 문화의 격에도 다른 양상이 펼쳐질 수 있을 것 같네요. 최근에 또 주목할 만한 것은, 아까 문명의 다양성을 말하기도 했지만, 문학의 지평이 예전에 비해 상당히 넓어진 것 같습니다. 소재나 번역되고 있는 외국문학 작품을 살펴보면 말이지요.

김우창 ▎그런데 대개 베스트셀러들이 번역되는 현실은 유감스러워요. 세계문학이 많이 읽힌다고 하는데, 어디까지나 논술시험 때문에 그런 것 같아요. 또 지금 외국문학을 공부하는 사람들이 번역하면 업적으로 안 쳐주는데 그것도 큰 문제지요. 가령 셰익스피어에 대한 학문적인 논문을 쓰는 것보다도 셰익스피어 작품을 잘 번역하는 게 한국문학에 기여할 수 있는 일인데, 연구성과로 여겨질 않으니 잘 안 하게 되지요. 또 출판사 번역료라는 게, 보잘것 없어 그것 가지고는 먹고 살 수 없지요. 좋은 번역 나오기도 어렵고요.

지금은 출판사들이 상당히 상업화되어 안 팔릴 만한 책은 아예 출간을 안 해요. 수십 년 전 이야기지만 꼭 책으로 출판되어야 하는 원고가 있는데 상업적인 이익은 생길 것 같지 않은 경우에 자금을 지원해주는 기금을 만드는 게 어떻겠냐고 출판협회에 제안한 적이 있어요. 고려대학교에서 출판부장을 맡았을 때, 하와이 대학 출판부와 계약할 일이 있어 가보니 하와이 대학에서는 학술서가 지원받지 않고 출판되는 경우는 거의 없대요. 많은 문화재단에서 지원을 해준대요. 그러니까 특히 대학출판부는 상업성에 관계없이 책을 만들지요. 우리도 그런 제도를 마련하려면 정부나 출판협회가 노력해야 해요. 그리고 한 가지, 지금 정부에 대해서 좀 쓴 소리를 하면, 출판이나 문화 활동 지원기구에 이념의 잣대를 들이대 평가하는 것 같아요. 장기적으로는 자기들한테 손해나는 일인데, 그런 식으로 일하면 안되지요.

사회갈등의 격 있는 해법: 용산문제에 대하여

김민웅 ▮ 다시 앞서 얘기한 갈등과 타협의 문제로 돌아가 좀더 구체적인 현실을 살펴보면 좋겠습니다. 그동안 사회적으로는 한 번에 타협을 이루는 게 어렵기 때문에 기본적인 구조를 만드는 것 자체가 힘들어서 생기는 갈등으로 보이는 여러 가지 투쟁이 있어왔는데요. 그럴 때 책임 문제가 논란이 되는 것 같아요. 이를테면 다원성을 억압하는 시도를 국가 권력이 용인한 경우, 국가에 책임이 있을 텐데, 이를 은폐하거나 방기하는 게 더 큰 문제라는 의견에 대해서 어떻게 생각하세요? 지난해에 일단 마무리되었지만 아직 숙제가 다 풀리지 않은 '용산참사'를 선생님은 어떻게 보시는지요?

김우창 ▮ 딱 뭐라고 이야기하기가 어려운데, 관점이 여러 가지로 갈릴 수 있기 때문이지요. 신문 칼럼에도 썼는데, 무엇이 일어났는가를 조사하는 게 맨 먼저예요. 국회가 제대로 역할을 한다면 무슨 일이 일어났는지 철저히 조사해야 돼요. 적어도 두 가지 점을 분명히 밝혀내야 합니다. 하나는 기본적인 생존권과 사회적 삶에서 보장되어야 할 최소한도의 권리가 다른 가치와 어떻게 균형을 이루고 있는가. 생존권 보호를 위해서 시민들이 여러 가지 방어적인 행동을 했는데, 이들의 생존권이 어떻게 위협받았는지에 대해서 조사하고, 결과에 따라 보상과 형벌을 비롯한 적절한 법적 조치를 취해 이런 일이 다시는 일어나지 않게 해야 합니다.

다른 하나는 경찰의 진압이 적절했는가에 대한 엄밀한 조사예요. 정부나 경찰은 모든 사람이 인간으로서 합당한 삶을 누릴 수 있도록 그 권리를 지켜주고 보장해야 하지만 또한 이것이 사회적 질서를 흐트리지 않도록 하는 것도 그들의 역할입니다. 데모나 쟁의가 일어났을 때, 경찰이 아무런 역할을 할 필요가 없다 할 수는 없으니까요. 가령 남북대결에서도 일어나는 일인데, 북한의 배가 남한의 영해에 침범해 들어왔을 때, 무조건 포를 쏴서 침몰시키라는 지시를 내리는 게 아니거든요. 몇 가지 단계가 있습니다. 우선 정지하라는 명령이 내려지고, 그래도 응하지 않으면 공포를 바다에다 쏘고, 또 그다음 포를 쏜다면 배가 침몰하는 일은 피하도록 배의 일부에 맞게끔 쏘는 것 같이 말이지요. 경찰이 어떤 종류의 폭력사태를 진압해야 할 때도 그런 절차가 다 있습니다. 그 절차가 어떻게 지켜졌는지에 따라서 적절한 조치를 해야 합니다. 그런데 이러한 진압에 대해 경찰이 무조건 잘했다고 판단하는 것도 잘못이지만 동시에 그러한 절차가 제대로 지켜졌는가에 관계없이 경찰 잘못이라고 단정짓는 것도 옳지 않은 것 같아요.

김민웅 ❘ 선생님께서는 철거민들의 생존권 보장과 사회질서 유지라는 두 가지 책임이 충돌하는 상황에서 택한 경찰의 결정이 적법성을 띠고 있는지, 혹시 과잉진압을 한 것은 아닌지 고민하신 것이네요. 그런데 사건의 선후관계를 따져보면, 애초에 철거민의 생존권을 보장해주는 정책의 토대 또는 사회적 합의가 존재하기 어려운 상황이 먼저였고, 이것이 절박한 생존권 보장 요구로 이어져 경찰의 진압으로까지 번진 게 순서이거든요. 물리적 충돌 양상만 보면 사회적 질서를 유지해야 할 경찰의 의무 부분이 부각되지만, 이에 앞서 이러한 물리적 충돌을 유발한 사회적 상황이 좀더 무게 있게 다뤄져야 하는 것은 아닐까요? 애초부터 생존권 보장이라는, 인간이 인간답게 살 수 있는 토대 마련에 대한 사회공동체의 합의가 있었다면 물리적 충돌 자체가 발생할 이유가 별로 없었을 것입니다.

김우창 ❘ 물론 생존권 보장에 대한 이해와 노력이 정부나 기성 제도 차원에서 불충분했다는 것을 반성하고 이 사건을 계기로 생존권 관련 논의를 발전시켜 나가야 합니다. 그 사태를 정확히 모르지만, 생존권을 둘러싼 상황을 좀

더 분명히 정리할 필요가 있어요. 가령 철거민들이 살고 있던 곳이 주택이었다면 당장 쫓아내는 것은 생존권을 직접적으로 위협하는 처사가 되지요. 설사 세금도 못 내고 월세도 못 냈더라도 집에서 살고 있는 사람을 쫓아낼 수 없게 되어 있어요. 그러나 영업을 하고 있는 장소라면 상당히 복잡한 문제예요. 어떤 사람들이 건물을 빌려서 사용하고 있는 경우에, 일단 권리는 주인에게 있는 것이 사실이거든요. 그러니까 거기 세를 들어 있던 사람들이 모두가 영세상인이었다는 점을 전제한다면 생존권이 달려 있는 문제로 볼 수 있지만, 가령 큰 회사들도 전세나 월세 내면서 사무실 빌리는 경우가 많거든요. 그 사람들이 안 나간다고 할 때 그것도 똑같이 생존권 문제로 볼 수 있느냐는 말이지요. 그러니까 사건이 발생한 곳은 주거지가 아니기 때문에 생존권 보장의 범위를 더 정확하게 정의할 필요가 있습니다.

그래서 국회에서 더 면밀하게 조사해야 한다는 생각이 들어요. 해당 건물에서 영업을 하지 않고는 살 수 없는 사람들이었는지, 또 권리금은 어떻게 해결했는지 등 민감한 문제들이 많지 않습니까? 권리금이라는 것이 현실적으로 존재하지만, 세입자들 사이에 오가는 돈이기 때문에 또 그 주인은 대개 관계가 없어요. 세입자는 그전 사람에게 권리금을 주면서 동시에 다음 사람에게 받을 생각을 하지만, 재개발을 하게 되었을 때 다시 찾을 도리가 없는 돈, 법률적으로 아마 정의가 안 되어 있는 돈일 겁니다. 이런 경우 어떻게 제도적으로 해결하느냐 하는 것은 상당히 복잡한 문제겠지요. 그렇기 때문에 더 면밀하게 조사해서, 어떤 종류의 영세업자에 대해서는 절대적으로 보호를 해야 된다든지, 권리금에 대해서도 몇 배로 보상해야 된다든지, 또 이 사람들이 다른 데로 옮겨갈 때 어느 정도의 보조금을 줘야 된다든지 하는 것들을 깊이 고려해야지 간단히 정리할 수 없다고 생각해요.

김민웅 ▮ 개발과 관련해 갈등이 점점 더 깊어지는데도 이를 격 있게 해결하지 못하는 이유 가운데 하나는, 어떤 가치를 만들어낸 사람들의 기여를 제대로 존중해주거나 보상해주지 못하기 때문인 것 같습니다. 용산의 상권 가치가 높아진 데에는 건물 소유주의 공도 있지만, 세입자들이 상업 활동을 하면서 기여한 부분도 있지 않느냐는 거지요. 이 부분을 어떻게 인정해줄지. 용산 문제도 그렇고, 4대강이나 세종시 문제도 마찬가지인데, 사회정의 차원에서 주체들의 가치 기여를 정말 공정하게 평가하고 인정하면서 돌려줄 것은 돌려주고 있는지 의문입니다.

김우창 ▮ 정리하기가 굉장히 복잡한 문제예요. 왜냐하면 내가 세입자로 들어간 후 영업을 잘해서 상권의 가치가 올라갔을 때, 그 값을 어디서 받아낼 것이냐 하는 문제는 해결하기가 쉽지 않지요. 주인한테 받아야 할지, 소유주에게 청구해야 할지 아니면 사회 또는 정부로부터 보상받아야 하는지. 국회에서 정말 세심하게 조사해봐야지 그냥 판단할 수 없는 부분이에요.

김민웅 ▮ 선생님께서 말씀하신 대로 면밀하게 조사하는 것이 우선이겠고, 또 그렇게 한다고 해도 보상에 대한 결정을 내리는 것은 복잡한 게 사실이겠지요. 그런데도 우리 사회 전반에 걸쳐 가치창조에 기여한 사람들을 대하는 태도가 여전히 성숙하지 못한 것은 큰 문제가 아닌가 생각합니다.

김우창 ▮ 성숙하지 못한 점도 있지만 법률적으로 정의하기 어려운 문제로 보입니다. 가령 어떤 교수가, 이화여대에 와서 봉사를 열심히 해서 학교의 가치가 올라갔다고 했을 때 그 교수한테 누가, 어떻게 보상해줄 수 있을까요? 이처럼 추상적인 가치를 사회적으로 보상한다는 것은 거의 불가능한 일이기 때문에, 생존권과 관계없이 어떤 사람들의 기여로 인해 특정 부동산 또는 일부 상업행위의 생산성이 높아졌을 때, 이에 대해 보상하기란 어려운 일일 것 같아요.

김민웅 ▮ 만약 상권의 가치가 올라간 만큼의 기여도를 인정받지 못한다면 당사자들은 박탈감을 느끼지 않을까요?

김우창 ▎ 법으로 해결할 수 있을는지 모르겠지만, 기여도에 따라 보상 정도를 일정하게 규정하면, 교수들도 잘하는 교수들은 퇴직할 때 돈을 더 줘야 되는, 여러 복잡한 문제들이 일어날 것입니다. 법률이란 언제든지 보편적으로 일반화할 수 있어야 하는데, 이 경우는 그렇게 하기 어려울 것 같아요. 철거민들이 영세업자였기 때문에 보호받아야 하는데 이럴 때 문제를 어떻게 풀어나가야 할지를 고민해야지, 이 사람들이 철거장소에서 영업을 했기 때문에 해당 장소의 가치 상승에 기여했다고 볼 수는 없을 것 같아요. 권리금을 100만 원 주고 들어갔는데 영업 잘못해서 나갈 때는 권리금을 10만 원밖에 못 받을 수도 있는 거고요. 거기에 대해서 다른 사람이 책임지기는 어려울 것 같아요. 사회도 마찬가지고요.

어디까지나 그 문제는 생존권과 연관지어 고민해야 하고, 주거의 경우에는 생존권이 분명하게 생기지만 영업지일 때는 "이 사람들은 영세업자이기 때문에 이것을 박탈하면 살아갈 방법이 없어진다"와 같은 사회적인 판단이 전제되어야 한다는 것이지요. 그 다음에 이와 같은 사항을 일반화할 수 있는 토대로서 국회에서 입법을 해야 되고요. 그런데 진보주의자들이 이 문제를 너무 간단하게 보는 것 같은데, 그렇게 해서는 결코 안 된다는 생각이 들어요. 사람들의 상황이 어떠했는지에 대해서 정확하게 이해하면서 사회적인 보호가 필요하다고 주장해야지, 마치 경찰이 사람들이 데모하니까 무리하게 진압한 것처럼 자꾸 얘기하는 것은 옳지 않은 것 같아요.

개발주의 문화의 자화상①: 세종시 논란

김민웅 ▎ 이 문제와 관련해서는 희생자들이 생겨났다는 사실도 매우 중요한 것 같습니다. 희생이 예견될 수도 있었는데 진압 과정에서 그것을 고려하지 않

"개발과 관련해 갈등이 점점 더 깊어지는데도 이를 격 있게 해결하지 못하는 이유 가운데 하나는, 어떤 가치를 만들어낸 사람들의 기여를 제대로 존중해주거나 보상해주지 못하기 때문인 것 같습니다.

용산 문제도 그렇고, 4대강이나 세종시 문제도 마찬가지인데, 사회정의 차원에서 주체들의 가치 기여를 정말 공정하게 평가하고 인정하면서 돌려줄 것은 돌려주고 있는지 의문입니다."

• 김민웅

아 문제가 된 거지요. 그런 고려를 하지 않는 권력에 대해서도 비판해야 하지 않을까 합니다. 이쯤에서 또 하나 이야기해야 할 것은 '개발' 문제예요. 근대화의 경험은 다른 식으로 말하면 개발이 이루어졌던 경험인데, 이게 우리의 생활을 격 있게 향상시켰다는 긍정적인 시각이 있는 반면, 물질주의, 자연 파괴, 역사를 존중하지 않는 태도를 조장하는 등 전반적인 사회 분위기가 경박해지고 문화에 대한 사고 역시 너무 얄팍해진 데 영향을 미쳤다는 부정적인 시각도 있습니다. 개발을 국가의 격과 관련해 어떻게 사고해야 될까요?

김우창 ┃ 개발은 상당히 복잡한 과제지만 대원칙을 이야기하기는 쉽지요. 좋은 게 좋다는 얘기인데 개발은 내재적인 힘에 의해서 유기적으로 이루어져야 됩니다. 즉 사람들이 자발적으로 합의해서 이루어지는 개발이 제일 좋다고 생각하는데, 이건 듣기에만 너무 좋은 말이기 때문에 별 의미가 없는지 모르지요.

세종시 문제와 관련해서 정부가 나서서 기업체를 유치하겠다는 발상도 이상하지만, 오라고 환영하는 사람들도 사실 이해가 안 되거든요. 세종시로 정부 일부 또는 전체가 이전된다면 두 가지 문제가 생기는데, 하나는 다른 도시들과의 형평성 문제가 있지요. 대전은 어떻고 전주는 어떻며 부산은 또 어떻게 되는 겁니까? 다른 도시 사람들은 이제 발전 못 한다고 아우성칠 것 아닙니까? 정부가 안 오면 발전할 수 없다는, 말하자면 박정희 대통령 시대처럼 정부가 경제에 미치는 영향력을 너무 과대평가하고 있어요. 정부가 이전해오면 혜택이 굉장하게 생긴다고 하는데, 어떻게 그렇다고 장담을 할 수 있어요. 그 전제 자체가 이상하지요.

또 하나는 스스로 옛날부터 살아왔던 방식을 계승해서 살면서 자연스럽게 발전하면 제일 좋지만, 정부에 이렇게 원조 좀 해주시오 하고 요청하는 것은 몰라도, 정부가 돈 갖다 들이붓고 도시계획을 전부 새로 하는 것을 지역민들이 환영하는 것 자체가 이해가 잘 안 돼요. 전에 신문에도 썼지만, 경부선 철도가 대전으로 난 게 공주에서 반대해서 그렇다는 거예요. 우리는 공주에 철도가 지나가는 거 원하지 않는다, 살아왔던 방식대로 살 텐데 무엇 때문에 철도를 내느냐 했다는 겁니다. 자연스러운 반응이지요. 그런데 우리 사회에서 이런 방식의 사고는 다 없어지고, 이제는 말을 해봐야 통하지도 않는 거 같아요.

목포시 발전계획인가를 세우는 데에 자문 역할로 참여한 적이 있어요. 그러면서 국토개발한다는 데에서는 사람들을 많이 만났는데, "당신들 여기 공단 만든다고 그러는데 땅 팔지 마시오" 그랬거든요. 지금 팔면 많이 보상받을 거 같지만 다른 데 가서 다시 자리 잡고 살려면 더 힘들 가능성이 많다고 했더니, 거기 있는 사람들 모두 내가 이상한 소리 한다고 그러더군요. 지역 유지들이나 다른 자문위원들도 "낭만적인 얘기 좀 하지 마시오" 라고 하더군요. 우리나라에는 "나는 내가 벌어먹던 땅에서 그대로 살고 싶다, 다른 데 가서 자리 잡고 살려면 힘들지 않은가"라고 생각하는 사람들이 별로 없어요.

이 세종시 문제는, 나같이 좀 다른 식으로 생각하는 사람들은 이해가 잘 안 돼요. 내가 리우데자네이루에 간 일이 있는데, 거기에도 빈민촌이 많았어요. 계획이 잘된 풍광 좋은 도시인데, 한쪽에 빈민촌이 있었지요. 그쪽은 개발을 못 했지요. 그런데 지금은 관광지가 됐어요. 지저분한 그대로 관광지가 된 거예요. 그래도 자기들끼리 질서를 만들어내 또 나름대로 살 만한 곳이 됐어요. 물론 그 사람들도 좋은 데서 살고 싶겠지요. 그렇지만 빈민촌을 허물어버리지는 않았어요. 우리도 그렇게 할 수 있지 않을까 생각하지만, 보다 나은 생활을 바라는 한국 사람들의 소망과는 맞지 않기 때문에 불가능하겠지요.

그래서 개발에 대해 뭐라고 얘기하는 게 참 어려워요. 원칙적으로는 내재적인 힘에 의해서 유기적으로 발전하는 것이 가장 좋은데, 도시계획 차원에서 구체적으로 어떻게 유기적으로 발전할 수 있는지 논의하는 자리도 몇 번 가졌어요. 근데 우리는 군대가 정권을 잡는 건 싫어하지만, 중앙에서 도시계획을 세운 후 막무가내로 시행하면 오히려 박수를 치고 있어요. 이러한 상황에서 개발을 논하기란 참 어렵지요.

김민웅 ▌세종시 논란의 핵심 가운데 하나는 일단 인위적으로 만드는 도시라는 것 아니겠어요? 개발이데올로기를 승인하는 전제하에 추진하는 것이지요. 지방선거 결과로 상황이 달라지긴 했지만 현재 공개된 세종시 수정안 내용을 보면 기업을 유치하기 위해서 땅값도 굉장히 싸게 해줄 것이라고 하는데, 결국 국민들의 세금으로 자금을 충당할 수밖에 없는 상황이 벌어지겠지요. 또 다른 기형적인 개발이 될 가능성이 높아요. 선생님께서 말씀하신 대로 그것이 과연 내재적인 유기성을 유지할 수 있을 것이냐 하는 것은 굉장히 중요한 문제입니다. 개인적으로 세종시가 녹색도시나 친환경도시를 표방하며 지역의 내재적인 요구에 맞춰나가는 도시모델이 아니라 개발주의 모델을 따른다는 것이 불만이에요.

그런데도 세종시 개발을 둘러싸고 일종의 기대감이 형성되는 것 같아요. 그동안 수도권에 개발의 혜택이 집중됐고 지방은 누락되거나 소외됐으니, 만약에 세종시로 인해 중앙집권적 시스템을 바꿀 수 있고 수도권 과밀도 해소할 수 있다면, 이제는 지방에서 서울로 이동하는 인구를 줄이고 다른 지역도 수도권 못지않은 개발 혜택 속에서 삶의 수준과 질을 높일 수 있다는 기대 말이에요.

김우창 ▌그건 정부를 옮긴다고 되는 게 아닌 것 같아요. 요 며칠 동안 신문에도 실렸는데, 『론리 플래닛』(*The Lonely Planet*)이라는 책은 세계에서 제일 혐오스런 도시로 '서울'을 꼽았대요. 영어로는 'most hated city', 제일 증오하는 도시인데 신문에서 더 부드럽게 번역을 했더군요. 반대로 서울을 좋다고만 평가하거나 지방 역시 서울처럼 정부기관을 유치해야 발전할 수 있다고 보는 시각에도 문제가 있지요.

목포 발전계획 수립에 참여했을 때 보고서 제목을 '아껴놓은 땅'이라고 했어요. 포항이나 울산처럼 산업화·공업화로 발전하지 말고, 거기서 돈 많이 벌고 또 오염된 공기 많이 쐰 사람들이 목포에 와서 숨도 좀 돌리고 하는 그런 장소로 발전하면 좋겠다, 하느님이 아껴놓은 땅이 이곳이다 생각할 수 있으면 좋겠다 싶어서 제목이 그렇게 됐지요.

우리 사회에 지금 일종의 '개발병'이 유행인데, 목포에서 만난 시민들이나 대표들 모두 다 그런 개발병을 앓고 있었어요. 따라서 무엇이 어디에서부터 잘못됐는지 얘기하기 어려워요. 세종시에 지금 기업들을 보내는 것도 정부만 탓할 일은 아니지요. 세종시에 정부가 안 가니까, 그럼 그 대신 다른 혜택을 달라고 하니까 이를 무마하기 위해서 만들어낸 대책 아닙니까? 주장을 뒷받침하는 전제들이 다 이상하기 때문에 일어나는 일이라 뭐라고 결론내리기가 어려워요.

개발주의 문화의 자화상②: 4대강 사업

김민웅 ❙ 세종시 문제는 개발주의의 병폐를 극복할 수 있는 새로운 도시모델 또는 공동체모델을 상정하는 노력을 기울이면 좋겠는데, 그런 논의는 별로 이뤄지지 못해 안타깝습니다. 이와 연관해서 논란이 끊이지 않는 4대강 문제 역시 이야기하지 않을 수 없는데요.

김우창 ❙ 세종시를 반드시 공장이 밀집되어 있는 도시로 개발해야 하는 건 아니지요. 지난 몇 년간 캘리포니아 어바인 시에 있는 대학에서 강의를 많이 했는데, 어바인 시는 미국에서 도시계획이 제일 잘된 곳이고 가장 환경친화적인 도시이기도 해요. 경제활동도 활발하지만 그렇다고 기업체들이 잔뜩 모여 있는 곳도 아닙니다. 세종시도 이 같은 도시 사례를 적극 참고했으면 합니다. 기업들만 대거 이전한다고 해서, 자자손손 살 만한 곳이 되겠느냐는 것에 대해서는 한번 생각해봤으면 좋겠어요.

4대강 사업도 말하자면 우리 사회의 개발이데올로기 때문에 문제가 된 것인데, 여러 이해관계가 얽혀 있어 뭐라고 단언하기는 어렵지만, 그래도 서로 타협의 여지는 있을 것 같습니다. 극단적으로 대립하는 것은 정말 이해가 안 돼요.

김민웅 ▮ 4대강 문제는 기본 발상이 자연을 개발대상으로만 보고 충분한 사전조사나 준비도 없이 일방적으로 빨리 추진하기 때문에 저항이 생겨난 것 아닙니까? 이러다 보니 타협의 문제가 아니라 근본적 수정을 요구하는 사안이되었습니다. 선생님이 보시기에 어느 지점에 타협의 여지가 있다고 생각하시는지요?

김우창 ▮ 치산치수(治山治水)는 옛날부터 정치적으로 중요한 사업 중 하나이고, 특히 강은 조심스럽게 관리해야 하지요. 그대로 두면 문제가 일어날 수도 있거든요. 이북의 경우 강 상류지방을 너무 개발해서 생긴 토사 때문에 강물이 잘 흐르지 않는다고 하더군요. 우리나라의 강 사정은 세세히 잘 모르겠지만 가령 영산강은 제대로 된 강이 아닌 것 같아요. 우리 어릴 때는 강이 강다웠지만, 요즘 보면 강이라 할 수 없어요. 모래에 덮여서 거의 강이 없어질 정도가 됐지요. 이런 부분은 치우고 정리해야 되는 것은 분명하고, 낙동강도 사실 하류에 문제가 있다고 하니까 적절하게 관리해야 하는 건 사실이지요.

정부는 이런 일을 운하 계획으로 연결하려는 속셈이라고 사람들이 그러던데, 만약에 운하 사업을 한다고 하면 비판할망정 안 한다니까 일단 그렇게 알아야지요. 얘기가 자꾸 샛길로 접어드는데 거기서 여러 가지 국토문제를 얘기하면서, 이명박 정부 초기 때인가 노무현 정부 말기 때인가, 내가 국토연구원 자문위원을 잠깐 했어요. 그동안 국토개발은 많이 했으니까 전체적인 개발계획을 일단 중단하고 지금까지 개발된 것에 대한 비판적 검토를 1년이라도 두고 해보는 게 좋겠다고 말했지요. 그러면서 이 대운하는 하려고 하면 나라 쪼개지니까 절대 하지 않는 게 좋겠다고 얘기했어요. 그런데 안 한다고 하니까 그렇게 받아들여야지요. 자꾸 짐작을 해서 대운하를 끌어들이는 것은 좀 잘못인 거 같아요. 정치가들의 마음속에 있는 야심을 어떻게 알겠어요? 발표된 것 가지고 논의를 해야지요.

그 다음, 이명박 정부는 4대강 사업을 너무 급하게 하려고 해서 문제예요. 천천히 해나가도 되는데 말이지요. 국민 여론을 수합해가면서 서서히 하면 될 거 같아요. 또 진보야당 쪽에서는 4대강 사업에 관해 수정제안도 하고요. 이런 식으로 타협하고 논의할 여지가 많은 거 같은데 서로 싸움만 하는 거 보면, 우리같이 밖에 있는 사람은 이해가 안 가지요.

김민웅 ┃ 그런데 과거에도 수질개선이나 퇴적토를 처리하는 문제에 예산이 편성됐고 진행해왔단 말이지요. 지금 이야기되는 계획이나 예산 같은 것들이, 가령 보를 만들거나 강을 깊이 파는 작업들이 4대강의 수질을 관리하려는 수준을 넘는 게 아니냐는 의혹 때문에 문제가 생기는 것 같아요. 대운하 사업을 하지 않는다고 하는데 실제 사업 내용을 보면 대운하와 연결될 소지가 있기 때문에 논란이 되고요. 또 하나는 영산강 얘기를 하셨습니다만, 영산강은 자연퇴적이 아니잖아요. 주변 산들을 깎은 바람에 홍수가 발생하면 거기에 있던 나무나 흙들이 다 쏟아져 내리는 것이지요. 4대강 사업 내용을 보면 자원관리를 하는 것뿐만 아니라 강 주변에 대해서도 개발주의적으로 접근하는 시각을 읽을 수 있어요. 그렇게 되면 자연 본래의 가치를 높이는 게 아니라 결국은 또다시 인위적인 개발사업으로 전락하지 않을까 싶은 우려가 생기는 것 같네요.

김우창 ┃ 우려할 수도 있겠지만, 우려를 현실로 받아들이면 안 됩니다. 예산 측정이 어떻게 돼 있는가, 구체적인 계획이 무엇인가를 의논해야지, 단지 우려가 된다는 이유로 절대 반대를 외친다면 국민들한테 설득력이 없습니다. 구체적으로 뭐가 잘못됐고 어떻게 수정해야 하는지 말해야 해요. "대운하 사업 몰래 하려고 한다"라고 비판하면 반대로 여당 쪽에서는 4대강 사업 반대 움직임에 대해 "이명박 타도하고 정권을 잡자는 계획이다"며 의심해도 어쩔 수 없는 거니까요.

김민웅 ┃ 구체적인 자료가 뒷받침되지 않은 우려만으로 4대강 사업을 반대할 수 없다는 말씀인 것 같습니다. 제 얘기는 현재 발표된 4대강 사업 내용을 보더라도 이것이 개발주의의 재판 아니냐는 것입니다. 4대강 주변 경관을 조성하는 방법도 그렇고, 환경평가도 단속적으로 해버리고 말이지요. 이렇게 되면 결국은 자연스럽게 개발주의로 연결되지 않을까요? 단순히 근거 없이 우려하는 게 아니라는 거지요.

김우창 ┃ 경제이익을 얻기 위해 강 주변을 관광지화하는 것을 반대만 할 수는 없을 거 같아요. 우선 자연환경을 파괴하는 결과를 초래하지는 않는지 살펴봐야겠지만, 주변 강변을 좀 고쳐서 관광지화하는 것을 두고 옳다, 그르다 논하는 것은 또 별개의 문제거든요. 듣기로는 낙동강 상류 쪽에서는 관광지를 만드는 데 찬성한다고 하던데요. 그러니까 관광지를 어떻게 조성하자는 것인지, 경제이익과 환경 보존 사이에서 어떻게 타협의 지점을 찾을 수 있을지 고민해야지 지나치게 밀어붙이거나 반대만 하는 것은 그렇게 바람직하지는 않아요.

아마 이명박 대통령은 청계천 조성사업을 성공이라고 평가하니까 운하에 대한 욕심도 있을 테고, 또 업적을 세우고 싶은 바람도 있겠지요. 그런데 지금은 상황이 좀 달라진 것 같은데, 1년 전 경제위기 때만 해도 운하가 고용과 투자를 창출하는 데 도움이 될 거라고 생각하는 사람들이 없지 않았어요. 그건 케인즈 경제학에 으레 나오는 공식이니까 말이지요. 서로 논의를 할 수 있는 여지가 충분히 있을 것 같은데요.

김민웅 ▌ 개발주의라는 게 일정한 정치적 성과나 효과가 있기 때문에 정치에 이용 되는 경향이 있습니다. 그런데 개발주의가 사회적 재앙 또는 역사적인 재 앙을 낳는다면, 사전에 막아야 되는 게 아니냐는 사회적 요구가 있는 것 같아요. 개발주의로 인해 문화와 자연의 중요성에 대한 의식이 점차 약해 진다는 지적을 어떻게 생각하세요? 개발을 통해 얻는 것이 많지만, 정말 소중하고 지켜야 하는 가치를 잊어버리게 되기도 하잖아요.

김우창 ▌ 개발은 이명박 정부뿐만 아니라, 노무현 정부, 김대중 정부, 김영삼 정부 를 비롯해 옛날부터 쭉 해오던 건데, 초기에는 어느 정도 정당성이 담보 됐지만 점점 약해졌지요. 그래서 아까 말했던 것처럼 국토연구원에서 잠 깐 일할 때, 전체적인 국토개발사업을 비판적으로 검토해보면 어떻겠냐고 얘기한 것이에요. 물론 개발해야 될 부분들이 아직도 많이 남아 있겠지요. 그런데 개발을 무조건 추진하는 것보다는 우리한테 확실하게 도움이 되는 것인지 살펴보는 검토 작업이 우선돼야 개발에 동의할 수 있을 거 같아요. 산을 깎고 강바닥을 파내고 하는 것 외에 문화재를 복원하는 것, 예를 들면 광화문 복원할 때도 나는 반대하는 칼럼을 썼지만, 복원이란 말이 모순된 단어이기 때문이에요. 지나간 시간을 어떻게 복원한다는 건지……. 실제로 는 지금 만들어놓고 '2010년 완성' 이렇게 안 쓰고, 거기다 '1392년 완성' 이렇게 쓸 수 있느냐 말이지요. 그건 불가능한 일이기 때문에 복원이란 말은 조심스럽게 써야 해요.

이탈리아의 문화재는 우리에 비할 수 없이 많은데, 그래서 옛날 수백 년 전부터 복원을 해왔지요. 가령 레오나르도 다빈치의 「최후의 만찬」을 복 원하는 데만 20년 걸렸어요. 우리가 뚝딱뚝딱 급하게 복원하는 것과는 다 르지요. 그렇게 20년 동안이나 복원사업을 했는데도 비판이 많아요. 그림 이 오래되면서 페인트가 떨어진 부분을 복원할 때 옛날 페인트로만 하지 않고 새로운 페인트를 약간 사용했어요. 왜 새로운 페인트로 복원했느냐

하면, 옛날 것과 색이 다르니까 이건 복원한 부분이란 것이 보일 수 있게 하려는 뜻이지요. 이건 레오나르도 다빈치가 한 게 아니라 복원한 부분이라고 말입니다. 그런데도 이에 대한 비판이 굉장히 거셌어요. 도대체 옛날 것을 낡으면 낡은 대로 더 낡아지지 않도록 보존하는 것은 몰라도…….

덧칠을 해서 옛날 것을 살린다는 게 말이 안 되는 일이라는 거지요. 역사복원이라는 게 도대체 자기모순적인 말이지 그게 가능하기는 한 건지…….

더 이상 나빠지지 않게 썩지 않게 보존하는 일은 모르지만 옛날 것대로 만든다는 것은 도리어 역사를 훼손하는 거라는 생각이 들어요.

김민웅 ┃ 말씀하신 대로 문화재는 복원이라는 게 불가능하기 때문에 최대한 원래 모습대로 지켜져야 할 텐데요. 개발주의가 더욱더 기승을 부리게 되면, 개발지역에 있는 문화재 또는 역사적 가치를 지닌 장소들이 지켜지지 못한다는 게 고민이네요. 어떤 가치에 우선을 둘 것인지에 대한 논의가 부족한 게 아닌가 싶어요.

김우창 ┃ 문화재는 문화재 하나가 보석과 같이 좋은 것이라서 문화재가 되는 게 아니라, 그 문화재가 연상시키는 옛날 삶의 방식과 함께할 때, 문화재가 되는 거지요. 문화재가 있으면 문화재 주변 전체가 옛날 생활양식을 표현하고 있어야 된다고 말입니다. 일본에 가면 옛날 건물들 주변으로 굉장히 넓은 면적이 옛 모습 그대로 있는 데가 많아요. 우리나라는 물질주의 사상, 물신주의라고 번역되는 페티시즘이 강한 사회라 그런지 몰라도, 물건 하나만 있으면 문화재가 되는 것으로 생각하는 경향이 있지요.

김민웅 ┃ 역사와 문화가 유기적으로 결합하지 못한 상태란 말씀이시죠.

김우창 ┃ 도시나 동네나 개발한 곳은 다 그렇습니다. 지금 세종시도 보상금 받은 사람들이나 땅 소유한 사람들 불만이 제일 클 거예요. 돈 좀 벌려고 하는데 잘 안 될까봐. 그거 가지고 뭐라 할 수 없지요. 우리 모두에게 돈은 민감한 문제니까요. 나도 부동산 투자 좀 했으면 좋았을 텐데 할 때가 있어

요.(웃음)

개발 문제를 진짜 개발 자체로만 얘기할 수 있으면 좋지요. 그러나 그렇게 할 수 없는 게 모두가 부동산에 연결되어 있기 때문이에요. 어떤 국토개발이나 국토관리가 환경이나 국가의 장래, 또는 삶의 질을 보장하기 위해 어떻게 진행돼야 하는지 제대로 얘기할 수 없는 상태입니다. 사실 개발보다 더 큰 문제가 모든 게 부동산화된 것이지요.

김민웅 ▎ 역사나 문화의 가치를 지키기보다는, 뭐든지 금전으로 환산해 우선순위를 매기는 태도에 대해 고민해봐야 하는 게 아닌가 싶습니다. 그 앞에서 다른 가치는 고려의 대상이 안 되지요.

김우창 ▎ 정말 우리처럼 시장경제, 화폐경제 시스템에 이렇게 완전히 흡수된 사회도 없을 거예요. 지금 여야가 세종시 문제나 4대강 사업을 진짜로 국가적인 차원에서 논의하고 있는 건 아닌 것 같아요. 모두 부동산 문제와 복잡하게 얽혀 있거든요. 개발을 원하는 사람도 '정말 우리 동네를 이렇게 개발했으면 좋겠다'는 생각보다는 '개발될 경우 부동산 이익이 얼마나 생기느냐' 하는 데만 관심이 있지요. 반대하는 사람들도 비슷하고요. 이 때문에 정답을 얘기하기가 참 어려워요. 순수하게 국토개발만 논의한다면 큰 문제가 일어나지는 않을 겁니다. 지금처럼 진행하면 안 된다는 비판도 금방 받아들여지지요. 그러나 돈이 관계되기 때문에 거기서 싸움이 벌어지는 겁니다.

다양한 인생 진로가 가능한 교육

김민웅 ▎ 돈의 논리를 넘어설 수 있는 한 개인의 품격이나 사회적인 존엄성을 지키는 일은 근본적으로 교육문제와 연계되지 않을 수 없습니다. 이번에는 우리 사회의 교육현실에 대해 이야기를 좀 해보겠습니다.

김우창 ▎ 교육문제는 아이들을 가진 모든 부모의 가장 큰 고민일 텐데, 여기에 대한 논의도 개발문제나 부동산 문제처럼 간단하지 않습니다. 잘못된 것도 성과를 올린 측면이 분명히 있기 때문에 간단하게 정리하기가 어려워요. 교육을 바로 잡아야 한다는 생각이 역대 정권에 모두 있었지요. 그러나 몇 번씩 뜯어 고쳤어도 특별하게 개선된 적은 없었던 것 같아요. 간단히 얘기하면 사회문제를 교육제도 개선을 통해 해결하려고 하는 게 문제라고 봐요. 모두 대학에 가고 또 명문대학에 가려고 하는 것은, 그렇지 않은 사람들의 장래가 불확실하기 때문이지요. 자기 자식이 좋은 대학에 가야 된다고 생각하는 이유는 두 가지인데, 하나는 출세해야 되기 때문이고 또 하나는 사실 출세 안 한 사람들의 생활이라는 게 상당히 불안하기 때문이지요. 만약 학력이나 학벌에 상관없이 안정적인 생활을 꾸릴 수 있다면 지금처럼 기를 쓰고 좋은 대학 가려고 하지 않을 겁니다.

김민웅 ▮ 전반적으로 교육이 출세의 수단이 된 게 문제라는 말씀인데, 교육정책이나 구체적인 교육 내용에 아쉬운 점은 없는지요? 선생님은 지난 수십 년간 대학에 몸담아 오셨고, 전반적인 인문학 교육을 강조하셨습니다.

김우창 ▮ 인문과학 하는 사람들은 모두 동의하겠지만, 자기 자신을 바르게 이해하고, 진로에 대해 신중하게 판단하는 태도가 정말 필요해요. 농담으로 하는 이야기입니다만, 아무리 사회가 발전해도 개인의 운명까지 사회가 돌보는 것은 사실 어렵기 때문에, 그에 대해서는 언제나 점쟁이에게 물어봐야 되지요. 시험을 치렀는데 1등인가 꼴등인가, 부동산 투자를 했는데 성공할지 실패할지 말이에요. 하지만 점쟁이한테 운명을 맡길 수는 없으니 자기 주관을 내실 있게 다지는 게 좋겠지요. 스스로 원칙을 정하고 그에 따라 이런 경우에는 이렇게 하겠다는 신조가 있어야지요. 손해를 입든 이익을 보든 그렇게 행동할 것이기 때문에 복비는 좀 절약할 수 있는 셈이지요. 그래서 인문과학을 통해 자기 자신이 모르고 살아온 걸 이해할 수 있는 통찰력을 얻는 게 중요하다고 생각합니다.

김민웅 ▎ 그러나 현실에서 인문학은 존립 위기를 겪고 있기도 합니다. 인문과학을 통해 통찰력을 얻는다면 좋겠지만 한국의 교육환경에서 그런 목표 달성은 쉽지 않아 보입니다. 일상적인 차원에서 그 원인을 짚어본다면 어떻습니까?

김우창 ▎ 아까 얘기한 것처럼 사회적 불안이 큰 원인이지요. 고등학교 졸업하고 어떻게 살아야 할지 전혀 앞을 내다보기 불가능하니까 전부 대학에 가려고 하지요. 또 대학 가서는 신입생 때야 좋을지 모르지만 졸업해서 취직이 어려우니까 역시 불안하거든요. 그래서 좋은 대학 가야 된다는 생각을 많이 해요. 사실 우리나라는 조선조 때부터 과거를 치러 출세하는 거 좋아하는 나라이기는 했어요. 출세지향성이 강하지요. 즐겁게 일하는 데서 만족을 얻는 분위기가 아니에요.

김민웅 ▎ 상당히 중요한 말씀이라고 생각합니다. 어떻게 하면 출세에 집착하지 않고 자신의 일을 즐기며 살아갈 수 있을까요?

김우창 ▎ 마르크스가 "소외노동으로 이루어진 게 '어셈블리 라인'이다"라고 얘기한 것처럼 자본주의 사회에서는 소외노동을 피하기는 굉장히 어려운 거 같아요. 이러한 폐단을 피하려면 봉건시대 삶의 방식을 될 수 있는 한 많이 유지하는 게 좋겠지요. 중소상공인들이 지역사회에서 제 역할을 하며 사회적인 존경도 받을 수 있는 공동체가 되면 참 좋겠지요.

옛날에 서울 시정개발자문위원을 잠깐 맡은 적이 있는데, 그때 목수 자격시험을 실시하는 게 어떻겠냐고 제안한 적이 있어요. 인생에서 발전하고 있다는 성취감을 갖는 것은 좋은 일이거든요. 공무원들도 계장, 과장, 국장 조금씩 직급이 높아지는 것을 무척 중요하게 생각하잖아요. 목수의 경우도 등급을 매기면, 급수 높은 목수는 돈도 더 받고 또 고용하는 사람 쪽에서도 실력에 따라 채용할 수 있고 말이지요. 목수뿐만 아니라 모든 기능공들에게 이런 시스템을 제공했으면 좋겠어요.

김민웅 ▎ 체계적으로 장인을 길러내고 대우하는 제도 말이군요.

김우창 ┃ 그렇습니다. 지금 다양한 종류의 자격시험들이 많은데 상업적인 성격이 강해요. 그런 시험 봐가지고는 아무 소용없는데도 자격증 제도를 만들어 장사를 하지요. 그러나 일단 취지는 좋다고 생각해요. 다만 좀더 체계화 되고 지역사회에 적절한 인력을 제공하는 방식으로 작동했으면 합니다.

요전에 『경향신문』과 인터뷰하면서 장인을 길러내는 제도 도입과 또 대학 의 학생 선발기준을 마련하는 것에 대해 얘기한 일이 있어요. 대학도 학생 을 선발하는 방식이 좀더 다양해져야 하는데, 가령 100명 중의 1등이면 공 부 잘하는 학생이지만, 500명 중의 1등이면 운이 어느 정도 작용하게 되지 요. 1000명 중 1등이라면 이건 정말 운이 좌우하는 부분이 크고요. 그러니 까 선택 단위를 작게 해서 거기서 공부 잘하는 학생을 뽑는 거지요. 서울 대학은 지방에서 공부 잘하는 학생을 뽑았는데, 잘하는 제도지요.

한편 영재를 만들겠다고 하는데, 영재교육에 너무 신경쓸 필요 없다고 생 각해요. 주로 평균적인 학생들을 위해서 커리큘럼을 구성하면 돼요. 혹시 재능을 가진 학생들이 능력 발휘를 못 해서 국가적인 손실을 입게 되지는 않을까 걱정할 필요 없어요. 어느 체제에서나 어느 정도의 기회만 보장되 면 재능 있는 아이들은 능력을 펼칠 기회를 얻어요.

교육문제를 학교에만 맡길 게 아니라 사회적인 체제 안에서 해결해야 돼 요. 한 가지 얘기를 하면, 영국의 고등학교는 세 종류가 있어요. 학비를 내 고 가는 기숙학교인 'Private school', 공립학교면서 엄격한 시험을 통해 들어가는 'Grammar school', 그리고 'Comprehensive school'인데 국 가에서 운영하는 학교지요. 이렇게 고등학교가 세 종류인데, 지금 사립학 교는 명성이 상당히 떨어졌어요. 가령 보수당 지도자 데이비드 캐머론 (David Cameron)은 이튼-옥스포드를 나왔거든요. 신문에서 만날 하는 얘기가 이튼-옥스포드 출신이 선거에서 불리하다는 소리예요. 그래서 사 립학교 가는 걸 꺼려하는 경향까지 있지요. 국회의원도 하고 수상도 하려면 사립학교 출신이라는 사실이 불리하다는 분위기입니다. 영국은 참 이상한 나라예요. 수백 년 동안 점점 그렇게 변화해왔어요.

그런데 가령 Grammar school의 경우 엄격한 시험을 통해서 학생을 선발하는 영재 중심의 학교인데도 불구하고, 시험을 보는 학생들은 그 지역 밖에서 오는 경우가 대부분이고, 나머지 20~25퍼센트는 학교가 있는 지역에서 살고 있는 학생들, 20퍼센트는 거주지는 다르지만 연고관계가 있는 학생들을 선발합니다. Grammar school에 합격한 학생들이 반드시 시험에서 1, 2등 하던 학생들은 아니에요. 지금은 사립학교보다 Grammar school 졸업생들이 사회에서 더 인정받아요. 애초에 학교가 세워졌을 때는 시험으로 학생들을 선발했는데, 노동당 정부가 들어섰을 때 제비뽑기로 방식을 바꿨어요. 근데 서로 타협을 해서 지금과 같은 선발방식을 만들었지요. 우리나라에서 보면 상당히 불공평하다고 생각할 수 있어요. 어떤 학생은 시험을 쳐 들어가고, 어떤 학생은 그 지역에 살고 있다는 이유만으로 입학할 수 있다니 이게 말이 되느냐 불평하겠지요. 그러나 영국에서는 이런 불만이 없어요. 그러니까 우리나라도 실질적으로 학생 개개인과 사회를 위해 어떤 방식으로 학교에서 학생을 선발하면 좋을지 훨씬 더 면밀하게 논의해야 할 것 같아요.

작은 공동체에 대한 애착

김민웅 ▌ 교육 이야기를 하다가 여기까지 왔는데 결국 아주 작은 공동체 단위에서부터 가치를 인정해주고 보호하는 풍토가 있어야만 장인제도를 운영할 수 있을 것 같습니다. 장인제도라는 게 예를 들면, 우선 마을에서 '이름난 떡집'이 돼야 사람들에게 인정받는 것이고, 또 지도자의 경우에는 어려서부터 마을을 위해 봉사한 일들이 쌓여야만 존경받을 수 있는 형태잖아요.
'슬로우 시티'(slow city)라는 말이 있지요. 일본만 해도 오래된 마을의 역사와 삶의 방식을 보존하려고 참 열심히 노력하잖아요? 근데 우리나라를 보면, 대기업들이 작은 마을에 갑자기 들어서서 기존 상업구조를 모조리 무너뜨리는 일이 너무나 자주 일어나고 있는 것 같습니다. 그러다보니 교육도 수도권이나 중앙에 치중되고, 지방은 나름대로 자립성을 키우지 못하고 결국은 가지고 있던 것마저 잃어버리고 있는 게 아닌가 싶습니다.

김우창 ┃ 무엇보다 지역 내 부동산 투기를 없애는 게 중요해요. 주거지를 정하면 그곳에서 오랫동안 살 수 있게 동네가 구성돼야지요. 내가 일본에서 좀 살았기 때문에 가끔 일본 교수들이 연하장을 보내오는데, 수십 년 동안 주소가 바뀐 사람이 한 명도 없어요. 원래 살던 곳에 그냥 사는 거예요. 지난번에 쓰시마 료코라는 작가가 왔는데, 그 사람 아버지가 다자이 오사무라는 유명한 작가예요. 지금 어디 사느냐고 물으니 자기 아버지가 살던 집에 그대로 산대요. 일본은 그 정도로 상당히 작은 지역단위가 지속적으로 유지되고 있어요.

주거 문제를 적절하게 해결할 수 있어야 해요. 그래서 '보금자리 아파트' 제도를 지지하는 글도 썼어요. 스위스에서는 집 없는 젊은 부부들한테는 국가가 무조건 집을 제공해주지요. 물론 주거지를 옮겨야 할 경우가 생길 수도 있기 때문에 이북처럼 이사갈 때마다 허가를 얻어야만 되는 제도면 곤란하겠지만, 작은 공동체 단위를 어떻게 장기적으로 유지할 수 있을지 많은 연구가 필요해요.

사실 동네에서 먼저 존경받는 게 중요합니다. 그러다가 정말 훌륭한 지도자가 나타나면 국가적으로 유명한 사람이 될 수도 있겠지만요. 옛 속담에도 '사촌이 땅 사면 배 아프다'는 말이 있는데, 모르는 사람이 사면 괜찮은데 아는 사람이 사면 배가 아픈 것은 알고 지내는 사람들 사이에 은연중에 경쟁심이 생기기 때문이에요. 거꾸로 그것은 서로 가깝다는 말이기도 하지요. 작은 규모의 지역 공동체를 유지하는 역할을 하는 정책이 필요해요.

얼마 전에 들은 얘기가 있어요. 미국 인디애나에서 두 젊은 남녀가 결혼을 약속했는데, 결혼식 직전에 여자가 갑자기 파혼을 요구했대요. 이유인즉 둘 다 인디애나 사람인데 남자가 캐나다 퀘벡 몬트리올에 직장을 구해 살고 있었나 봐요. 남자는 당연히 결혼하면 그 여자가 자기와 같이 몬트리올로 가서 살 것이라 생각했는데, 결혼 일주일 전에 신혼집 때문에 다툼이 생긴 거지요. 그 여자는 자기 부모가 있는 고장을 떠날 수 없다며 파혼을 한 겁니다. 오히려 미국인들이 자기가 살던 마을과 지역, 친인척 관계에 대한 애착이 우리보다도 더 강하지요.

김민웅 ▌정말 그런 것 같습니다. 타운(town)이라는 말을 하잖아요. 한 타운에서 살아가는 사람들이 학교에 기부도 하고, 지역 경찰이나 소방관들과도 친분을 쌓고 살아가는 모습을 본 적이 있어요. 작은 규모의 지역단위 공동체를 보며 큰 도시에서의 삶을 성찰할 수 있는 계기를 가져야 되지 않나 하는 생각이 들어요. 그런데 우리는 거꾸로 가고 있는 것 같아요. 작은 마을들을 자꾸 큰 도시처럼 개발하려고 하는 사이 본연의 모습을 잃고 있어요.

김우창 ▌그 문제를 해결하려면 사회과학 공부하는 분들이 많이 연구해야 할 것 같아요. 일본 교토에 좀 있었는데, 적절한 말인지 모르겠지만, 가령 교토에는 전국 은행들의 지점이 다 있거든요. 그러니까 일본 중앙부 지역처럼 교토에도 여러 산업체가 들어와 있다 이렇게 생각할 수 있는데, 관계자 이야기를 들어보니 교토 외의 외부자금으로 운영되는 은행은 하나밖에 없다고 해요. 실속은 전부 교토 사람들이 챙기는 거지요. 그게 좋은 건지 나쁜 건지는 모르겠는데, 지방정부의 자립성은 우리보다 훨씬 높은 것 같아요.

김민웅 ▌최근에 우리나라에도 지방이나 고향으로 내려가 시골마을을 살리는 운동을 하는 분들이 많아지고 있어요. 이장을 맡아 마을을 활력 넘치고 아름답게 만들기 위해 노력하고요.

이런 움직임들이 하나의 희망이 될 것이라 생각합니다. 정치하면 대개 중앙정치에서 이름을 날리고, 전국적으로 유명인사가 되는 것만 생각하지요. 그러나 실제로 그 마을 사람들을 돌보고 함께 삶을 일구어나가는 것은 이장이지 정치인들이 아니거든요.

김우창 ┃ 좋은 생각이고 바람직한 방향입니다. 물론 거기에 경제적 기반이 있어야 합니다. 소규모로 지역 사람들이 운영하는 기업들을 어떻게 도와줄 수 있는지 사회과학 공부하는 분들이 연구를 좀 많이 했으면 좋겠어요. 경제적 기반이 없으면 지역 공동체가 유지될 수 없으니까요.

일본은 지역별로 경제 자립도가 높고 또 개발에 반대하는 분위기가 강해요. 가령 교토의 유명한 절 중 하나가 기요미즈테라(清水寺)인데, 언덕 위에 있어요. 그곳에 표지판이 하나 있는데, "이 언덕에서 조망할 수 있는 거리 안에 현대적인 고층건물이 들어서도 좋다고 생각하는 분은 들어오시는 것을 삼가시기 바랍니다"라고 씌어 있어요. 절 주변만이 아니라 절에서 볼 수 있는 조망권 안에는 고층건물이 있으면 안 된다는 얘기지요.

또 교토에 강이 있는데, 프랑스 전 대통령 미테랑이 와서는 그 강에 파리에 있는 퐁네프와 같은 다리를 기증하겠다고 얘기했어요. 그런데 반대운동이 일어나 나보고도 서명하라고 해서 했지요. 일본식 거리에 무슨 연유로 파리의 다리를 설치하냐고 반대가 많아서 결국 못 놓았어요. 이렇게 자신이 살고 있는 지역에 대한 애착이 강해요. 우리는 그게 없어서 좋은 점도 있고 나쁜 점도 있는데, 적어도 '자기가 선택한 가치에 충실한 삶도 좋은 삶이다'라고 생각할 수 있었으면 해요.

김민웅 ┃ 우리는 그간 소박한 아름다움이 실종이 된 게 아닌가 싶어요.

김우창 ┃ 지금은 모두들 일본을 칭찬하지만 사실 옛날에는 일본을 비판하는 사람들도 있었거든요. 내가 아는 어떤 사람이 일본을 갔다 오더니, 볼 만한 게 아무것도 없다고 해요. 유럽에 있는 거창한 건축물 같은 것이 없어서 그렇데요. 그런데 일본에 가면 작은 것들을 봐야지요. 잘 가꾼 꽃을 구경하거나, 음식을 맛있게 하는 오래된 가게를 찾아가는 것들이 일본에서는 굉장히 중요하지요. 그래서 정거장에 가면 근처 가게에서 도시락 수십 종을 팔아요. 지금 우리나라에는 없어졌지만, 동네 쌀가게도 아직 다 있고요. 동네 쌀가게에는 좀 비싸지만 특별한 쌀들이 있지요. 우리는 이것이 지난 수십 년 동안에 없어져버렸기 때문에, 어디에다가 뿌리를 내리고 공동체를 만들어나가야 할지 잘 모르겠어요.

자유롭게 가르치고 배우는 인문학 교육의 실현

김민웅 ┃ 그런 일본을 보면 인간적 공동체를 지향하는 인문정신이 사회 밑바닥에 살아 있다는 느낌을 받습니다. 교육과 관련해서 좀더 논의해보고 싶었던 주제인데, 대학 내에서는 인문학이 힘을 못 쓰고 있지만, 사회적으로는 인문학 강연 프로그램에 대한 욕구가 굉장히 높아진 것 같아요. 이런 현상을 어떻게 해석해야 할까요? 또 이런 분위기를 발판삼아 인문학 부흥을 이루려면 어떤 노력이 뒷받침돼야 할까요?

김우창 ┃ 자기계발을 하고 세상과 사물을 바라보는 시각을 넓혀가는 일이 인생의 중요한 보람 중의 하나라는 것을 느끼는 사람들이 점점 늘어나는 것 같아요. 그래서 인문학 강좌에도 사람들이 많이 몰리고, 대학에서도 그런 프로그램이 마련되고 하는 것이지요. 지금 전 세계적으로 인문학이 열세에 몰려 있지만, 사실 간단히 해결할 수 있는 방도가 없는 것도 아닙니다. 기초학문을 대학 학부의 주된 교과목으로 정하는 거예요. 그리고 전문교육은 대학원에서 하고요. 대학 안에서는 기초과학을 주로 하고 전문 직업교육은 대학 밖에서 하면 인문과학은 저절로 살아날 것 같아요. 우리나라는 너무 학벌을 중시하는 사회라서 전문대학은 잘 운영되지 않고 있어요.

김민웅 ┃ 미국의 경우, 국내에는 이른바 명문대학들만 잘 알려졌지만, 정말 우수한 리버럴 아츠 스쿨(Liberal Arts School)들도 많잖아요? 이런 것들이 하나의 대안이 될 수도 있을 것 같은데요.

김우창 ▎ 규모가 작은 인문대학들이 상당히 번창하고 사람들이 그런 학교를 가기 좋아하지요.

김민웅 ▎ '작은' 규모에 방점을 둬야 할 것 같네요.

김우창 ▎ 유명한 대학들도 학부교육은 주로 기초과학 교과목들로 이뤄져요. 하버드도 하버드 칼리지가 학부대학인데 "패컬티 오브 아츠 앤 사이언시스"(Faculty of Arts and Sciences)란 이름의 교수집단이 운영하지요. 인문·자연과학을 위해서 그 교수들이 학부와 일반대학원을 함께 이끌어가요. 법과대학이나 경영대학원은 독립적으로 존재하고요. 그래서 학부나 일반대학원의 중심은 인문과학과 자연과학이에요. 미국의 유명 대학들은 대부분 그렇게 되어 있지요.

김민웅 ▎ 우리나라는 그런 커리큘럼을 갖추기가 힘든 게, 대학교육이 시장에 의해 좌우되는 부분이 크기 때문으로 보입니다.

김우창 ▎ 그런데다가 기성권력도 문제지요. 사실 전공제도만 해도 여러 가지 변화를 시도했지만 잘 안 되는 게 교수들 밥그릇 싸움 때문이에요. 또 다른 경우로 사회주의 국가는 인문교육을 중시 안 하는 경향이 있어요. 가령 고르바초프나 후르시초프는 농과대학, 공과대학 출신이에요. 생산업에 종사하고 생산적인 직종에서 공부한 사람들이 지도자가 되는 거지 인문사회과학이 무슨 소용이냐는 기류가 있거든요. 스칸디나비아는 공산주의 국가는 아니지만, 우리처럼 학부부터 전공이 있고 인문사회과학 교육을 중요하게 여기지 않아요. 영국·미국·독일 등이 어느 정도 중요하게 생각하는 편이지요. 영국의 경우에는 인문과학이 엘리트 교육과 밀접하게 관련되어 있어요. 엘리트는 전문적 지식이 필요한 게 아니고 전반적으로 인간을 이해할 수 있으면 된다는 주의라서 인문과학을 중요시하게 된 거예요. 교육

받은 사람이 엘리트가 되어야 한다는 비민주적인 생각이 가미되어 있기 때문에 이를 감안하고 잘된 부분은 참고하면서 독자적인 기초과학 진흥책을 세워야 해요. 방금 이야기한 사회주의 국가에서 인문사회과학을 바라보는 관점도 참고하면 좋을 것 같아요. 단지 공산주의 국가에서는 마르크스주의를 인문과학 대신 공부하고 있지요.

김민웅 ▎ 대학이 인문과학 교육을 제대로 하려고 한다 해도 인문학 교육 자체에 내용적인 문제가 있다는 생각도 듭니다. 인문학에 대한 포괄적인 이해도 필요하고 특히 텍스트를 깊이 읽는 훈련 같은 것은 대단히 중요한데 별로 역점을 두지 않는 듯합니다. 어떤 작품이 태어난 맥락과 텍스트의 관계를 유기적으로 접근하는 노력은 시간도 걸리고 지적 축적도 적지 않게 이루어져야 하지 않겠습니까? 그런데 이런 쪽으로 파고드는 노력이 잘 보이지 않습니다. 사유의 깊이를 만들어내는 힘도 달리는 것 같고요. 사회 전반에 걸쳐 정보 취득 능력은 높아졌는데, 텍스트 깊이 읽기는 도리어 후퇴해버린 느낌입니다.

김우창 ▎ 가령 영문학과면 원서 강독 같은 게 줄고 일반적인 논의가 많아졌어요. 원서 강독 수업과 함께 이를 테면 셰익스피어와 그의 시대 또는 괴테와 그의 시대 같은 내용을 다루는 좀더 넓은 차원에서 영문학을 말하는 강의가 있어야 될 것 같아요. 그러면 전공이 아닌 학생들도 들을 수 있겠지요.

우리 대학의 큰 문제 중의 하나는 뭐든지 너무 급하게 하려고 한다는 점이에요. 교과 과정을 바꾸려면 우선 교수들이 준비가 되어야 하는데, 그냥 하루아침에 명분만 좋으면 모든 게 해결되는 것처럼 밀어붙여요. 하버드에서는 학생들이 학부에서부터 어떤 문명권을 주제로 해서 이를 주된 교과목으로 공부할 수 있어요. 동아시아 문명, 유럽 문명, 이슬람 문명 이런 식으로 말이지요. 그런데 처음에 동아시아 문명이라는 강좌가 생길 때 7년 걸렸어요. 해당 분야의 교수들이 여러 차례 모여서 오랫동안 토론하고, 교

"인문학에 대한 포괄적인 이해도 필요하고 특히 텍스트를 깊이 읽는 훈련 같은 것은 대단히 중요한데 별로 역점을 두지 않는 듯합니다. 어떤 작품이 태어난 맥락과 텍스트의 관계를 유기적으로 접근하는 노력은 시간도 걸리고 지적 축적도 적지 않게 이루어져야 하지 않겠습니까? 그런데 이런 쪽으로 파고드는 노력이 잘 보이지 않습니다. 사유의 깊이를 만들어내는 힘도 달리는 것 같고요. 사회 전반에 걸쳐 정보 취득 능력은 높아졌는데, 텍스트 깊이 읽기는 도리어 후퇴해버린 느낌입니다."

• 김민웅

재를 선택해 여러 버전으로 대학원에서 시범 수업을 해보고, 이를 토대로 새롭게 교재를 편찬하는 데 7년이 걸렸지요.

그런데 우리는 그냥 무슨 강의목록만 만들면 다 되는 것처럼 생각하는 경향이 있어요. 좀 서서히 해나가면서, 여러 차례 시범 강의를 통해 부족한 점은 고쳐나갔으면 해요. 엘리트주의라는 욕을 먹더라도 인문과학이 중요한 것은 사실이니까, 인문과학을 학부 교육의 중심으로 삼고, 세부적으로 인문과학의 무엇을 공부하느냐에 대해서는 강의내용을 여러 가지로 연구해봐야지요. 기본적으로는 고전 텍스트를 읽고 또 그것을 현시대와 연관지어 읽어보는 방식이 되겠지요. 그런데 서양의 고전에 대한 해석과 우리 나름대로의 해석을 어떤 식으로 통일해서 단일한 인문교육 커리큘럼을 구성할지를 정리하는 게 상당히 어려워요. 충분한 연구를 통해서 결과물을 얻을 수 있게 교수들한테 기회를 줘야 해요.

김민웅 ▎ 결국 가르치는 사람의 종합적인 역량을 높이는 것이 관건이겠지요. 선생님은 대학 밖에서도 강연을 많이 하십니다. 비제도권에서 여러 방식으로 이뤄지는 인문학 관련 프로그램들을 접해보시면서 어떤 생각이 드셨나요?

김우창 ▎ 지난번 광화문에서 인문강좌를 했는데, 사람들이 많이 왔습니다. 인문학에 관심이 많은 건 사실인 것 같아요. 일반 청중을 상대로 한 강의이니까 아무래도 깊이를 조절하게 되지요. 좀 전문적인 내용들은 대학에서 공부하면 되고 폭넓게 읽는 것과 자세하게 읽는 훈련을 함께 해야 돼요. 지금은 깊이 있게 읽는 훈련이 많이 부족하고 영어도 말만 잘하면 된다는 생각이 있는데, 그것만 가지고는 안 되고 수준 있는 텍스트를 잘 읽을 수 있어야 해요.

보태서 이야기하면, 인문과학 교육을 대학에 와서 시작하면 늦고 고등학교 때부터 해야 돼요. 대학입시 때문에 아무것도 못 하는데, 사실은 고등학교 때부터 인문과학 공부가 필요합니다. 전반적으로 교육방식이 너무 틀에 박혀 있다는 것도 문제지요. 사실 교육부에서 이것저것 간섭하는 게 많아요. 교사도 좀 자유롭게 가르칠 수 있어야 하고 학생들도 자유롭게 공부할 수 있어야 되거든요. 이래서는 교육 시스템이 단편적일 수밖에 없어요. 참 어려운 문제이긴 하지만 고등학교 시절에 자신에 대해 고민하고 자아를 발견하는 기회를 가질 수 있어야 합니다.

대학입시 제도에도 문제가 많은데, 학원에 가서 기계적으로 공부해서는 높은 점수를 받을 수 없는 평가체계가 있었으면 좋겠어요. 여기에 대한 연구가 없는 게 유감스럽네요.

김민웅 ┃ 그렇게 하면 학원 시장에 상당한 충격을 가져올 것 같은데요. 학원이 전혀 필요 없다는 것이 아니라 학원도 좀 다양했으면 좋겠습니다. 입시학원만이 아니라 인문학 공부를 하고 싶은 이들을 위한 시민대학 같은 성격의 학원도 아카데미 형태로 여기저기 생겨나면 어떨까 싶기도 하고요. 물론 이런 것도 학원이라는 이름에 포함시킬 수 있는지는 모르겠습니다만, 그래도 기계적 학습 위주의 학원이나 학교들이 좀 충격을 받지 않을까요? 학원의 학습 효율성에 대한 평가 기준도 달라질 수 있을 듯도 하고요.

김우창 ┃ "학원 폐지하라" 말만 하지 말고, 실제로 학원을 다니는 게 효과가 있는가에 대해 한번 조사해봤으면 좋겠어요. 교육학 연구하시는 분들, 내가 몰라서 그러는지 몰라도, 왜 이런 조사를 안 하는지 모르겠어요. 내가 아이들이 넷인데 한 번도 학원 다닌 일 없거든요. 개인지도 받은 일도 없고요. 아이들이 중·고등학교 다닐 때, 학교 가서 교장 선생님을 만난 적이 있어요. 과외수업 좀 하지 말고 집으로 보내달라고 부탁했지요. 애들이 학교에서 열심히 공부하면 학원에 가서 졸 것이고, 학원에 가서 열심히 하면 학교 수업 때 졸릴 것 같거든요. 사람 능력이란 게 한계가 있는데 어떻게 24시간 내내 공부만 할 수 있겠어요. 늘 학원에 다니고 개인지도 많이 받는 학생들은 조는 시간이 그만큼 많지 않을까 하는 의심이 들어요.

김민웅 ┃ 이야기가 나왔으니까 질문 드리고 싶은 게 있는데, 일제 시대만 보더라도 당시 고등학생들이 읽었던 책의 수준이 지금과는 비교할 수 없이 높았어요. 일제 시대가 갖는 시대적 한계와 문제가 있다지만, 그 당시 고등학생들의 독서목록과 문장력을 오늘의 학생들과 비교해보면 하늘과 땅 차이지요. 세계문학을 독파하는 수준도 그렇고요.

김우창 ┃ 뭘 어떻게 고쳐야 될지 처방을 내리기는 어렵지만 우리 고등학교 다닐 때만 해도 학원도 없었고, 개인지도도 없었고, 고등학교 3학년 때도 세 시면 학교 끝났거든요. 그 다음에 책 읽을 시간이 많았지요. 일전에 누가 나한테 철학에 대한 관심을 언제부터 가졌냐고 묻더군요. 이렇게 말하면 저를 좀 내세우는 느낌이 들어 그렇지만, 고등학교 때 칸트의『순수이성비판』을 읽기 시작했어요. 요즘 같으면 입학시험 준비하느라고 어림도 없는 일이지요. 우리 때는 입학시험 준비라는 게 따로 없었어요. 그냥 시험을 봤지요.

지식인 책임윤리가 중요하다

김민웅 ┃ 그런 풍토가 조성돼야 깊이 있는 독서문화가 자리 잡힐 수 있을 텐데요. 이제 교육과 밀접한 지식인들에 대한 이야기를 좀 여쭤보겠습니다. 여러 유형의 지식인들이 있습니다만, 과거에서부터 현재에 이르기까지 변화해온 지식인상을 그려볼 수 있을까요? 또 앞으로 품격 있는 지식인의 역할은 무엇일까요?

김우창 ┃ 옛날에 비해서 지식인들의 지적 수준이 굉장히 높아진 것은 틀림없어요. 내가 54년에 대학에 들어갔을 때, 교수님들은 군대 갔다온 분들이 많았어요. 45년부터 50년까지 해방 후 5년간은 이데올로기 싸움하느라 공부할 틈도 없었고, 또 50년에는 전쟁이 일어났지요. 지금 돌이켜보면 사실 대학 교수들도 별로 공부할 시간이 없었고, 우리도 별 생각 없이 대학을 건성으로 다녔어요. 요즘 같으면 서울대학이 좋다고 하지만, 그때는 서울대 좋다고 별로 생각해본 일이 없어요. 미국에 갔을 때, 뒤늦게 여기서 대학을 다녔더라면 공부를 얼마나 많이 했을까 하는 생각이 들더군요.

그런데 지금은 이런 이야기를 하기가 어려워요. 우리 교수들이나 학생들도 실력이 많이 좋아졌거든요. 학생들이 리포트 써온 거 보면 굉장히 발전하고 있는 게 느껴져요. 대신 옛날보다 자유롭게 무언가를 탐구하는 능력은 줄어든 것 같아요.

요즘 신용하 선생하고 자주 얘기할 기회가 있는데, 그분이 서울대학교 사회학과 나왔거든요. 그때는 강의 안 하는 교수들이 많았다더군요. 학기 초에 몇 번 수업하고는 학기 말에 한 번 나타나지요. 신용하 선생 얘기가 당시 어떤 교수님이 이런 명언을 하셨대요. "내 강의 듣는 것보다 책을 십여 권 읽는 것이 훨씬 낫다." 나도 학교 다닐 때 유독 한 교수님의 강의만 많이 들었는데, 휴강을 많이 했기 때문에 그랬어요. 강의실에 안 나가려고 했는데 그렇다고 공부를 안 했던 것은 아니에요. 공부는 스스로 하는 것이지 교수가 가르쳐주는 게 아니라는 것을 배웠기 때문에 오히려 더 열심히 공부를 한 면이 있어요. 그런 자유로운 분위기는 참 좋았던 거 같아요.

지금은 실력이 늘어난 대신 그런 자유로움은 줄었어요. 대학교수들도 마찬가지예요. 학교에서 논문 많이 쓰라고 압력을 주니까 자유로운 탐구의 시간은 줄어들 수밖에 없지요. 공부가 너무 체계화돼가는 것도 문제지요. 형식적인 체계로 모든 것을 이해하려고만 하니 이데올로기만 더 강해졌다는 느낌도 들어요. 체계적으로 가르치려면 하나의 아이디어를 가지고 죽 풀어나가는 도리밖에 없지요. 그러면 이데올로기가 강해질 수밖에 없어요. 마르크스주의이건 자유주의이건, 또는 자기가 독자적으로 만든 것이건 이데올로기적인 요소가 강해지면 학문이 경직화되는 경향이 생기거든요. 그러니까 실력이 향상되면서 자유분방함이 줄어졌다는 말이지요.

정치학 공부하는 어떤 학생이 얼마 전에 나한테 이메일을 보냈는데, 정치학은 자기가 지난해에 배운 다른 학문에 비해 좀 흐리멍텅한 학문이라는 거예요. 예전에 경제학이나 통계학을 공부했는데 근본적인 가설들 자체는 타당성이 있는지 없는지 확신할 수 없지만, 가설로부터 출발해 이론을 전개하는 방식은 상당히 논리정연하다는 거지요. 그런데 흐리멍텅하기는 해도 정치학을 공부하면서 직관적인 통찰력이 중요하다는 것을 처음으로 알게 됐다고 하더군요. 나름대로 세 영역의 학문을 제대로 비판한 거예요. 메일을 읽으면서 공부를 제대로 했다는 느낌을 받았어요.

대학에서도 직관력이나 통찰력은 인문과학을 공부하면서 발전시켜나가고, 학문의 체계성은 사회과학이나 자연과학을 통해 배울 수 있을 것 같은데, 이걸 하나로 묶어서 공부할 수 있으면 좋을 것 같아요. 지금 대학에 있는 지식인들은 각자 전공에 대한 지식은 옛날보다 더 깊어졌지만 융통성이 부족하다는 게 아쉬운 점이에요.

김민웅 ▍ 융통성이란, 말하자면 다양한 학문을 한 줄기로 묶어나가는 시각을 뜻하는 말씀이시지요. 전공영역의 발전을 위해서도 포괄적인 지식, 그에 더하여 지식 자체에 대한 성찰적 검증을 할 수 있는 능력이 아울러 길러지지 않으면 전체를 통찰할 수 있는 힘이 생겨나지 않을 것 같습니다.

김우창 ▍ 그렇지 않아도 우리 지식인들의 경우 직관적인 통찰력이 약하다고 볼 수 있지요. 사회적으로 활동하는 분들, 영어로 하면 public intellectual인데, 이분들도 조금 더 현실적이고 직관적이고 유연한 태도가 필요한 것 같아요. 지식인들이 너무 이데올로기에 치우친 입장에서 사안에 접근하는 것보다 좀 경험적으로, 직관적으로 접근하는 태도가 필요해요.

김민웅 ▍ 개인적인 질문입니다만, 선생님은 영문학자이자 평론가로서 깊이 있는 저술 집필과 동시에 혜안을 가지고 정치와 사회 현실에 대해 활발히 글도 쓰고 계십니다. 지식인으로서 '김우창 모델'을 생각해본다면 어떤 특징을 이야기해볼 수 있을까요.

김우창 ▮ 아까 그 학생의 말을 빌린다면 흐리멍텅하고 종잡을 수 없다, 뭐 이렇게 이야기할 수 있겠네요.(웃음)

김민웅 ▮ 어떤 하나의 관점에서 속단을 내리지 않고 여러 가지 고려해야 할 바를 치밀하게 점검하는 자세를 갖고 계시다는 인상을 받습니다. 선생님은 지식인으로서 어떤 점을 가장 중요하게 생각하시는지요. 한국 지식인들에게 가장 필요한 자세가 무엇일까요?

김우창 ▮ 객관성을 가장 중요하게 생각합니다. 그런 의미에서는 베버의 생각이 맞는 것 같아요. 도덕적으로 사는 것보다 우선 객관적으로 어떤 사태를 파악하는 게 제일 중요하고, 또 거기에 대해서 책임을 지는 게 맞다고 생각해요. 우리나라에서는 베버의 표현을 빌리자면 '확신윤리'에 따라서 행동하는 사람이 너무 많아요. 사실 그보다 더 중요한 것은 '책임윤리'인데 말이지요. 책임윤리라는 것은 어떤 입장을 취했을 때 그에 따르는 현실적인 결과가 무엇인지를 고려하는 입장이에요.

책임윤리의 경우 무엇보다 정치가가 가져야 할 자질인데, 베버는 정치가가 취한 입장의 결과에 책임지기 위해서는 어떤 악마적인 요소와의 타협이 불가피하다고 말해요. 그런데 그 생각에는 동의하지 않아요. "악마와의 협약이 필요하다"라고 베버가 말하면서 동시에 '책임'을 강조했으니 조금 안심은 되지만, 아무래도 위험한 생각이지요.

그렇지만 베버가 말한 대로 확신윤리보다는 책임윤리라는 게 있어야 되겠다, 현실을 가지고 논의해야지 도덕적인 확신을 가지고 이야기하는 것은 위험하다는 생각이 듭니다. 정치적으로 또는 공적으로 발언한다는 것은 그 자체가 옳고 그르고를 떠나서 자기의 인생뿐만 아니라 남의 인생에까지 관여하는 것이기 때문에, 자기의 주장이 야기한 결과에 대해 책임지지 않는 것은 부도덕한 일이라고 생각해요. 정치가라는 것은 결국 남의 인생에 관여하는 사람인데, 그런 경우 책임의식이 특히 강해야지요. 전후사정을 객관적으로 따져 인과관계를 밝히는 일이 전제돼야 하고요.

김민웅 ┃ 지식인은 정치에 대해 비판적이기도 하고 그 안에 들어가 자신이 곧 정치인이 되어 기득권자가 되려는 욕망이 있기도 합니다. 그러나 일단 서로의 경계가 일정하게 있다는 측면에서 지식인의 역할이 정치에 매몰될 경우 문제가 있다고 봅니다. 지식이 정치에 대한 성찰의 능력이 되는 것이 아니라 종속적 도구로 전락할 수 있기 때문입니다. 지식인과 정치의 거리, 어느 정도가 적당할까요?

김우창 ┃ 책임윤리를 가지고 있어야 된다는 점에서는 정치인이나 정치에 대해 발언하는 지식인이나 똑같겠지요. 그러나 정치인이 악마와 협약할 수 있는지는 좀더 논의가 필요한지 몰라도 지식인은 악마하고 협약하면 절대 안 되지요. 지식인은 악마하고 협약할 필요가 없다는 점에서는 좀 가벼운 역할을 맡고 있다고 할 수 있지요.

그런데 악마와의 협약이 뭐냐고 할 때, 사람을 죽이거나 사람을 동원하고 혹은 강제력을 사용해 다른 사람을 움직이는 것만을 의미하지 않고, 세금을 부과하고 병역의무를 지게 만드는 것들도 다 악마와의 협약이라는 생각이 베버의 주장이에요. 이 부분을 지적하는 연구가 별로 없는 거 같아요. 베버가 말하는 악마와의 협약을 마키아벨리에 의존해서만 해석하는 것은 옳지 않아요. 베버는 세금을 부과하는 것까지 다른 사람의 권리를 침해하는 것으로 보거든요. 그러니까 베버는 상당히 섬세한 관점에서 이를 논하는데, 너무 확대 해석해서 사람 죽이는 것까지 악마와의 협약에 포함하는 사람도 있지요. 물론 베버 역시 그것을 아예 배제한 것은 아니에요. 정치인은 그런 면도 가져야 한다는 거지요.

그런데 이데올로기적인 확신윤리에 사로잡힌 정치인·지식인들의 큰 문제 중의 하나는 인간이 겪는 다양한 문제를 모두 해결할 수 있는 단 하나의 진리가 있다고 믿는 거예요. 그것은 잘못이지요. 인간문제는 한없는 문제, 끊임없이 우리가 풀어가야 되는 문제입니다. 한 번에 다 풀 수 있는 문제는 없어요. 가령 프랑스 혁명 때의 어떤 과격분자들의 생각처럼 27만 명을 다 죽여버리면 이상사회를 만들 수 있다고 하는 것은 지나치게 과도한 유토피아적인 해결 방식이라는 거지요. 마르크스주의에도 그런 요소들이 강하거든요. 노동계급의 해방을 통해서 인간해방이 이루어지면 모든 것이 좋아진다는데, 이것은 불가능한 일이에요.

김민웅 ┃ 선생님 말씀을 듣다보니 생긴 질문입니다. 이념의 좌표 위에 한 사람의 위치를 규정하는 일이 위험할 수 있지만 그래도 선생님은 어디쯤에 서 계신다고 할 수 있을까요. 혹 보수나 진보의 구분 자체를 거부하시는 건 아닌지요.

김우창 ┃ 사회가 더 진보하거나 개선돼야 한다고 생각하는 점은 진보주의자들과 같아요. 특히 우리 사회는 앞으로 해야 할 일들이 많지요. 그러나 일시적인 투쟁을 통해서 해결될 문제는 아니라고 봐요. 개선을 향한 끊임없는 노력이 필요하지요.

가령 6·25전쟁을 민족해방전쟁으로 보는 관점이 있지요. 또 공산주의적 관점에서는 혁명을 완수하는 전쟁이었다고 볼 수도 있어요. 그건 있을 수 있는 관점이라고 생각합니다. 전쟁을 통해서 혁명을 완수하고 그에 따른 어떤 종류의 희생은 불가피하다고 생각하는 사람이 있을 수 있잖아요. 그러나 우리가 6·25전쟁이나 여타 폭력으로 점철됐던 사건에서 배울 수 있는 것은 아무리 좋은 결과를 얻을 수 있다고 해도 지나친 희생이 요구되는 일을 수단으로 채택하면 안 된다는 거예요. 아무리 긍정적인 결과를 가져온다고 해도 전쟁·학살·숙청이 정당화될 수는 없다고 생각합니다. 예를 들어 폴 포트도 캄보디아를 노동자 천국으로 만들기 위해 수백만 명을 죽였지요. 설사 그렇게 해서 폴 포트의 이상향이 실현된다고 하더라도 절대

"이데올로기적인 확신윤리에 사로잡힌 정치인·지식인들의 큰 문제 중의 하나는 인간이 겪는 다양한 문제를 모두 해결할 수 있는 단 하나의 진리가 있다고 믿는 거예요. 그것은 잘못이지요. 인간문제는 한없는 문제, 끊임없이 우리가 풀어가야 되는 문제입니다. 한 번에 다 풀 수 있는 문제는 없어요."

• 김우창

로 해서는 안 될 일이었어요. 수단과 목적을 놓고 볼 때, 양쪽 다 도덕적이어야 합니다.

김민웅 ❙ 선생님 말씀이 에드먼드 버크를 자꾸 떠올리게 합니다.

김우창 ❙ 그 사람은 상당한 보수주의자라고 하지요.

김민웅 ❙ 선생님께서 프랑스 혁명의 의미를 비판한 에드먼드 버크처럼 보수적이시라는 것은 아니고요, 어떤 신념에 따라 행동할 때 무엇을 경계해야 하는지 논하는 부분이 그렇다는 이야기입니다. 버크도 우리 사회에서는 너무 일방적으로만 해석되고 있는 면이 있는데, 폭력적으로 치닫고 있던 프랑스 혁명에 대해 나름대로 성찰을 제공해주었다는 점에서는 상당히 중요하다고 여겨집니다.

김우창 ❙ 특히 러시아 혁명 이후에, 여러 번에 걸친 공산혁명을 통해서 우리가 배운 교훈이 있다면 제도를 일시적으로, 대폭적으로 개혁하는 것만으로 이상을 실현할 수 없다는 겁니다.

착한 사람이 손해보지 않는 사회

김민웅 ❙ 이제 정리를 좀 해보겠습니다. 우리 국가 또는 공동체를 좀더 진일보한 품격 있는 사회로 만들려면 지금까지 논의한 내용들을 제도화하는 역할을 하는 정치가 굉장히 중요한 것 같습니다.

김우창 ❙ 정치가 중요하고 결국은 도덕적인 사회가 되어야지요. 물론 도덕의 억압성에 대해서는 늘 경계해야 되지만요. 칼뱅이 다스린 제네바는 신정체제(theocracy)였는데, 조선조 체제는 적어도 이론적으로는 'ethicracy'라 해서 윤리를 기반으로 독재하는 체제였어요. 윤리나 도덕이 억압적인 성격을 띠면 독재정치로 발전할 수 있다는 점을 충분히 경계하면서 도덕적인 사회를 만들어나가야 된다고 생각해요.

우선 도덕적으로 행동하는 것이 모든 사람에게 이득이라는 데 사회 모든 구성원들이 동의해야 돼요. 도덕교육도 중요하지만 무엇보다 도덕적인 삶, 윤리적인 삶을 사는 사람이 손해보지 않는 사회가 돼야지요. 혹 손해 보더라도 착해야 된다는 것을 가르치는 게 중요하지만 동시에 착한 사람 이 손해보지 않는 제도를 만드는 것도 중요한 과제입니다.

정직성-부패지수 조사 결과를 보면 늘 1, 2등 하는 나라는 스칸디나비아·영국·독일·미국이지 우리나라는 순위가 상당히 낮아요. 사실 서양에는 제도적으로 부패방지 시스템이 잘 되어 있지요. 우리도 법률적인 제도를 마련하는 것이 중요하지만, 사람들의 도덕성을 높이는 게 더 바람직해요. 또 지적인 엘리트 계층의 사회적 역할이 필요해요. 전부터 생각해봤는데, 도덕적이거나 정치적인 사회문제 해결에 어느 정도 역할을 하면서 특권계급이 되지 않을 수 있는 엘리트 계층을 형성할 필요가 있어요. 쉽지 않은 문제지요.

김민웅 ▌그런 엘리트 계층이 있다면 그야말로 모두 환영할 겁니다. 그런 점에서 정치지도자가 모든 것을 결정하는 사회도 문제지만, 훌륭한 정치지도자가 없는 것도 큰 문제가 아닐까요? 모든 사람들이 사회에 헌신할 수 있는 지도자를 열망하지요. 우리 사회가 어떻게 하면 그러한 지도자를 길러낼 수 있을까요? 비전을 가지고 사회에서 가장 고통받고 있는 사람들의 존엄성을 지켜줄 수 있는 능력을 가지고 있는 지도자야말로 그런 역할을 할 수 있을 텐데요.

김우창 ▌궁극적으로는 교육에 의존할 수밖에 없을 것 같아요. 인본주의에 바탕을 둔 탄탄한 윤리교육을 통해 누가 정치지도자가 되더라도 어떻게 윤리적인 테두리 안에서 지도자 역할을 수행할 수 있을지 고민하는 구조를 만들어야지요. 단지 지도자는 이렇게 해야 된다는 의무(Sollen) 차원에서 이야기하는 게 아니라, 그렇게 하는 것이 지도자 본인한테도 행복이라는 것을 깨달을 수 있게 말입니다.

우리는 전통적으로 어떤 사람이 기(氣)를 펴는 것 또는 뜻을 펼치는 것을 굉장히 존중하는 분위기예요. 야심 있는 사람을 대우하는 건데, 전통적으로 그랬던 것이지만 지금도 마찬가지예요. 자꾸 위로 올라가려고 힘을 쓰지요. 가령 맹자에 나오는 호연지기(浩然之氣)라는 말을 좋아한다고 산에 가서 소리 지르고 그러면 안 돼죠. 맹자의 텍스트를 보면 호연지기라는 것은 정의(正義)를 얘기할 수 있는 힘을 말하지, 단순하게 기를 펴고 살라는 이야기가 아니에요. 넓은 세상에 가득한 기를 마음에 담아 정의롭게 행동할 수 있어야 된다는 이야기인데 우리는 뭔가 착각하고 있는 것 같아요. 전통적으로도 그렇고 오늘 같은 세상에서 힘 없으면 살기 어렵기 때문에 더더욱 권력을 좇지요.

그런데 그것보다 남을 위해 봉사하는 게 훨씬 가치 있는 일이지요. 시각을 바꿔야 돼요. 최고는 자신의 삶을 충실하게 사는 것이고, 삶을 충실하게 사는 가장 좋은 방법은 다른 사람을 위해서 봉사하는 거라는 것을 사람들에게 알려야 합니다. 결국은 교육이 담당해야 할 부분이지요. 봉사하고, 남을 존중하는 것이 자아실현의 일부라는 사실을 가르쳐야 해요. 이를 위해서 강한 덕성만을 가르쳐서는 안 됩니다. 우리 지식인들이 강조하는 게 전부 강한 덕성이거든요. 정의 · 민족 · 국가 이런 것들인데, 물론 다 중요하지요. 그러나 동시에 그것들과 모순되게 존재하는, 부드럽고 약하나 아름답고 격 있는 덕성들도 충분히 알려야 해요.

김민웅 ┃ 그리고 보면 진실로 눈물 흘릴 줄 아는 지도자와 지식인들이 필요하다는 생각이 듭니다. 현실을 보면 연출된 눈물이 많고 계산에 따른 눈물인 경우가 적지 않지요. 무슨 속셈인지 훤히 보이는데도 정치적 이득을 위해 진심이 담기지 않는 감동을 조작해낸다는 냄새가 나는 거지요. '눈물의 진실'을 스스로 모독하는 게 아닌가 싶습니다.

김우창 ┃ 거기에 하나 더 보태면, 이성이 있는 눈물이어야 합니다. 칸트는 도덕적 감성을 이야기하는 사람을 참 싫어했어요. 그래서 영국 철학자들을 비판한 게 칸트의 중요한 작업 중의 하나인데, 사실 칸트가 좀 오해한 측면이 있어요. 스코틀랜드의 영국 철학자들, 허치슨이니 애덤 스미스니 하는 사람들이 생각한 '도덕적 감성'은 이성적으로 정화된 것을 말하지요. 눈물을 흘리지는 않더라도 충분하게 선의를 나타내는 것 말이에요. 가령 나와 생전 모르는 사람이 자기 부모나 자식을 잃었을 때 눈물은 안 나더라도 경의를 표할 수 있어요. 그런 게 도덕적으로 훈련된 감성, 이성적으로 훈련된 감성이에요.

감성을 너무 강조하게 되면, 꼭 울고불고 해야만 상대방의 고통을 나누는 것처럼 느껴지기 쉬운데, 그게 아니고 생전 모르는 사람이라도 인간적으로 이해할 수 있는 처지라면 경의를 표함으로써 위로할 수 있어요. 가령 교통규칙도 그래요. 미국 교통규칙에 장례행렬이 지나가면 차를 멈추게 되어 있지요. 생판 모르는 사람이라도 죽음에 대해 경의를 표하는 겁니다. 애도까지는 아니지만 다른 사람의 슬픔을 존중하는 태도지요. 이런 것을 이성적으로 훈련된 감성이라고 말할 수 있습니다.

인간적인 삶이 가능한 사회

김민웅 ▮ '이성으로 정화된 눈물', 새로운 시각을 제공해줄 것 같습니다. 눈물이 이성과 만나기도 하지만 이성이 눈물과 만나는 사회가 되었으면 합니다.

이제 마지막 주제에 대해 이야기해보겠습니다. 우리 사회는 인문적 사고보다는 경제적인 사고가 굉장히 발달한 것 같아요. 국제적으로도 한국의 경제는 눈부시게 성장했지만, 거기에 따른 지구촌의 기여와 인도주의적 행동, 문화적 깊이와 역량, 정치지도자의 윤리성 등 품격 있는 국가 사회가 갖추어야 할 올바른 가치덕목에서 과연 존경할 만한 수준인가를 묻는 질문에 이렇다 할 답변을 못 하는 것 같아요. 그런 점에서 우리 사회가 지향해야 할 가치의 우선순위라면 무엇일까요?

김우창 ┃ 무엇보다 우리가 인간적으로 산다는 데에서 자긍심을 찾으려 하는 게 중요해요. 문화의 우수성을 너무 중요시하면 곤란하지요. 모두들 자기 나라 문화가 우수하다고 생각하겠지요. 그보다는 우리도 인간답게 살 수 있는 사회라는 걸 보여주는 게 좋지 않을까요. 가령 스칸디나비아의 여러 나라들, 노르웨이나 스웨덴 특히 핀란드는 고대 서사시가 더러 있기는 하지만 세계적으로 문학작품이나 예술작품에 기여한 바가 별로 없는 나라지요. 그래도 핀란드를 얕잡아보는 나라는 세계 어디에도 없어요. 모두 존경합니다. 우리도 우리 문화의 우수성을 강조하는 것보다 우리나라가 사람답게 사는 사회라는 것을 자랑스럽게 생각하고, 실제로 그러한 사회를 만들기 위해서 노력해야지요.

지금 당장 필요한 일은 제대로 먹고 살기 힘든 사람들을 도와주는 제도를 만드는 거예요. 공산주의에서 이를 해결하는 방식은 그것이 좋고 나쁘고를 떠나서 성공할 확률이 적어요. 진보를 주장하는 사람들한테 얘기하고 싶습니다. 지금까지 어렵게 일구어온 민주제도를 앞으로 더 발전시켜나가는 것이 중요하다고요. 인간적인 사회민주국가로 연결되어야 합니다. 또 한편 가끔 돈만 잘 벌면 잘 산다고 생각하는 보수주의자들에게 돈 벌어서 어디다 쓰느냐가 훨씬 중요한 문제라고 말하고 싶어요. 물론 빈곤문제를 제도로만 풀어가는 건 불가능하기 때문에 다방면으로 고민해봐야 합니다.

통일 문제에 대해서 하고 싶은 말이 있어요. 통일을 말하면서 정치적인 운동을 일으키려고 하는 것이 꼭 옳은 것 같지는 않아요. 그보다도 중요한 것은 남쪽도 잘살고, 북쪽도 잘살고 하는 것이지요. 잘산다는 것은 여러 가지 의미가 있는데, 남쪽이 정말 인간적으로 살 만한 사회인지는 잘 모르겠어요. 그러나 우리가 먹고 살 만한 사회가 된 것은 사실이에요. 또 북에도 여러 가지 탄압이라든지 빈곤문제가 심각하다고 하기 때문에 꼭 좋은 사회인 줄은 모르겠고요. 그러나 자급자족 경제를 발전시켜서 공동체적인 사회를 운영하겠다는 생각은 있을 수 있지요.

양쪽 다 다양한 사회적 시스템을 실험해볼 수 있어요. 북쪽에서 비록 물질적으로는 풍족하지 않더라도 자급자족하는 공동체를 만들어보자는 것은 의도는 좋아요. 하지만 실패할 경우 모두 굶어죽을 수 있지요. 남쪽에서는 먹고 사는 문제만을 중요하게 생각하다가 사람들은 갈등과 긴장 속에서 지쳐갈 수 있어요. 그러니 평화를 유지하는 가운데 양쪽 모두 다양한 시스템을 실험해가면서 서로 교류하고 서서히 조화를 이뤄나가는 식으로 통일에 접근하면 어떨까 해요. 급하게 무력을 사용하는 흡수통일도 안 될 이야기고 우리가 이북의 자급자족 경제를 무리하게 좇는 것도 불가능하고요. 여하튼 정치적인 운동으로 통일문제를 해결해서는 안 된다고 생각해요.

김민웅 ▮ 인간적인 삶에 대해서 상당히 중요한 얘기를 오늘 많이 들려주셨습니다. '국가의 품격'을 한마디로 정리하면 뭐라고 할 수 있을까요? 그 대답으로 대담을 마무리하겠습니다.

김우창 ▮ 내가 잘 쓰는 비유인데, 우리가 어디 가서 "여기 참 좋은 데다"라고 말할 때의 그곳은 휘황찬란하거나 기발하고 생전 못 보던 것을 봐서 그렇다는 얘기가 아니에요. 여기서 살고 싶다는 생각이 들면 저절로 그런 말을 하게 되어 있지요. 우리도 국제적으로 신망을 얻고 좋은 사회가 되려면 다른 나라 사람들이 살고 싶은 나라가 돼야 해요. 인간적인 삶이 가능한 사회라는 느낌을 줘야 해요.

이미 우리가 구축한 산업화와 민주화의 토대를 잘 다듬어서 잘못된 점은 고치고 개선해나가려고 생각해야지 이걸 어떻게든 뒤집어 엎어 새로이 무엇을 하겠다고 생각하는 것은 잘못됐다고 봅니다. 지금보다 좀더 인간적인 사회를 만들기 위해 지속적으로 노력하는 것이 우리가 해야 할 일이라고 생각합니다.

김민웅 ▍ 귀한 시간 내주셔서 감사합니다.

품격 있는 사회, 욕망으로부터 자유롭다

이광주 인제대 명예교수 · 서양사학

" 역사적 감흥이 인간을 고귀함과 아름다움에
눈뜨게 할진데 중세풍의 도시들은 사람들을
바로 절도 있고 품위 있게 하는 감성교육,
인간 교양의 연금장, 토포스라고 할 것이다.
그리고 그 옛 도시 공동체의 심상 풍경(心象風景)
그대로 작은 나라들은 그만큼 고도 산업사회의
기술과 욕망의 체계로부터 자유롭다."

피부색과 언어를 달리하는 사람들로 북적거리는 국제공항은 마치 인종전 시장과도 같다. 그만큼 그곳에서는 각 나라 국민의 사람됨이 엿보인다.

몇 해 전 세모의 어느 날 밤, 오스트리아 빈 공항에서 파리행 항공편을 기다리고 있었다. 대합실에는 일본과 대만의 단체 관광객 각각 30여 명과 50대 중년 남성인 백인 10여 명, 어린 아이들을 동반한 아랍계 두세 가족이 대기하고 있었다. 야밤중, 넓은 대합실이 썰렁하다. 탑승 시간이 가까워 삼삼오오 줄을 설 채비를 하는데 2시간 연발을 알리는 방송이 터져 나온다. 얼마 지나서 주변을 살펴보니 고성 다변(多辯)으로 시끄럽던 대만 사람들도 조용하다. 약 한 시간이 지났을까. 항공사 여직원 몇몇이 커피와 초콜릿, 캔디를 한아름씩 안고 나타났다. 그때 대만 관광객 10여 명이 일제히 "와" 하고 달려들며 모두가 한움큼씩 안고 희희낙락 제자리에 돌아갔다. 일본 여객들은 그 기세에 눌려 주춤하고 백인들은 태연스럽게 책에서 눈을 떼지 않고 있었다.

관광과 여행이 한 나라의 문화 수준을 가늠하는 척도가 된 지 오래다. 우리의 관광과 여행 행태는 어떠한가. 그때 빈 공항에 우리 관광객들이 무리를 지어 있었다면 어떻게 행동했을까.

여행할 때 가장 지혜로운 국민은 영국과 일본 사람들이라고 한다. 이 사실은 그들이 예의바르고 독서를 즐기는 국민이라는 점과 무관하지 않을 성싶다. 여행은 일상성에서 고삐가 풀린 자유방임의 놀이가 아니다. 여행지에서 드러나는 여러 나라 국민들의 행태는 개개인의 사람됨을 평가하는 기준을 넘어 한 나라의 국민, 한 국가의 품위와 품격을 나타낸다.

1960년대 일본의 이케다(池田) 수상이 프랑스의 드골 대통령을 예방하기 위해 엘리제 궁에 들렀다. 약 한 시간 여의 회담을 마치고 이케다 수상이 물러가자 드골의 한 측근이 그의 사람됨을 물었다. 그러자 드골이 냉담하게 한마디 토로했다. "나는 한 나라의 재상(宰相)을 만날 줄 알았는데 나를 찾아온 것은 일개 상인이었다." 세무 관료 출신으로 소득배증(倍增) 정책을 모토로 내걸고 경제대국을 이룬 이 일본 수상은 아마도 득의만면 경제 이야기만을 늘어놓았던 모양이다. 그것은 '위대한 프랑스'라는 고매한 이상에 평생을 바친 드골의 정서와 어긋날 수밖에 없었다.

오늘날 대중사회, 대중문화의 시대에 국가의 품격은 국민 모두의 성정(性情)과 문화 수준에 따를 수밖에 없다. 국가 원수의 인품과 격위(格位) 또한 나라의 위상과 품격을 비춰준다. 그 정부의 국정방향이 필경 그의 사람됨과 경력과 깊이 관련되기 때문이다. 그렇기 때문에 우리는 국가 원수인 대통령이 겨레의 도덕성과 문화 이상의 상징이며 구현자이기를 요구할 수밖에 없지 않은가.

우리는 과연 선진국 국민일까

2009년 9월 어느 여론조사에 따르면 우리 국민의 절반 이상(53.5%)이 우리나라를 선진국으로 생각하고 있다고 한다. 이러한 인식에는 오랜 시련 끝에 뿌리를 내린 민주적 정치체제와 1인당 국민소득(GNP)이 2만 달러에 이른 경제 발전이 핵심을 이루며 88올림픽과 2002년 월드컵의 성공적 개최, 그리고 최근 여러 나라에서의 한류 붐도 작용했을 것이다.

한편 OECD(경제협력개발기구)는 한국의 국가선진화지수(2009년)를 가맹국 30개국 중 29위로 매김하고 있다. 그런데 흥미로운 것은 OECD에 의한 '국가선진화지수' 즉 국가 종합평가에서 스웨덴, 덴마크, 노르웨이가 1·2·3위를 차지하고 이어 룩셈부르크, 네덜란드, 스위스, 오스트리아 등 유럽의 작은 나라들이 나란히 1위부터 9위까지 차지하고 있다는 사실이다. 미국은 17위로 처지고 독일(12위), 영국(13위), 프랑스(15위), 이탈리아(18위), 일본(21위) 등 강대국 모두가 10위권 밖으로 밀려나 있고 중국은 겨우

40위를 맴돌고 있다.

그러면 국가의 종합평가의 기준은 무엇인가? OECD는 그것을 경제·정치·사회·문화·국제화 등 5개 부문을 종합하여 산출하며 궁극적인 기준은 국민의 경제적 자립도와 형평성, 건강, 사회적 연대, 환경, 주관적 생활만족도 등에서 구현되는 전 국민의 '삶의 질'이다. 이러한 사실은 19, 20세기 제국주의 시대 부국강병을 표방한 이른바 '강대국'의 개념과 크게 다르다.

국민의 '삶의 질'은 또한 국가 이미지 또는 국가 브랜드로 직결된다. 국가 브랜드의 평가에 있어 한국은 55개국 중 33위이다. 국민의 '삶의 질'을 바로 반영하는 국가 브랜드, 국가 이미지야말로 반듯한 국민, 좋은 사회, 품격 있는 나라와 그렇지 못한 나라의 진면모를 비춰준다고 할 것이다.

최근의 한 여론조사에 따르면 우리 국민 가운데 자기를 중산계층으로 생각하고 있는 사람이 36.2%이다(일본의 경우는 80%를 넘는다). 그리고 금융자산이 전무한 사람, 즉 빈곤층이 전체 인구의 30%를 헤아리고 있는 반면 상위 30%가 금융자산의 78%를 차지하고 있다. 우리는 정치사회적 안전판인 중산계층이 희박한, 빈부격차가 극심한 사회이다. 그렇다면 그간의 경제발전의 실상은 무엇이며 그 의미를 어디에서 찾을 것인가. 무엇보다도 두려운 것은 사회적 불안과 갈등의 씨앗이 될 부익부 빈익빈 양극화의 악순환이 날로 극심해지고 있다는 사실이다.

오늘날 이 땅의 자살률은 OECD 국가 중 1위이며 이혼율 또한 세계에서 가장 높고 출산율은 제일 낮다. 한편 교통사고 발생건수는 OECD 국가 중 가장 높고 기초질서 위반율이 일본의 44배에 이른다고 한다. 이상과 같은 가치무정부적인 행태는 하루도 빠지지 않고 매일 보도되는 고위 공직자와 대기업의 비리, 심각한 공직자 불신(86%)과 더불어 우리 사회의 구조적 부조리와 부도덕성, 우리의 '삶의 질'의 수준을, 국가의 격위를 숨김없이 말해준다.

부조리한 경제구조와 지배구조 속에서 배태된 두드러진 부익부 빈익빈 현상은 더욱더 불평등한 사회로 치닫게 마련이다. 그리고 승자독식의 불평등하고 정의롭지 못한 사회는 모든 것에 순위와 석차를 매기고 사람을 존비(尊卑), 상하로 차별한다. 사람들은 살아남기 위해 윗줄에 끼고자 안간힘을 다한다. 헤겔은 자본주의 사회를 '욕망의 체계'로 진단한 바 있지만 오늘날 우리 사회만큼 욕망이 가득한 사회가 또 있을까. 좋은 사회란 욕망을 정화하고 욕망으로부터 자유로운, 그럼으로써 서로 아끼고 '삶의 질'을 귀하게 여기는 사회, 품위 있고 품격 있는 사회다. 이제 그러한 사회를 찾아가보자.

반듯한 사회, 품격 있는 나라의 원풍경

'어제의 세계'의 좋은 것들을 간직한 빈 시민들

국가 이미지 또는 국가 브랜드 평가에서 유럽의 작은 나라들이 모두 상위권을 차지하였음은 우리에게 참으로 많은 시사점과 교훈을 준다.

로마 제국이 몰락한 이후 유럽은 중소 여러 나라가 분립되어 전 유럽에 걸쳐 헤게모니를 행사할 만한 대국이 존재하지 않았다. 볼테르·몽테스키외·루소 등 18세기의 사상가들은 "작은 나라야말로 이상적인 국가이다"라는 소국가 이념의 주창자들이었다. 그들은 소국가의 바람직한 원형으로 옛 그리스의 아테네와 르네상스 문화를 꽃피운 피렌체를 그렸다. 소국가의 이념은 부르크하르트와 호이징가, 케기 등 19, 20세기의 문화사가들에게 이어졌다. 부르크하르트와 케기는 스위스 태생이며 호이징가는 네덜란드 출신이다. 정치·경제·종교에 앞서 문화를 가장 바람직한 역사의 핵심으로 강조했던 탁월한 문화사가들 모두가 작은 나라에서 태어났음은 흥미로운 사실이다.

부르크하르트에 의하면 강대국을 지향한 루이 14세의 프랑스나 비스마르크의 권력국가에 있어 대중을 움직이고 있는 것은 '영리심'(榮利心)이다. 그는 욕망에 얼룩진 산업사회에서 인간의 삶이 '업무'가 되고, '천천히 걷지 않고 달리고 있는' 무리들을 한가함을 빼앗긴 군상으로 보았다. 대도시의 거대성은 그에게 인간적인 절도를 넘어선 괴물로 비쳤다.

유럽의 작은 나라에는 대도시가 없다. 그만큼 대기업이 없고 큰 공장이 없으며 그럼으로써 도·농의 빈부 구별 없이 국민 모두가 풍요로운 중산층의 나라다. 거기에서는 시계바늘에 맞추어 쫓기듯 달려가는 군중은 볼 수 없다. 지금도 옛 그대로 거리 중앙 광장에 자리한 장엄한 고딕 대성당, 한자 도시동맹 시대 조상들의 항해 기록들을 간직하고 있는 옛 상관(商館), 그리고 옛 장인들 모습 그대로 공예품을 제작하고 있는 공방들이 있다. 그곳에서는 아직도 성당 종소리에 맞추어 하루하루를 꾸려나가는 마을과 도시들의 풍경을 볼 수 있다.

역사적 감흥이 인간을 고귀함과 아름다움에 눈뜨게 할진대 중세풍의 도시들은 사람들을 바로 절도 있고 품위 있게 하는 감성교육, 인간 교양의 연금장, 토포스라고 할 것이다. 그리고 그 옛 도시 공동체의 심상 풍경(心象風景) 그대로 작은 나라들은 그만큼 고도 산업사회의 기술과 욕망의 체계로부터 자유롭다.

오스트리아는 게르만계, 헝가리계, 슬라브계 및 유대계가 혼합된 다민족 국가이다. 그러면서도 그들은 민족적 차별이나 갈등을 드러내지 않는다. 오스트리아인의 주요 특징으로 '혼합'(melange), 즉 변용·융합의 국민성이 꼽히고 있다. 그런데 그 융합을 가능케 하는 장치는 국가권력도 근대적인 국민원리도 아니며 음악과 극장문화, 다시 말해 문화전통이다.

유럽에서는 해마다 '아름다운 도시'와 함께 '좋은 도시'를 선정하여 발표한다. 빈은 언제나 주네브·브뤼셀과 함께 1·2위를 다툰다. 거리 도처에서 극장과 음악당, 미술관, 옛 카페와 마주치는 도시. 인구 170만이라는 사실이 믿어지지 않을 만큼 마차의 왕래가 어울리는 한적하고 고풍스러운 도시. 유럽의 '어제의 세계'의 좋은 모든 것을 간직한 듯하고, 모차르트와 말러, 클림트와 에곤 실레, 프로이트와 비트겐슈타인 등 사상과 예술이 풍요한 도시. 60세 전후의 우아한 귀부인과도 같은 인상의 절도와 품위 있는 도시. 빈이 있어 오스트리아는 더욱 품격 있는 나라로 비친다.

유럽은 프랑스혁명과 그에 이은 19세기의 여러 혁명을 통해 봉건체제를 타파하고 근대적 시민사회를 이루었다. 그런데 새로운 사회를 이룩한 시민계층은 지난날 귀족이 누린 교양문화를 이어받아 오늘날 대중사회 속에서도 귀족적 문화전통이 풍요롭게 아름다움을 겨루고 있다. 그 전형적인 예로서 극장문화를 들 수 있으니 18, 19세기 귀족들이 즐겼던 「피가로의 결혼」을 옛 궁정 극장에서 지금은 모든 계층이 '귀족적인' 몸가짐으로 즐기고 있다. 참으로 부러운 문화의 연속성이다. 반듯한 사회, 품격 있는 국가란 온고지신(溫故知新), 옛 것을 귀하게 여기며 새 이치를 밝히는 사람들의 사회, 그럼으로써 전통과 문화가 면면히 이어지고 역사가 공유되는 사회이다. 그런데 오늘날 우리의 현실은 어떠한가.

예절의 나라, 옛 조선

개인이나 사회의 품격은 말씨와 언어생활에서 잘 드러난다.

우리나라 학생들은 글을 쓸 줄 모른다. 아니 말도 제대로 할 줄 모른다. 왜 그럴까. 이 땅의 어머니, 아버지들이 그리고 학교가 말하는 방법과 글쓰는 방법을 언제 가르쳐주었던가. 말과 문자는 단순한 기호가 아니다. 우리 전통사회에서는 '언어는 선비·군자에 있어 가장 중요하다'(言語君子之樞機)라고 강조하였다.

그런데 오늘날 우리 주변에서의 말의 모습은 어떠한가. 과장된 표현과 비속어의 난무, 말이 아닌 소리의 고함들, 장유(長幼)의 구별이 없는 기괴한 화법, 거리 도처에 범람하고 있는 난잡한 외래어 간판들, TV 드라마를 비롯한 대중매체가 더욱 부추기는 잡스러운 언어풍속도. 그것은 바로 우리 사회의 무질서와 가치의 무정부 상태 그리고 나라의 위상을, 모두의 '삶의 질'을 반영한다고 할 것이다. 반듯한 말은 좋은 생각을 낳고 품위 있는 사람됨을 그리고 품격 있는 사회를 만든다. 말을 반듯하게 하는 사회는 예절을 귀하게 여기는 사회다. 우리 전통사회를 특징지은 것은 '동방예의지국'이라는 비유 그대로 예절의 질서였다.

조선시대 예(禮)는 개인의 삶의 규범일 뿐 아니라 국가, 사회를 관통하는 원리였다. 예절은 선비 사대부계층 사이에서 뿌리를 내렸다. 그러나 일반 서민들도 선비 사대부를, 그 권세가 아니라 그들의 학식과 예의범절의 인품을 존경하여 우러러보았다. 그만큼 서민들도 예를 배우고 숭상하였다.

예는 의례(儀禮)이며 의절(儀節)이다. 그러므로 의식과 절차를, 눈에 보이는 전례와 의용(儀容)을 앞세운다. 그 결과 '관례·혼례·상례·제례'의 사례(四禮)가 사회질서의 원리가 되었다. 우리는 그간의 근대화 과정에서 '관·혼·상·제'의 예를 형식적이며 비생산적이라 하여 봉건적인 유산으로 경원시해왔다. 그리고 장유유서로 상징되는 인간관계를 권위지향적 신분사회의 이데올로기로 여기고 배제했다. 그러나 예를 기본으로 하여온 윤리체계는 '인·의·예·지·신'(仁義禮智信)이라는 보편타당한 실천적 덕목이 뒷받침됨으로써 도덕성과 합리성을 획득하였다.

예절은 또한 공손한 절도를 귀하게 여기며 검덕(儉德)을 기본으로 삼게 마련이다. "군자는 의에 밝고 소인은 이익에 밝다"는 말처럼 지난날 우리 조상들은 이익을 좇는 탐욕으로부터 자유롭고 해방됨으로써 유유자적 청빈을 즐기며 너그럽고 여유로운 삶을 누릴 수 있었다. 이러한 옛님들의 진면모는 그들의 놀이문화에서도 잘 드러났다.

우리 전통사회 선비의 놀이문화의 기본을 이룬 사예(四藝), 즉 거문고·

바둑·글씨·그림(琴·碁·書·畵)은 모두가 고고한 운치를 풍겨 '교양 속에서 놀이를 즐기는'(游於藝) 극치를 이루었다. 한 개인의 사람됨, 그리고 한 국민의 품격은 그들이 이룩한 업(業)과 더불어 아니 그 이상으로 놀이문화의 수준에 있다고 해도 좋을 것이다. 오늘날 우리의 놀이문화의 위상은 어떠한가. 조선조가 5백 년의 장구한 역사를 누릴 수 있었던 것도 국가의 정통성을 권위지향적인 신분체제가 아니라 따뜻한 예의 질서에서 찾았던 데서 가능했다고 본다. 옛 조선이 가난했다고 하지 말자. 그 원풍경인 마을공동체에서 보듯 예의바른, 서로 정을 나누었던 따뜻한 나라, 좋은 사회였다.

욕망의 체계, 우리들의 자화상

"조선인은 참으로 각별히 아름다운 풍경을 사랑하고 있다. ……여기에서는 아름다운 나무숲이, 저기에서는 산의 낭떠러지가 그리고 또 물에 비치는 달빛을 즐기는 등 가지가지다."

1백여 년 전 조선을 찾은 미국인 퍼시벌 로웰의 말이다. 자신의 저서 『조선』(Chosun, 1889)에 '조용한 아침의 나라'라는 부제를 붙인 그는 조선 가옥의 아름다운 지붕 선에 대해서도 극찬했다.

서울은 조선 5백 년의 왕도(王都)이다. 그런데 고궁이나 종묘를 찾아가지 않으면 서울이 5백 년 수도였다고 누가 믿을까. 왕도의 옛 모습은커녕, 50년 이전의, 아니 10년 전의 서울도 옛 이야기가 되어가고 있다. '개발'이라는 구호 아래 파헤치고 부숴대서 하루가 멀다 하고 달라지는 서울, 그 중심에 고층 아파트들이 위압적으로 무리를 이루고 있다.

아름답고 푸르른 북한산과 남산의 턱밑까지, 한강변도 아파트 숲이며, 논밭 밖에 없는 곳에서도 아파트를 본다. 도시의 전체 디자인이나 스카이라인이 망가진 지 오래다. 1995년 이후 전국에 걸쳐 지은 주택 728만 채 중 약 80%인 560만 채가 아파트라고 하며 서울의 경우 아파트 비율이 50%가 넘는다고 한다. 이러한 이 땅의 모습을 어느 외국인은 "영혼 없는 개발로 꽉 찬 한국"이라고 비웃었지만 그 개발이 낳은 콘크리트 병풍들은 산자수명(山紫水明) 아름다운 금수강산을 망가뜨렸을 뿐만 아니라 겨레 모두의 심상풍경까지도 파헤친 지 오래다.

오늘날 우리 사회는 '경제제일주의'——이 괴기한 표현은 오늘날에도 활개 치며 난무하고 있다——에 특징지어진 욕망의 체계를 이루고 있다. 그 중심에 아파트가 자리 잡고 있다. 정부의 무위무책(無爲無策)의 주택정책, 투기를 부추기는 대기업 건설회사——대기업의 거의가 건설회사를 꾸리고 그것은 그들의 부를 축적하는 최대의 금맥(金脈)이 되고 있다——의 탐욕과 횡포, 간계는 국민 모두에게 주택을 살림집이 아니라 '재테크' 최대의 수단으로 여기게끔 했다. 우리의 모든 도시, 거리에서 주택가가 없어지고 그와 함께 뒷골목과 산책길이 사라진 지도 오래다. 물신숭배에 사로잡힌 천민자본주의 시대의 추한 욕망은 사람으로 하여금 전전긍긍 거처를 옮기게 하고 있다. 정주(定住)의 땅이 없이 어찌 항심(恒心)이 있고 이웃이 있을까. 앞이 보이지 않는 불안과 강박관념에 시달리며 욕심에 쫓고 쫓기는 무리들, 이것이 오늘 우리의 자화상이라면……. 신문 보도에 따르면 서울 시민 80% 이상이 서울을 떠났으면 하는 생각을 하고 있다고 한다.

사람들은 살기 위해 이 도시에 모이는 것 같다. 그리고 나는 오히려 여기에서는 모두가 죽어갈 뿐이라고 여겨진다. 나는 지금 밖을 걸어다녔다. 나의 눈에 띄는 곳은 이상하게도 병원뿐이었다.

라이너 마리아 릴케의 『말테의 수기』 머리말 한 구절이다. '이 도시'란 파리를 말한다. 그러나 나에게는 언제부터인가 '이 도시'가 서울로만 여겨진다. 또 인천·대전·대구·광주·부산은 어떠한가. 왜 우리에게는 쑤저우

(蘇州)나 항저우(杭州), 나라(奈良)나 교토(京都) 그리고 유럽의 많은 크고 작은 도시들과 같은 독특한 색깔과 향기 그윽한 미학을 풍기는 도시가 없을까.

프랑스는 1982년 '프랑스의 가장 아름다운 마을' 1백 개소를 선정했다. 그 선정 기준은 인구 2천 미만으로, 역사적으로 중요한 건조물 또는 풍치지구로서 인정된 장소가 2개소 이상이 있고 마을 건물의 외관(크기, 지붕과 창의 형태나 색깔들)의 균형과 조화, 꽃이나 식물에 의한 장식 등 마을 전체의 미화(美化)를 고려했다. 그 기준을 통과한 144개 마을이 현재 '아름다운 마을'로 지정받고 있다. 살맛나는 좋은 사회, 품격 있는 나라를 무엇보다도 푸르고 아름다운 마을, 반듯한 도시들을 갖춘 나라에서 찾고 싶다. 마을과 도시의 아름다움이란 국민 모두의 반듯한 생활양식, 높은 삶의 질 위에 비로소 창출되기 때문이다.

패러다임의 전환을

이명박 정부는 2008년 초 국가 브랜드 위원회를 구성하고 위원장에 금융통이라는 경영학 교수 출신을 임명했다. 국가 브랜드 아닌 기업 브랜드 위원회를 운영하는 듯한 인상을 짙게 풍겼던 그 위원장에 따르면 G20정상회의 유치 이후 한국을 바라보는 국제적 시각이 '완전히 달라졌'고 했다. G20에 이은 아랍 에미레이트의 원전 수주에 힘을 얻어서인지 이명박 대통령은 '위대한' 한국을 운운했다. 그러나 몇몇 '이벤트'가 국가의 격을 높여준다면 대체 무엇을 고민할 것인가.

'시장원리'를 부르짖으며 지난 10년의 민주화 체제를 '잃어버린' 세월로 돌리는 한편 남북화해를 위한 '햇볕정책'을 '퍼주기'로 바라보는 이 정권은 일련의 언론과 노조탄압에서 드러나듯이 반민주적 행태를 드러낸 지 오래다.

"이명박 정부는 반민주적 탄압을 즉각 중단하라." 이것은 야당이나 시민단체의 성명 구절이 아니다. 노엄 촘스키 등 국제적 지식인과 저명 인사 173

명이 이명박 정부에 보낸 성명서의 제목이다. 한편 OECD 노조 자문위는 다음과 같이 언명하였다. "한국 정부의 공무원 노조에 대한 탄압은 심각하며 공무원과 교사들도 자신의 정치적 견해를 표현할 권리가 있다. 정부를 위해 일하는 것과 시민으로서 권리를 행사하는 것을 분리해서 생각해야 한다."

이른바 보수 메이저 신문은 언필칭 노동운동의 과격화를 비난하고 있다. 그러나 대개가 노동자 계층으로 이루어진 우리 국민은 30%가 금융재산이 전무한 빈곤층이고, 14년째 여전히 OECD 회원국 중 가장 긴 노동시간을 기록함과 동시에 사회복지와 연금제도 같은 사회안전망의 취약함은 개선되고 있지 않다. 또한 지금도 대기업의 약 70%가 창업자 일족이 소유하는 부조리한 전근대적인 경영구조이며, 이런 구조 뒤에는 정부의 친기업적 정책이 숨겨져 있음을 심각하게 인식할 필요가 있다. 이런 상황에서도 언론은 연일 금융위기 탈출과 몇몇 대기업의 뛰어난 실적을 대서특필하고 있다. 그러나 그러한 외형적 수치들이 소득 양극화 해소에 도움을 주지 못한다면 무슨 의미가 있을까.

이명박 대통령은 "내 목표는 선진국이 되기 위한 기초를 닦는 것이며 모든 분야에서 한 단계 업그레이드한다는 단단한 각오로 일하고 있다"고 말한 적이 있다. 과연 그에게 있어, 이 땅의 보수 세력에게 있어 '선진국'은 무엇을 의미하는가.

"철저히 준비도 안 한 것 같고 법적 절차도 제대로 안 밟은 인상을 주는 '속도전'식 4대강 사업의 추진방식에 반대한다." 한나라당 정책위의장을 지낸 어느 여당 의원이 4대강 사업과 관련하여 한 말이다. 야당과 시민단체, 국민 대다수가 반대하는 이른바 국책사업을 밀어붙이는 유아독존은 어디에서 오는 것일까.

이명박 대통령은 개발독재시대 토건·건설업으로 입신하고 서울시장이 되면서 청계천 복원을 통해 청와대에 입성했다. 정주영과 박정희를 멘토로 받들며 개발독재시대 최대의 수혜자로서 혜택을 누려온 그에게 경제적 생산성은 만물을 헤아리는 잣대, 신념이며 신앙이다. 지금도 1960~70년대의 '한국적 발전모델'의 신봉자인 그의 CEO 리더십에 따르면 시비를 왈가왈부하는 정치적 담론은 언론 논의와 마찬가지로 비생산적이며 더욱이 노동운동이나 시민운동은 적대적으로 비칠 수밖에 없다. 현정부의 권위주의적 공안통치, 인사정책, 부자편애도 경제적 발전에 도움이 되면 그만이라는 자기확신에서 비롯된다. 그가 여러 국제회의에서 CEO 출신 대통령임을 내세우고 있을 때 국제 컨설팅 업체인 머서(mercer)가 2010년 5월 26일 발표한 전 세계 221개 도시의 '삶의 질' 순위에서 서울은 81위에 머물렀고, 친환경 순위에서는 93위에 그쳤다. 세종시 문제, 4대강 문제를 둘러싼 철학적인 패러다임의 전환이 절실히 요구되는 이유이다.

온건한 좌파와 반듯한 우파

경제제일주의 극복을 위한 패러다임의 전환과 함께 강조되어야 할 것은 보수와 진보, 좌우로 갈라진 국민적 분열의 청산이다.

'국민의 정부'가 출범하자 한국의 대통령 당선자를 해외 매스컴은 '중도 좌파'로 지칭했다. 온건한 좌파라는 뜻이다. 국제적으로 정치가나 정파의 성향을 온건한 좌파로 지칭할 때 그것은 긍정적 평가의 의미를 담고 있다. 영국에서 노동당 내각이 성립된 것은 1924년으로, 우리는 그것을 역사상 최초의 좌파정부의 등장으로 이해해도 좋을 것이다. 자본주의의 종주국 영국에서, 그것도 자본주의를 한참 구가한 시점에서 최초의 좌파정권이 등장하였음은 참으로 흥미롭다.

지난번 블레어 노동당 내각에서 보듯이 영국 노동당 내에는 마르크스주의자가 적지않다. 그러나 중산계층과 서민, 지식층의 지지를 받는 당 주류는 계급투쟁이나 혁명이론과는 무관한 온건파이다. 영국 노동당이나 '제3

의 길'에 앞장서온 독일 사민당(SPD)에서도 볼 수 있듯이 유럽에서는 보수와 진보, 우파와 좌파는 대립된 개념이라기보다는 서로 타협하며 공생하고 국가 유사시에는 연립하여 거국내각을 결성해왔다.

유럽은 EU대통령 격인 정상회의 상임의장에 벨기에 총리인 판롬파위를, '유럽 외교장관'으로 불리는 외교정책 고위 대표에는 영국 노동당 출신의 애슈턴을 선출했다. 유럽 각국 신문들은 우파 대통령과 좌파 외교장관의 탄생을 유럽 내 좌·우파, 성별, 대국과 소국 간의 절묘한 균형과 조화로서 환영했다. 1백 년 전 영국에서 비롯되고 오늘날 일본을 포함해 선진국에서 보편화된, (공산당을 포함하여) 보수와 진보, 우파와 좌파의 공존이라는 정치문화의 상식이 이 땅에서 '거부된' 배경에는 38선을 사이에 두고 남북이 대치되어온 특수 상황이 크게 작용했다.

오랜 극우적 군사독재를 타파하고 등장한 '문민정부'와 '국민의 정부'는 다같이 '중도'임을 내세웠다. 우리는 전자를 보다 보수적, 후자를 보다 진보적 중도로 이해하면서 이 땅의 정치가 진일보하였음을 기쁘게 생각했다. 그러나 국민의 정부의 햇볕정책을 계기로 국민에 의해 선출된 민주정부를 향해 '친북좌파' 운운하는 색깔론이 공공연히 고개를 들며 지역감정 이상으로 우리 사회를 병들게 하고, 지식인들도 곡학아세(曲學阿世)의 갈등의 늪에서 헤어나지 못하고 있다.

모 메이저 신문의 사주는 언론개혁을 둘러싼 시비가 한창일 때 김대중 대통령이 자유민주주의와 시장원리를 신봉한다는 뜻을 분명히 한다면 정부에 협력할 용의가 있다고 말한 바 있다. 그는 정말로 국민의 정부를 반민주주의적, 반자본주의적 정부로 간주한 것일까. 그는 언론개혁을 회피할 궁여지책으로 색깔론을 들고 일부 보수적인 대중의 정서에 호소한 것이 아니었을까.

어느 사회건 체제지향적인 보수세력과 체제비판적인 진보세력이 있게 마련이다. 대체로 경제, 사회 정책에서 성장과 분배, 자유와 평등의 갈림길에서 나타나는 보수 우파니 진보 좌파니 하여도 민주주의 체제에서는 공생관계를 전제로 서로가 견제세력이 됨으로써 오히려 사회발전에 바람직한 기능을 해왔다. 그러나 우리의 경우 '국민의 정부'의 등장 이전까지는 보수정권, 그것도(장면내각과 문민정부를 제외하면) 극우보수 독재세력이 지배해왔다. 참으로 부끄럽고 기형적인 나라꼴이었다.

8·15 광복 직후 몽양 여운형과 백범 김구의 수난에서 볼 수 있듯이 이 땅의 좌우대립은 이념적이기보다도 다분히 보수 세력의 당파적 전략의 간계로부터 비롯되었다. 백범은 순수 민족주의자였으며 몽양 또한 그리스도교도이며 윌슨적 민족주의 및 영국 노동당 노선을 지향한 온건한 사회주의자였다. 그러나 두 분은 '좌우합작'과 '통일정부수립'을 주창한 까닭에 극우세력에 의해 제거되었다. 이후 극우보수 세력은 남북분단을 극복하기 위한 담론을 금기시하는 한편 그 주창자들을 마녀사냥 하듯 좌파로 몰았다.

'평등·인권·복지'가 좌파 진보세력의 키워드라면 우파 보수세력의 키워드는 '민족·전통·자유'여야 할 것이다. 그러나 구태의연한 반공 이데올로기로부터 자유롭지 못한 일부 보수세력은 '민족'과 '자유'를 국가주의적 안보 이데올로기에 종속시키고 있다.

오랜 민족적 과제였던 『친일인명사전』은 민족정기를 받드는 보수주의자들에 의해 진작부터 발간되었어야 했다. 그럼에도 불구하고 그들은 그 발간을 각론적 시비를 넘어 대한민국의 정통성을 파괴한다 하여 떠들어댔다. 민족주의적인 보수주의는 그 본질에 있어 겨레의 역사와 전통(문화)의 옹호자여야 한다. 유럽의 경우 보수주의는 다국적 기업으로 상징되는 고도 기술산업사회에 대해 도덕적 혐오감을 서슴지 않고 표출하고 있다. 그러나 이 땅에서는 전통적 가치를 내세우면서 민족 정통성을 고수하는 반듯한 보수주의자를 좀처럼 만날 수 없다. 그들이 국가권력과 시장체제에 기생한 수구세력으로 불리는 이유이다.

민족이란 무엇인가. '햇볕정책'을 사갈시하는 그들은 남북 민족통일에 관해 얼마나 고민하고 있는가. 이 땅의 보수진영에 복지문제에 관한 전문가가 없듯이 민족문제에 관한 전문가의 부재 또한 참으로 기이한 일이다.

오늘날 국가의 정통성이란 무엇인가. 그것은 우리 헌법이 밝힌 자유민주주의 체제이다. 자칭 애국주의자들에게 묻고 싶다. 민주공화국 한국의 정통성을, 헌법에 명시된 민주주의를 내몰은 세력은 누구였던가. 우리는 극좌와 마찬가지로 극우 또한 혐오하며 반대한다.

더불어 함께하는 삶의 공동체

"지금은 과거와는 달리 1등만이 살아남을 수 있다. 2, 3등은 아무 의미도 없다. 오직 1등이어야 한다." 어느 기업 사장단 모임에서 모 경영학과 교수가 행한 특강의 한 구절이다. 근래 '시장원리'니 '생산성'이니 하는 말과 함께 대단한 관용구처럼 자주 들려오는 문구다. 그는 1등이 아니라 창조적인 두뇌와 가슴을 그리고 모든 사람이 저마다의 자질과 직분이 있음을 강조했어야 했다.

'시장원리', '1등신화'의 역설은 이 땅의 아이들을 태어나면서부터 학원지옥으로 내몰고 있다.

국가는 생산공장도 상사(商社)도 시장도 아니며 너나 할 것 없이 모두 어울려 공존하는 삶을 누리는 공동체다. CEO 출신의 대학 이사장이 학과 과반을 통폐합한다고 호언장담하고 교과부는 동료교사, 학생, 학부모에 의한 교원평가를 실시한다고 한다. 모두가 교육을 망각한 시장 논리에서다. 지난 2009년 연말 통일부 업무보고에서는 남북문제와 관련, '생산적 인도주의 실현'이 강조되었다고 한다. '생산적 인권', '생산적 복지', '생산적 평화'가 연이어 나올 판이다.

뉴욕 월가를 발신처로 한 세계적 금융위기는 지난 1세기 가까이 세계를 이끌어온 미국 금융자본주의와 그 위에 구축된 물신숭배의 아메리카 이데올로기의 파탄을 뜻한다. 이 아메리카 이데올로기의 비인간적·반문화적 문제성에 대해서는 일찍이 토크빌, 막스 베버, 그리고 아도르노도 경고한 바 있다. 최근 영국의 BBC 방송이 27개국 근 3만 명을 대상으로 행한 여론조사에 따르면 응답자의 80% 가까이가 "부의 공평하고 평등한 분배를 위한 자본주의 규제와 개혁이 이루어져야 한다"는 데 동의했다고 한다. 소비에트 사회주의의 몰락에 이은 아메리카 거대 자본주의의 종말이 다가오는 듯하다.

　　우리는 그동안 '경제적 인간'(homo economicus)이 되면서, 부자나라 클럽인 OECD에 입성하기 위해 참으로 귀한 것들을 많이 잃었다. 그러나 포기하지 말자.

　　"옛 조선은……독자적으로 완결된 역사적 세계이다. 그것은 덕이 지배하는 세계였다. 다른 어디에서도 그렇지만 현대 한국에서 덕의 사상이 쇠퇴하고 있더라도 그것은 아직도 한국인의 마음에 생기를 불어넣고 있다."

　　우리의 현대사에 정통한 브루스 커밍스의 말이다. 한국전쟁 60돌, 4·19 민주혁명 50돌, 광주민주화운동 30돌을 맞은 2010년, 심기일전 우리 모두 평화와 민주주의를 그리고 품격 있는 나라를 향한 범국민적인 패러다임의 전환에 매진하자. 끝으로 백범의 말씀을 새기며 이 글을 맺고자 한다.

　　"나는 우리나라가 세계에서 가장 아름다운 나라가 되기를 원한다. 가장 부강한 나라가 되기를 원하는 것은 아니다. 우리의 부력(富力)은 우리의 생활을 풍족히 할 만하면…… 족하다. 오직 한없이 가지고 싶은 것은 높은 문화의 힘이다. 문화의 힘은 우리 자신을 행복하게 하고 나아가서 남에게 행복을 주겠기 때문이다"(「내가 원하는 우리나라」).

본 원고를 편집부에 넘기고 나서 얼마 뒤 6·2 지방선거가 치러졌다. '천안함 사건'이라는 북풍에도 불구하고 선거결과는 야당과 진보진영, 무엇보다도 뜻 있는 국민의 압승이었다. 뜻 있는 국민이란 인권과 복지, 평화와 민주주의의 편임을 밝힘으로써 이명박 정권의 정책기조와 그것을 이룬 경제제일주의의 허상과 그 반사회적, 반역사적인 본질을 간파하고 그에 준엄한 심판을 내린 우리 국민 모두를 말한다. 그 반듯한 선택의 대열에는 그간 정치에 냉소적이었고 모든 선거를 외면해왔던 20대, 30대의 젊은 세대가 앞장섰다고 함은 우리 미래를 위해 참으로 고무적이다.

권력을 본질로 하는 국가란 억압적 체제임을 피할 수 없다. 그만큼 끊임없는 비판과 개혁, 쇄신이 이루어지는 것이 바람직하다. 그리고 우리가 쇄신해야 할 여러 시스템 중에서 제일 나쁜 체제는 바로 어린이와 청소년의 학대를 유발하는 시스템이다.

아이들에게 태어나면서부터 순위를 매겨 우월을 가리고 약육강식의 경쟁과 시장의 싸움터에 몰아넣는 체제인 우리 사회에서는 놀이터에서 아이들 구경하기가 힘들다. 아직 말도 제대로 못 하는 유아들에게 영어학습을 시키는 기기괴괴한 체제, 청소년들이 밤잠과 함께 청춘의 꿈과 이상을, 삶을 빼앗긴 지도 오래다. 그리고 공부를 못 한다는 이유로 버려지고 방치된 무수한 아이들, 쫓고 쫓기듯 불안과 좌절, 강박증에 시달린 청소년들, 학부모와 교사들. 무엇인가 크게 잘못된 것을 알면서도 모두 유구무언 애써 외면하고 있다.

참으로 부끄럽다. 그런데 귀하고 용기 있는 '이의'가 제기되었다.

나는 25년 동안 경주마처럼 길고 긴 트랙을 질주해왔다.
우수한 경주마로, 함께 트랙을 질주하는

무수한 친구들을 제치고 넘어뜨린 것을 기뻐하면서.

나를 앞질러 달려가는 친구들 때문에 불안해하면서.

……

지금 나는 멈춰 서서 이 경주 트랙을 바라보고 있다.

저 끝에는 무엇이 있을까?

'취업'이라는 두 번째 관문을 통과시켜줄 자격증 꾸러미가 보인다.

너의 자격증 앞에 나의 자격증이 우월하고,

또 다른 너의 자격증 앞에 나의 자격증이 무력하고,

그리하여 새로운 자격증을 향한 경쟁 질주가 다시 시작될 것이다.

이제서야 나는 알아차렸다.

내가 달리고 있는 곳이 끝이 없는 트랙임을.

2010년 3월 10일 고려대학교 교정 대자보의 한 구절이다. "오늘 나는 대학을 그만둔다. 아니 거부한다"라는 표제로 대자보를 내건 이는 경영학과 3학년의 김예슬이었다. 그 자신이 '피라미드 위쪽'을 욕심낼 수 있었던 신분에서 왜 대학을 그만두어야 했을까. 대학은 그에게 어떻게 비쳤을까.

큰 배움도 큰 물음도 없는 '대학'(大學) 없는 대학에서,

나는 누구인지, 왜 사는지, 무엇이 진리인지 물을 수 없었다.

우정도 낭만도 사제간의 믿음도 찾을 수 없었다.

가장 순수한 시절 불의에 대한 저항도 꿈꿀 수 없었다.

아니, 이런 건 잊은 지 오래여도 좋다.

그런데 이 모두를 포기하고 바쳐 돌아온 결과는 정말 무엇이었는가.

대기업이 뒷받침하며 다스리는 특유의 간계를 부리고 있는 대학에서는

'교육'을 몰아내고 있다. 김예슬의 고발은 1968년의 '학생반란'과 똑같이 기업적 전략에 의해 침식된 대학의 현실에 대한, 그리고 그러한 대학을 에워싼 생산성의 논리, 업적 지상주의가 지배하는 사회 전체에 대한 분노의 표현이었다.

이 땅에서 교육이 패배하고 교육부재 현상이 일어난 지도 오래다. 그리고 정부는 그러한 사태를 더욱 부추기고 있으며 그 자폐증은 치유의 조짐이 보이지 않는다. 그러나 우리는 단념하고 포기할 수 없다. 다행히 많은 중상과 시련을 헤치고 교육자의 신념을 갖춘 진보진영의 교육감이 여러 지역에서 탄생되었다.

교육의 복권, 그 복권을 통한 반듯한 공동체의 실현, 그것은 오늘날 우리 모두가 당면한 최대의 과제다. 그리고 그것은 신자유주의의 악령과 함께 물신숭배라는 우리 내부의 치우신(癡愚神)까지도 함께 몰아내야 할 삶을 위한 싸움, 휴머니즘의 싸움이다.

글 배운 사람 구실
참으로 어렵다

송재소 성균관대 명예교수 · 한문학 | 한국고전번역학회 회장

" 을사조약 이후 뜻있는 인사들이 줄지어
자결하는 것을 보고 그는 죽을 명분을 찾고 있었을 것이다.
이제 '무궁화 이 강산 이미 없어져' '새와 짐승 슬퍼 울고
강산도 찡그리는' 때를 당하여 더 이상 살아야 할
명분이 없어진 것이다. 붓 하나만으로 버텨온 자기 나름의
사명감도 사라진 마당이다. 스스로 목숨을 끊으면서
그가 남긴 마지막 말, '글 배운 사람 구실 참으로 어렵구나'는
고뇌하는 지식인의 처절한 외침이다.
비록 그러하지만 매천은 끝까지 지식인의 품위를
잃지 않은 올곧은 선비였다."

지식인으로 산다는 것

모택동은 지식인을 '털'에 비유했다. 털은 그 자체로서는 독자적인 정체성을 갖지 못하고 어딘가에 붙음으로써 비로소 성격이 규정된다. 소가죽에 붙으면 소털이 되고 개가죽에 붙으면 개털이 된다. 마찬가지로 지식인도 독자적인 계급을 형성하지 못하고 어디에 붙어야만 하는 속성을 지닌다는 말이다. 사회주의자인 모택동이 생각하기에 지식인은 생산수단을 소유한 유산계급은 아니다. 그렇다고 해서 가진 것이라곤 '불알 두 쪽 밖에 없는' 노동자도 아니다. 확고한 소속감이 없는 이러한 속성 때문에 지식인의 위치는 불안정할 수밖에 없다. 그래서 털처럼 어디엔가 붙는다는 것이다. 자신의 지식을 무산계급의 이익을 위해서 활용하면 양심적 지식인이 되고 유산계급을 위해서 봉사하면 어용 지식인이 된다. 그러므로 지식인은 유산계급과 무산계급의 중간지대에서 어느 계급에 붙어야 할지를 끊임없이 고민하는 존재이다.

이러한 고민 속에서 지식인은 역사적 결단의 순간에 중대한 과오를 범하기도 한다. 프라이부르크 대학 총장 시절 히틀러를 찬양한 철학자 하이데거가 그렇고, 역시 제2차 세계대전 중 독재자 무솔리니를 찬양한 미국의 시인 에즈라 파운드가 그렇다. 논란이 끊이지 않는 우리의 친일파 문제를 보더라도 지식인의 처신이 얼마나 어려운가를 짐작할 수 있다. 어느 시대에나 지식인의 처신은 어려운 법이다. 처신이 어려울수록 지식인은 더욱 냉철한 이성으로 자신을 무장해야 한다. 왜냐하면 지식인은 한 시대 한 사회의 방향을 제시해주는 나침반과 같은 존재이기 때문이다. 이 시대에 우리가 부끄럽지 않은 지식인으로 살아가기 위해서 다방면의 노력이 필요하겠지만 이 글에서는 우리 옛 선인들, 특히 그 시대를 주도했던 대표적인 지식인들이 어떻게 사고하고 행동했는가를 살펴보기로 한다. 지식인으로서 훌륭한 역할을 수행한 옛 선인들에게서 일정한 교훈을 얻을 수 있으리라 생각하기 때문이다.

전통시대에 지식인에 해당되는 존재는 선비(士)일 것이다. 선비는 지식이 풍부할 뿐만 아니라 모든 사람들의 도덕적 표준이 되는 인물이다. 맹자는 "항산(恒産)이 없어도 항심(恒心)을 갖는 것은 오직 선비만이 그렇게 할 수 있다"고 말했다. 즉 일정한 재산이 없어도 변치 않는 마음을 지닐 수 있는 사람은 오직 선비뿐이라는 것이다. 연암 박지원도 말하기를 "천하의 공변된 말을 사론(士論)이라 하고, 당대의 제일류를 사류(士類)라 말하며, 천하에 의로운 목소리를 외치는 것을 사기(士氣)라 하고, 군자가 죄 없이 죽는 것을 사화(士禍)라 하며, 학문을 강론하고 도(道)를 논하는 곳을 사림(士林)이라 말한다"고 했다.

이렇게 사람들의 모범이 되는 인물을 선비라 부르는데, 선비라고 해서 모두 모범적인 행동을 한 것은 아니다. 선비라는 명칭에 걸맞게 훌륭한 행적을 남긴 인물이 있는가 하면 선비로 자처하면서도 간악한 짓을 한 인물도 있다. 그러나 이씨조선 500년을 돌이켜볼 때 올곧은 선비들이 있었기에 나라의 품격을 유지할 수 있었다. 이 글에서는 나라의 품위를 유지할 수 있게 한 참 선비들을 몇 가지 유형으로 나누어 그 정신과 행적을 살펴보고자 한다.

고뇌하는 지식인, 매천 황현

1910년 8월 5일, 매천(梅泉) 황현(黃玹)은 한일합방의 통분을 이기지 못하여 절명시(絶命詩) 4수를 써놓고 조용히 술에 아편을 타서 마셨다. 그리고 다음날 새벽 56세의 일기로 생을 마감했다. 절명시 4수 중 제3수는 이렇다.

새와 짐승 슬피 울고 강산도 찡그리니
무궁화 이 강산 이미 없어졌어라
등불 아래 책을 덮고 옛일을 생각하니
글 배운 사람 구실 참으로 어렵구나

鳥獸哀鳴海岳嚬　槿花世界已沈淪

秋燈掩卷懷千古　難作人間識字人

이 시에서 우리는 '글 배운 사람'(識字人)의 고뇌를 읽을 수 있다. 글 배운 사람은 다름 아닌 지식인이다. 격동하는 구한말의 정세 속에서 지식인으로 산다는 것이 얼마나 어려운 일인가를 매천의 경우에서 살필 수 있다.

매천이 살았던 시대는 한국 근대사의 격동기였다. 1876년의 병자수호조약으로 문호를 개방한 이래 한반도는 서구 열강의 각축장이 되었다. 이때가 그의 나이 22세였다. 이후 임오군란, 갑신정변, 동학농민전쟁, 갑오경장, 청일전쟁, 을미사변이 일어났고 1904년의 러일전쟁을 거쳐 그의 나이 51세(1905) 때에는 이른바 을사보호조약이 체결되어 외교권을 박탈당했다. 드디어 1910년에는 끝내 나라를 잃고 말았다.

이런 일련의 사건들이 터지는 동안에 조정에서는 이에 대처할 방책을 갖지 못했다. 민씨(閔氏) 일파의 친청(親淸) 수구파와 친일 성향의 개화파가 첨예하게 대립하여 싸움만 일삼을 뿐이었다. 게다가 관료들은 부패하여 매관매직이 공공연히 자행되고 있었다.

이와 같은 국가적 위기를 맞아 재야의 양심적인 지식인들은 어떻게 대응했는가? 세 갈래의 반응을 보이고 있다. 첫째는 의병운동이었다. 의병운동을 주도한 사람들은 무력으로 일본에 대항한 적극적인 지식인들이었다. 둘째는 애국계몽운동이었다. 1898년에 창간된 『황성신문』 『제국신문』 등을 통하여 지식인들은 일반인을 대상으로 한 계몽운동에 나섰고, 이후 이 운동은 더욱 확대되었다. 셋째는 은거생활이었다. 혼탁하고 어지러운 세상을 등지고 시골에서 조용히 생활하는 유형이다.

매천은 의병운동에 참여하지도 않았고, 애국계몽운동도 펼치지 않았다. 34세에 낙향하여 줄곧 향리에서 살았으니 굳이 분류하자면 은거생활을 했다고 말할 수 있다. 여기에 매천의 고뇌가 있었다. 그는 각종 소식통과 관보 등을 통하여 당시의 정세를 정확히 알고 있었다. 그런 그가, 서울에 올라와 애국계몽운동을 펼치자는 친구의 권유도 뿌리치고 시골 생활을 하고 있었으니 마음의 갈등이 없을 수 없었다. 이러한 갈등을 그는 다음과 같은 시로 표현했다.

　맘 내키면 벗을 찾는 발걸음 가벼운데
　문 앞에선 글 읽는 소리 듣기도 역겨워라
　십 년 세월 시골에서 꽃을 보며 사는 동안
　거지반 인간들이 설경(舌耕)으로 늙어가네

　隨意相尋野屐輕　門前厭聽讀書聲
　十年湖海看花伴　强半人間老舌耕

1904년 50세에 쓴 「늦은 봄날 시골집에서」(村居暮春) 6수 중의 일부인데, 발걸음도 가볍게 친구를 찾아가 보지만 문 앞에서 들려오는 글 읽는 소리에 역겨워한다. 글 읽는 소리는 학동들의 글 읽는 소리다. 찾아간 친구는 학동들에게 글을 가르치는 훈장이었던 것이다. '설경'(舌耕)은 문자 그대로 '혀로 경작한다'는 뜻인데, 아동들에게 글을 가르쳐서 먹고산다는 말이다. 국가의 존망이 걸린 위기의 시대에 학문이 높고 생각이 깊은 선비가 나라를 위해 일해야 하는데 시골구석에서 고작 훈장 노릇으로 늙어가는 것이 못마땅했던 것이다. 이 못마땅함은 곧 자기 자신에 대한 못마땅함이기도 하다.

　이 시를 쓰기 전해에 그는 서울에서 애국계몽운동을 펼치고 있던 이기(李沂)라는 친구로부터 자기를 질책하는 편지를 받은 바 있었다. "비록 지극히 어리석은 소인도 그 두려움을 아는데 형은 산림에 높이 누워 글을 읽고 시를 얘기하며 편안하게 스스로 즐기고 있다"며 그를 질책했던 것이다. 이 편지를 받고 매우 괴로워했지만 그는 어쩔 수 없었다. 이렇게 괴로워하는 사이에 이른바 을사보호조약이 체결되자 민영환·조병세·홍만식은 자결했고 각지에서 의병이 봉기했다. 이듬해에는 최익현이 대마도에서 순국했고 그 이듬해에는 이준 열사가 헤이그에서 자결했다. 1909년에는 그에게 따끔한 충고를 해주던 이기마저 스스로 목숨을 끊었다.

그러나 그는 아무 일도 할 수 없었다. 치미는 울분을 시로써 달랠 수밖에 없었다. 그래서 그는 을사조약 이후 나라를 위해 목숨을 끊은 의로운 인사들의 공적을 기리는 시를 쓰는 일에 정열을 쏟았다. 그러나 그렇다고 해서 당대 최고의 지식인이었던 그의 고뇌가 사라질 리가 없었다. 드디어 1910년 국치(國恥)의 날이 닥쳤을 때 그는 미련 없이 생을 마감했다. 을사조약 이후 뜻있는 인사들이 줄지어 자결하는 것을 보고 그는 죽을 명분을 찾고 있었을 것이다. 이제 "무궁화 이 강산 이미 없어져" "새와 짐승 슬피 울고 강산도 찡그리는" 때를 당하여 더 이상 살아야 할 명분이 없어진 것이다. 붓 하나만으로 버텨온 자기 나름의 사명감도 사라진 마당이다. 스스로 목숨을 끊으면서 그가 남긴 마지막 말, "글 배운 사람 구실 참으로 어렵구나"는 고뇌하는 지식인의 처절한 외침이다. 비록 그러하지만 매천은 끝까지 지식인의 품위를 잃지 않은 올곧은 선비였다.

의를 좇는 지식인, 퇴계 이황

근대 이전의 지식인은 선비(士) 또는 군자(君子)에 해당할 것이다. 선비의 개념은 『논어』에 정확히 정의되어 있다.

증자(曾子)가 말하기를 "선비는 뜻이 광대하고 강인하지 않으면 안 된다. 그 임무가 무겁고 길이 멀기 때문이다. 인(仁)으로 자기의 임무를 삼으니 무겁지 아니한가. 죽은 뒤에야 그칠 것이니 (갈 길이) 또한 멀지 아니한가"라 했다.

"인(仁)을 자기의 임무로 삼고" 죽을 때까지 그 임무를 수행해야 하는 선비는 말하자면 재주와 덕이 높으며 지혜롭고 현명한 사람이어서 도덕적으로 완벽한 인품을 갖춘 인물이라 할 수 있다. 여기에 덧붙이자면 선비는 독서하는 지식인으로 분류될 수 있을 것이다. 연암 박지원은 「원사」(原士)라는 글에서 "한 선비가 독서를 하면 그 은택이 사해(四海)에 미치고 그 공이 만세에 드리워진다"고 말했다. 그만큼 선비 즉 지식인의 존재가 막중한 것이다. 연암은 또 같은 글에서 선비의 참 모습을 이렇게 비유했다.

> 내가 말하는 선비란, 그 뜻은 어린아이와 같으며 그 모습은 처녀와 같이 하여 평생 문을 닫아걸고 독서하는 자이다. 어린아이는 비록 연약해도 그 사모하는 것이 전일(專一)하고 처녀는 비록 졸박(拙樸)해도 그 지키는 것이 확고하다.

어린아이가 사모하는 것은 어머니의 품일 것이다. 어린아이는 어떠한 경우에도 어머니의 품만을 오로지 그리워한다. 처녀가 지키는 것은 순결일 것이다. 순결을 잃으면 처녀가 아니기 때문에 처녀는 목숨을 걸고 순결을 지킨다. 선비가 어린아이와 같고 처녀와 같아야 한다는 말은, 어린아이나 처녀와 같이 '전일'하게 사모하는 것이 있고 확고히 지키는 것이 있어야 한다는 말이다.

그러면 선비가 사모하고 지키는 것은 무엇이어야 하는가? 다름 아닌 도(道)와 의(義)다. 도는 다소 추상적인 개념으로 일반적인 진리를 지시하거니와, 선비의 덕목으로 중시되는 것은 의다. 의는 공자 이래 맹자에서 특히 강조되었다. 맹자는 말하기를 "인(仁)은 사람의 편안한 집이고, 의(義)는 사람의 올바른 길이다. (그런데도) 편안한 집을 비워두고 거처하지 않으며 올바른 길을 버리고 그 길로 걸어가지 않으니 슬픈 일이다"라 했다. 의는 사람이 걸어갈 올바른 길이라 했으니 삶의 올바른 방향인 셈이다. 맹자는 또 "생(生)도 내가 바라는 것이고 의(義)도 내가 바라는 것인데 이 두 가지를 함께 얻을 수 없으면 생을 버리고 의를 취할 것이다"라고 말하여 목숨과 맞바꿀 만한 것이 의임을 강조하고 있다. 의 또는 의리는 국가에 대한 의리, 임금에 대한 의리, 친구에 대한 의리 등 인간생활 전반에 걸쳐 모든 행위의 규범이 된다.

34세에 문과 급제하여 벼슬길에 나아간 퇴계(退溪) 이황(李滉)의 일생은 은퇴와 출사의 반복이었다. 이 과정에서 그를 가장 괴롭혔던 것은 임금에 대한 의리였다. 출사와 은퇴를 반복했지만 그의 본심은 은퇴 쪽에 있었다. 평생을 꼿꼿한 선비로 살아온 퇴계가 임금의 간곡한 권유를 뿌리치고 수차례 은퇴를 고집한 데에는 그 나름의 이유가 있었겠지만 그가 밝힌 은퇴의 명분은, 자신이 벼슬하는 것이 '군신지의'(君臣之義)에 합당하지 않다는 것이었다. 1558년의 '무오사직소'(戊午辭職疏)에 이 점이 분명히 드러나 있다.

　무엇이 의입니까? 일의 마땅함입니다. 그런즉 어리석음을 감추고 자리를 차지하는 것이 마땅한 일입니까? 병으로 일을 보지 못하면서 국록만 먹는 것이 마땅한 일입니까? 헛된 명성으로 세상을 속이는 것이 마땅한 일입니까? 옳지 않은 줄 알면서도 벼슬에 나아가는 것이 마땅한 일입니까? 직책을 다하지 못하면서 물러나지 않는 것이 마땅한 일입니까? 이 다섯 가지 마땅하지 않은 점을 지니고 조정에 있다면 신(臣)의 의는 어떻게 되겠습니까? 그러므로 신이 감히 벼슬에 나아가지 않는 것은 단지 '의'라는 한 글자를 성취하고자 함입니다.

여기서 말한 은퇴의 이유를 그대로 믿기는 어렵겠지만 퇴계는 당시의 상황에서 벼슬한다는 것이 임금에 대한 신하로서의 의리가 아니라고 판단한 것은 분명하다. 사실상 의는 시대와 상황 그리고 개인의 처지에 따라서 그 기준이 다양하게 규정되기도 한다. 퇴계도 기대승(奇大升)에게 보낸 한 편지에서 "대개 의(義)가 있는 곳은 사람에 따라 때에 따라 변해서 일정하지 않다"고 말한 바 있다. 그러므로 그 당시 그의 처지에서는 물러나는 것이 의로운 일이라 생각한 것이다. 기대승에게 보낸 또 다른 편지에서 "무릇 선비가 세상에 태어나서 혹은 벼슬에 나아가기도 하고 혹은 물러나기도 하며, 혹은 때를 만나기도 하고 혹은 때를 못 만나기도 하지만 그 귀결은 몸을 깨끗이 하고 의를 행할 뿐이요, 화와 복은 논할 바가 아니다"라 말한 것을 보면 퇴계의 처신은 오직 의에 따라 이루어졌음을 알 수 있다. 벼슬을 함으로써 누릴 수 있는 부귀영화를 마다하고 도산(陶山)에 은거하며 학문에 정진한 퇴계에게서 우리는 오직 의에 따라 살다 간 고결한 지식인의 전형을 발견하게 된다. 퇴계에게 의(義)는, 어린이가 사모하는 어머니의 품과 같고 처녀가 지키려는 순결과 같은 것이었다.

비판적인 지식인, 남명 조식

퇴계와 같은 해에 태어나 70여 년을 같은 경상도 땅에 살면서 경상도의 학풍을 좌우로 양분했던 남명(南溟) 조식(曺植)은 평생 벼슬하지 않고 포의(布衣)의 선비로 지냈다. 그는 늘 칼을 차고 다녔다고 한다. 그리고 그 칼에 "안으로 마음을 밝히는 것은 경(敬)이요, 밖으로 행동을 결단하는 것은 의(義)이다"라는 명(銘)을 새겼다. 그래서 그 칼을 후세에 '경의검'(敬義劍)이라 부르는데 아무래도 이 칼이 환기하는 이미지는 경보다는 의에 가깝다. 불의와 타협하지 않는 의연한 기상, 칼로 자르는 듯한 결단력 이것이 남명의 기상이다.

과거(科擧)를 보지 않고 재야에 있었던 그에게 임금은 여러 차례 벼슬을 내렸지만 그는 이를 단호히 거절했다. 그것이 의라고 생각했기 때문이다. 그러나 그의 의리정신은 벼슬을 사양하는 데에 그치지 않았다. 1555년 명종(明宗)은 그에게 세 번째 벼슬을 내려 단성현감에 임명했으나 역시 사양하면서 장문의 상소문을 올렸는데 이것이 유명한 '을묘사직소'(乙卯辭職疏)이다.

　또 전하의 나랏일이 이미 그릇되었고 나라의 근본이 이미 망했으며 하늘의 뜻은 이미 떠나버렸고 민심도 이미 이반되었습니다. 비유하자면, 백년 동안 벌레가 그 속을 갉아먹어 진액이 이미 말라버린 큰 나무가 있는데 회오리바람과 사나운 비가 어느 때에 닥쳐올지 전혀 알지 못하는 것과 같으니, 이 지경에 이른 지가 오랩니다. …… 자전(慈殿)께서는 생각이 깊으시기는 하나 깊숙한 궁중의 한 과부에 지나지 않고, 전하께서는 어리시어 다만 선왕의 한 외로운 아드님이실 뿐이니, 천 가지 백 가지의 천재(天災)와 억만 갈래의 민심을 어떻게 감당해내며 무엇으로 수습하시겠습니까?

여기서 남명은 당시의 조정을 신랄하게 비판하고 있다. 뿐만 아니라 명종과 수렴청정을 하고 있던 문정왕후에 대해서도 불경한 언사를 거침없이 쏟아내었는데 아마 임금과 대비를 이렇게까지 노골적으로 야유한 상소문은 일찍이 없었을 것이다. 이 상소문을 읽고 명종은 왕대비를 모독하였다 하여 그에게 벌을 내리려 하였으나 주위 신하들의 만류로 벌을 면하게 되었다. 남명은 이렇듯 왕과 대비에 대해서도 자신의 소신을 당당하게 피력할 수 있는 선비였다. 그만큼 남명의 출처관(出處觀)은 철저했다. 그 후 선조가 즉위하여 그를 두 번이나 간곡하게 불렀지만 나아가지 않았다. 그럼에도 불구하고 1571년 큰 흉년이 들었을 때 남명을 늘 그리워하던 선조는 시골에서 가난하게 지내는 남명의 생활을 걱정하여 경상감사에 명하여 그에게 음식물을 내려 보냈다.

사십 년 동안 쌓인 온 몸의 허물을
맑은 못의 천 섬 물로 다 씻어버리리
만일에 티끌이 오장에 생긴다면
지금 당장 배를 갈라 물에 흘러 보내리라

全身四十年前累　千斛清淵洗盡休
塵土倘能生五內　直今刳腹付歸流

「냇물에서 목욕하다」(浴川)라는 제목의 시인데 남명의 기상이 잘 드러나 있다. 이러한 기상을 지녔기에 임금 앞에서도 당당히 자신의 소신을 펼칠 수 있었을 것이다. 그리고 이러한 기상은 확고히 지키는 바가 있는 선비만 이 가질 수 있는 고귀한 품성이 아닐 수 없다.

저항하는 지식인, 교산 허균

교산(蛟山) 허균(許筠)은 명문인 양천(陽川) 허씨 가문 출신으로 26세에 문과에 급제하여 벼슬길에 나섰다. 그러나 그의 사환생활은 순탄하지 않았다. 지나친 재주와 자유분방한 성격 탓이었다. 그는 지방관으로 있다가 여러 번 탄핵을 받아 파면되었는데 여성과 관련된 그의 사생활이 문제된 경우가 많았다. 실제로 그의 여성 편력은 화려하기 그지없다. 그의 문집에 등장하는 기생만도 십수 명에 달한다. 의주에서 자기와 잠자리를 같이한 기생이 열두 명이나 된다고 스스로 말하기도 했다. 이러한 그의 행적을 두고 후일 안정복(安鼎福)은 이렇게 비판했다.

균(筠)은 총명하여 문장에 능했으나 품행이 방정치 못하여 상중에도 고기를 먹고 자식을 낳았다. 사람들이 모두 그를 비웃자 스스로 사류(土類)

에 용납되지 못함을 알고 부처에 의탁하여 밤낮으로 절하고 불경을 외워 지옥에 떨어지는 걸 면하려 했으며, 앞장서서 말하기를 "남녀의 정욕은 천(天)이고 윤기(倫紀)의 분별은 성인의 가르침이다. 천(天)은 성인보다 더 높은 것이니 차라리 성인을 어길지언정 감히 천(天)이 품부(稟賦)해준 본성을 어기지 않겠다"라 했다.

이 말이 어디까지 사실인지 알 수 없지만 허균이 인간의 본성을 속박하는 중세적 예교(禮敎)에 얽매이지 않으려 했던 것은 사실이다. 그가 벗어나려고 했던 중세적 예교는 성리학적 가치관에 바탕을 두고 있는데 그는 이 완강한 성리학적 질서에 저항을 했던 것이다. 그가 살고 있던 시대는 성리학이 절대적인 아성을 구축하고 있어서 이에 저항한다는 것은 대단한 용기가 필요한 일이었다. 그의 일련의 행동이 타고난 기질에서 연유한 부분이 많은 것은 사실이다. 그는 어느 친구에게 준 편지에서 "저는 평생 자신을 익히 헤아린바, 비유컨대 강의 물고기나 들의 새와 같아서 연못에서는 살 수 없고 새장 속에서 길들일 수 없습니다"라 하여 타고난 본성이 얽매이기를 싫어한다고 했다. 그렇다고 해도 당시 교조적 이데올로기로 군림했던 성리학에 소극적으로나마 저항할 수 있었다는 것은 지식인만이 누릴 수 있는 특권이라 할 수 있다.

그는 39세에 삼척부사로 부임했다가 13일 만에 다시 파직된 적이 있었는데 이때의 파직 사유는 불교를 신봉한다는 것이었다. 사헌부에서는 그가 "불경을 외우고 평소에도 중의 옷을 입고 부처에게 절을 한다"고 하여 탄핵했다. 그는 파직을 당하고서도 자신의 행동이 잘못되었다고 생각하지 않았다. 파직당한 직후 최천건(崔天健)에게 보낸 편지에서 다음과 같이 말했다.

저는 세상과 어긋나서 죽고 삶, 얻고 잃음을 마음속에 개의할 것이 없다고 여겼습니다. 그래서 차차 노자(老子), 불도(佛道)의 무리를 따라 거기에 의탁하여 스스로 도피한 적이 오랜지라 저도 모르게 젖어들어 더욱 불경(佛經)을 좋아하게 되었습니다.……읽으면 읽을수록 더욱 아득하여 정신이 팔극(八極)의 밖에 노니는 듯하였습니다. 그래서 항상 이 책을 읽지 않았다면 아마 일생을 헛되게 보냈으리라고 말하곤 했습니다.

그는 불경을 좋아했음을 시인했다. 퇴계에 의하여 동방의 이단 중에서 가장 폐해가 심한 것으로 규정된 불교와, 성인을 업신여기고 예법을 멸시한다고 이단시되어온 노장(老莊)에 빠져든 이유를 그는 "세상과 어긋났기"(畸於世) 때문이라고 했다. 또 다른 글에서도 자신이 "세상과 화합하지 못한다"(不與世合)라 말했는데, 세상과 어긋나고 세상과 화합하지 못한다는 것은, 성리학적 윤리규범과 봉건적인 통치 질서에 따라 지배되는 당시의 가치관을 받아들일 수 없었다는 것을 의미한다. 그러므로 그의 분방한 남녀관계나 불교에 대한 호감은 본질적으로 기존 질서에 대한 저항의식에서 나온 것이라 할 수 있다. 이런 저항적 지식인에 의해서 역사가 한 단계 발전됨은 말할 필요도 없다.

백성의 편에 선 지식인, 다산 정약용

지식인으로서 다산(茶山)의 업적과 역할에 대해서는 널리 알려진 바와 같다. 다만 여기서는 다산사상의 저류를 이루고 있는 애민정신이 극적으로 구체화된 일화 한 가지를 소개하고자 한다. 다산은 28세 때 문과에 급제한 이래 정조의 각별한 총애 속에서 경륜을 펼쳐나갔다. 그러나 그를 시기하고 모함하는 무리들의 집요한 공격 때문에 귀양 아닌 귀양살이도 했고 한직으로 좌천되기도 했지만 그때마다 정조가 그를 돌보아주었다. 반대파들의 공격이 심해지자 36세 때에는 정조도 하는 수 없어 그를 황해도 곡산부사로 내보냈다. 떠나기 전 여러 대신들에게 하직인사를 하니 모두들 말하기를 "곡산 땅의 죄인 이계심(李啓心)이란 자를 체포하여 처형하라"고 권유했다.

이계심은 전임 부사의 비리에 항의하기 위해서 백성 천여 명을 모아 사또에게 억울함을 호소하러 갔는데 사또가 이들에게 형벌을 내리려고 하니 백성들이 이계심을 둘러싸고 대신 벌 받기를 청하였다. 이에 아전들이 백성들에게 곤장을 치고 백성들이 흩어지는 와중에 이계심도 도망가서 숨었다. 다산이 곡산에 부임할 때까지 그는 잡히지 않고 전국에 지명수배된 상황이었다. 이 사실이 와전되어 서울에서는 "곡산의 백성이 들것에다 부사를 담아 객사 앞에 내버렸다"는 소문이 났으니 이계심은 말하자면 극악무도한 죄인이었다.

다산이 곡산 땅에 들어서자 그런 이계심이 스스로 다산 앞에 나타났다. 그리고 그의 손에는 '백성을 병들게 하는 12가지 조항'을 적은 호소문이 들려 있었다. 당장 잡아들이자는 주위의 요청을 물리치고 다산은 그를 따라오게 하여 관청에 이르러 이렇게 말했다. "한 고을에 모름지기 너와 같은 사람이 있어 형벌이나 죽음을 두려워하지 않고 만백성을 위해 그들의 원통함을 폈으니, 천금은 얻을 수 있을지언정 너와 같은 사람은 얻기가 어려운 일이다. 오늘 너를 무죄로 석방한다." 그리고 이 사건을 불문에 붙였다.

다산의 애민정신은 이렇게 철저했다. 사실상 애민사상은 새롭게 내세울 것이 못 된다. 『서경』(書經)의 "백성은 나라의 근본이니 근본이 튼튼해야 나라가 편안하다"는 구절 이래로, 그리고 맹자가 이를 거듭 강조한 이래로 애민사상은 모든 유학자들이 지향해야 할 절대 명제였다. 그러나 다산 시대에 오면 이 사상은 그저 겉으로 표방하는 구호가 되어버린 것이 사실이다. 다산은 이 껍질만 남은 사상에 실체를 채우려 했다. 그 결과가 『목민심서』와 같은 저술로 구체화되었고, 이계심 사건에서 보듯 다산 자신이 몸소 이를 실천했던 것이다.

우리의 언어세계 가다듬기, 삶의 경외감 회복하기

김찬호 성공회대 교수 · 문화인류학

" 우리의 언어의 격조가 사라지는 것은 진지하게
귀 기울여주는 상대가 없기 때문이다.
나의 발언이 수용되지 못하리라는 불안이 과장되고
자극적인 언어를 양산한다. 그럴수록 서로에게 귀를 닫아버린다.
그 악순환의 고리에서 벗어나려면 우선 자기 과시나
지배에 대한 강박을 내려놓고 상대방에게 온전히 향하는
마음을 불러와야 한다.
폭언, 극언, 망언, 실언, 허언 등으로 소란한
우리의 언어 세계를 가다듬고 의미의 비옥한 터전으로
일궈가는 일은 궁극적으로 삶에 대한 경외감을
회복하는 가운데 이뤄진다. "

인간과 언어 그리고 마음

인간은 생물학적으로 매우 불완전한 채 탄생한다. 뇌는 크지만 태생적으로 깔려 있는 프로그램이 빈약하다. 예를 들어 다른 동물들은 먹어서는 안 되는 음식을 본능적으로 구별할 줄 알지만 인간은 그렇지 못하다. 기어다니기 시작할 무렵의 어린 아이들은 뭐든지 손에 쥐면 입에 넣는다. 그래서 아이들이 가장 먼저 배우게 되는 말 가운데 하나가 바로 '지지'라는 단어다. 무엇을 먹으면 안 되는지 어른에게서 일일이 배워야 하는 것이다. 그 외에 여러 가지 생존의 기술들을 계속 배워나가야 하는데 그 모든 과정에서 언어는 필수불가결하다. 만일 갓난아이가 언어를 제대로 배우지 못하면 정상적으로 성장하기 어렵다.

그런데 인간에게 언어는 실용적인 정보나 생활의 기술을 전달하는 도구 이상의 무엇이다. 인간은 언어를 통해서 자아를 형성해간다. 아주 어릴 때 인간으로부터 격리되어 동물과 함께 자라난 아이들이 뒤늦게 발견되는 경우가 종종 있는데, 그들은 예외 없이 보통 사람으로 살아가는 것이 불가능하다. 타인과 상호작용할 수 있는 인격이 전혀 형성되지 않았기 때문이다. 성장 과정에서만이 아니다. 어른이 되어서도 우리는 그 누군가와 소통하는 가운데 자신의 정체성을 확인하고 행복감을 느낀다. 북유럽의 양로원에서는 '오늘도 아무도 나에게 말을 걸어오지 않았다'라는 유서를 남기고 자살하는 노인들이 종종 있다고 한다. 말벗이 없다는 이유로 생을 포기하는 노인을 가리켜 정신적인 결함이 있다고 말하기 어렵다.

한국인들의 휴대폰 통화 시간이 세계에서 가장 길다는데, 그 통화 가운데 절반 이상은 꼭 주고받지 않아도 되는 내용이리라. 라디오 프로그램마다 청취자들의 이런저런 사연들이 답지하는 것도 마찬가지다. 그 누군가에게 자신의 이야기가 들려진다는 것만으로도 기쁨이 되기 때문이다. '나는 접속한다. 고로 존재한다'는 말대로 사회적 동물인 인간은 타인과 관계를 맺으면서 자신의 존재감을 확인한다. 관계 맺기의 핵심은 소통이다. 우리는 언어를 통해서 마음을 빚는다. 발언을 통해 자아를 증명한다. 거기에서 형성되는 의미의 공간은 곧 인격의 거처가 된다. 오늘 우리의 언어는 어떠한 삶의 질료가 되고 있는가. 사방팔방으로 증식하는 미디어 환경 속에서 폭주하는 정보는 사람과 사람 사이를 어떤 방식으로 이어주는가.

욕설과 폭언의 사회심리

길을 걷다가 어느 대학생 두 명이 나누는 말 가운데 한 마디가 귀에 스쳐 지났다. "씨발, 좆됐어!" 어떤 상황을 두고 그렇게 표현했는지는 알 수 없었지만, 뭔가 곤란한 일이 생긴 것이 분명하다. 그 말을 글자로 옮겨서 어색하고 매우 쌍스러운 욕지거리로 들리지만, 실제로는 매우 자연스러운 말투였다. 요즘 젊은이들에게 그런 정도의 화법은 일상적으로, 친구들끼리는 흔히 그렇게 편하게 표현한다. 그런데 어디에서나 흔히 들을 수 있는 그 말이 그날 따라 새삼스럽게 들리면서 문득 궁금해졌다. 저 친구가 졸업 후에 취직하면 직장 상사에게 저 상황을 어떻게 표현할까. '과장님, 오늘 저 좆되었습니다' 이렇게 할 수는 없지 않을까.

생각해보면 요즘 젊은이들은 거의 또래끼리만 소통한다. 형, 언니, 오빠, 누나의 존재가 사라져간다. 형제자매의 수는 크게 줄었고, 가족 바깥에서 나이 차를 넘어선 관계는 거의 맺어지지 않는다. 애인을 오빠라고 부르는 정도다. 나이 한 살 차이를 가지고서도 위아래를 엄격하게 구별하는 경직된 위계 문화, 그리고 그에 따라 적절한 호칭을 붙여야 하고 존댓말과 반말을 정확하게 구사해야 하는 언어 풍토 속에서 연령 차를 넘어선 소통은 불편하게 마련이다. 가족 구조와 사회 문화의 변화 속에서 그것은 점점 더 어려워지는 듯하다. 무엇보다도 서로 접촉할 수 있는 기회가 줄어들고, 그럴수록 나이 차가 있는 만남은 어색해진다. 그 결과 자꾸만 동갑끼리의 관계로만 간히는 경향이 농후하다.

그 관계 속에서 주고받는 언어의 특징은 매우 직설적이고 즉흥적이고 단편적이다. 청소년들이 자주 내뱉는 "짜증 나!" "아, 됐어!" 같은 표현, 그리고 일상어의 필수요소처럼 굳어져버린 욕설이 그 전형이라고 볼 수 있다. 감정을 여과하거나 승화하지 않고 그대로 내뱉는다. 가능하면 거칠게 쏘아붙인다. 그렇게 하면 왠지 멋있어 보이고, 욕을 접착제로 하여 유대가 더욱 돈독해지는 듯한 느낌을 갖는다. 그래서 예전과 달리 공부를 잘하고 성실한 아이들도 욕을 습관화하는 경우가 많다. 그러한 언어문화에 깔려 있는 사회적 맥락과 심리적 효과에 대해 어느 대안학교 교사는 아래와 같이 쓰고 있다.

요즘 아이들은 무수한 채널을 통해 누군가와 대화를 하고 서로 연결되어 있다는 느낌 그 자체를 소통이라고 여기는 듯하다. 눈 뜨자마자 문자를 확인하고 이동 중에도 일거수일투족 메시지를 즉시 주고받으며 미니홈피나 미투데이를 통해 혹은 메신저나 채팅을 하면서 누군가와 항상 온라인 상태에 있다. 그럴 때 편리한 표기나 표현법을 전략적으로 만들어낸다. 그들끼리만 통하는 은어, 줄임말, 낯선 표기법, 이모티콘 등으로 다른 세대들과 소통에 진입장벽을 높이고 있다. (중략)

그렇다고 해서 그들끼리 진지하게 이야기를 나누고 교감하는 것 같지는 않다. 그들의 상호작용은 종종 무시와 즉각적인 반사로 나타나며, 우정과 생활에 대한 소소한 탐구라는 영역이 증발되어 있다. 다시 말하면 이야기가 사라졌다는 말로 대신할 수 있다. 자신의 일상, 배움, 경험 등이 모두 이야기가 될 수 있으며 이를 나누는 것이 소통인 줄 모른다. 자신의 속내는 어디 온라인 공간에서 익명으로 상담하고, 남의 사연은 드라마와 영화를 통해 엿본다. 그러니 소통이란 단어 자체는 익숙해도 그 행위에는 낯설다. 그리고 이야기가 증발된 자리에 대신 맥락 없는 감정이 차지한다. 그들에게는 '짱나'는 일들뿐이며 '좆나'는 일상이니 욕으로 채울 수밖에 없다.

• 최경미, 「다들 욕보고 있습니다」, 『민들레』 64호, 2009

생각해보면 이는 정도의 차이만 있을 뿐이지, 어른들의 언어도 그런 성향으로 변질되어가는 징후가 뚜렷하다. 초고속 변화에 쫓기는 심경에서는 자신의 경험이나 느낌을 언어로 정제하기 어렵다. 자기를 입증하지 않으면 도태되거나 무시당한다는 생각 속에서 발언에 대한 강박을 갖기 쉽다. 그리고 세상에 대한 두려움 또는 분노가 증폭되는 삶 속에서 그 에너지를 표출할 통로로서 언어가 도구화된다. 그런 동기에서 이뤄지는 발화는 타인에 대한 공격의 형태를 띠기 일쑤다. 이른바 막장 드라마를 가득 채우는 난폭한 대사들, 각종 오락 프로그램에서 상대방을 내리깔고 조롱함으로써 웃음을 자아내려는 능욕의 표현들이 그것이다. 그러한 어법은 시청자들의 정서를 투영하면서 또한 재생산한다. 드라마와 개그 프로그램을 욕하면서도 자꾸만 켜게 된다고 하소연하는 이들이 종종 있는데, 거기에서 배양하고 살포하는 감정에 중독되었기 때문이다.

허언, 겉도는 말의 거품

도시 곳곳에서 마주하는 비석들이 있다. 차량이 많이 통과하는 대로 한복판 또는 길가에 세워져 있다. 거기에는 검은 글씨로 큼지막하게 씌어 있다. "바르게 살자"(나는 이것을 볼 때마다 세종대왕께 새삼 고마움을 느낀다. 한글로 써놓아 많은 외국인들이 알아보지 못할 것이기 때문이다). 행인들은 그 글귀를 읽으면서 어떤 느낌을 가질까. 그것을 세운 단체의 의도는 무엇일까. 자신의 존재 이유를 위압적으로 그러나 매우 촌스럽게 내세우는 조형물을 그런 장소에 버젓이 세울 수 있는 시스템과 풍토가 놀랍다. 시민들이 그것을 보면서 수치심과 모멸감을 느끼지 못한다면 마음의 품격이 그만큼 저열한 수준에 머물러 있기 때문이다.

국가 주도의 근대화를 숨가쁘게 진행해오면서 동원과 훈령의 수사들이 일상의 언어세계를 짓눌러왔다. 국민교육헌장이 그 범례다. 그 어디에도 삶의 깊은 곳에서 배어 나오는 결이 없다. "민족중흥의 역사적 사명을 띠고 태어났다"는 선언은 그렇다 치더라도, 경애, 신의, 상부상조, 명랑하고 따뜻한 협동정신처럼 보편적인 가치를 가리키는 표현들도 딱딱하게 굳어 있는 느낌이다. 학교 교장 선생님의 훈화나 대통령의 담화문에 아무리 미사여구를 많이 집어넣어도 와 닿지 않는 경우가 많다. 기본적인 얼개가 권위주의에 토대하고 있기 때문이다. 가슴으로부터 우러나온 말이 아니기 때문이다.

그런데 소중한 가치들을 경직되고 고루한 틀에 가두어놓는 언어는 지금도 꾸준하게 생성되고 있다. 초 · 중 · 고등학교 건물이나 교문에 걸어놓은 표어나 교훈을 보자. '꿈과 사랑이 넘치는 학교' '슬기로운 사람, 참되고 착하고 아름답게' '펼치자 꿈을, 나가자 세계로' '성실, 협동, 긍지'…… 관청에서 내걸은 현수막이나 간판에서도 그와 비슷한 수사를 보게 된다. '청소년은 미래의 희망' '오늘도 밝고 행복한 하루 되세요' '활기찬 ××구', '아름다운 ××'…… 그리고 언제부터인가 지자체의 명칭 앞에 smart, active, dynamic, nice, powerful, colorful 등의 영어 형용사를 붙이는 것이 유행처럼 번지기 시작했다. 이 모든 표현들은 우리가 지향하거나 소망하는 고결한 가치들이다. 그러나 그것이 제대로 맥락화되지 못하면 오히려 무의미한 겉치레로 끝난다. 그런 말들이 남발될수록 공공의 언어는 생동하는 힘을 잃을 수밖에 없다.

공허한 언어가 구태의연하게 계속 재생산되는 영역으로 의례를 빼놓을 수 없다. 늘 문제로 지적되는 결혼식 주례사 등 거의 소통되지 못하는 말들이 각종 집회에서 판에 박힌 형태로 쏟아진다. 관청이 주관하는 공식 행사일수록 그 정도가 심한데, 각종 축사와 인사말이 대표적이다. 지역 축제나 동네 배드민턴 대회 같은 놀이 이벤트에서조차 구청장부터 국회의원·시의원·구의원에 이르기까지 유력 인사들의 체면 세우기 내지 얼굴 알리기를 위해 발언의 순서가 배정되어 진부한 내용과 표현으로 참석자들의 몸을 비틀게 한다. 그렇게 상투적인 말이 많아질수록 소통이 겉돌면서 삶은 헛돈다.

다른 한편, 최근에 학교나 관청이 내세우는 구호들 가운데 또 한 가지 두드러지는 것은 근거 없는 과장이다. 어느 일류대학은 홈페이지나 각종 홍보물 및 서류에 'The First & The Best'라는 슬로건을 달아놓고 있다. 지자체 쪽으로 가면 그 경쟁이 더 심해서, '으뜸' '일등' '최고' 등의 수식어를 마구 붙인다. 글로벌 엘리트를 키운다는 대학에서 그런 식으로 학교를 묘사하는 것은 학생들에게 오히려 퇴행적인 감각을 심어줄 뿐이다. 예를 들어 그 졸업생이 외국에 나가서 'I am from ×× University which is the first and best!'라고 자기를 소개한다면 어떤 반응을 불러일으킬까. 스스로를 최고니 일등이니 치켜세우는 것은 낯간지럽고, "너희는 우리 보다 못하지?"라고 우기는 어린아이의 말처럼 들린다.

리얼리티를 빚어내는 말의 힘

오래 전에 어느 택시 운전사에게서 들은 이야기 하나가 떠오른다. 새벽 4시쯤에 잡아 탄 택시의 운전사는 30대 여성이었다. 이런저런 대화를 나누다가 한 가지 궁금증이 생겨 슬쩍 물어보았다. 이렇게 늦은 새벽까지 손님들을 태우다 보면 술 취한 남성들도 적지 않을 것이고, 젊은 여성 운전자인 당신을 불편하게 하는 이들도 종종 만나게 될 듯한데, 그럴 경우 어떻게 대처하는가. 그분은 싱긋 웃으며 자기 나름의 응대하는 방식이 있다며 알려주었다. 우선 손님의 말투나 태도 등에서 왠지 치근덕거릴 것 같은 낌새가 느껴지면, 대화를 적극적으로 주도한다. 여러 가지 질문을 하고 답을 들으며 즐거운 분위기를 만들어놓고, 자연스럽게 세상에 대한 비판과 개탄을 한다. 그리고 나서 화제를 한국 남성들 쪽으로 옮겨간다. 요즘 남자들 치졸하기 짝이 없는 경우가 많고, 사람들 앞에서는 멀쩡하고 신사다운 척하지만 보이지 않는 곳에서는 엉큼한 본색을 드러내기 일쑤다. 이런 식으로 남자들에 대한 성토를 늘어놓은 다음에 던지는 한 마디가 결정적이다. "그런데 손님은 전혀 다르시네요. 참 점잖으시잖아요." 손님의 인격에 대한 극찬을 아끼지 않는 것이다. 효과는 백발백중이라고 한다. 그 칭찬을 들은 남자 승객들 치고 쓸데없는 말로 자신을 곤란하게 한 경우는 한 번도 없었다는 것이다.

이처럼 언어는 어떤 상황을 빚어내고 그 안에서 사람들의 행동 양식을 규정한다. 더 나아가 인간의 말에는 새로운 리얼리티를 창조하는 신비가 있다. 김춘수의 「꽃」에 나오듯 상대를 어떤 이름으로 불러주느냐에 따라 여러 가지 빛깔과 향기를 드러낸다. 부모나 교사의 한마디 격려가 아이의 눈빛을 반짝이게 한다. 의사의 말 한마디가 환자의 치유에 결정적인 보약이 된다. "당신이 진료 받으러 올 때까지 내가 살아 있을지 걱정입니다. 아무 문제없으니 20년 뒤에나 오세요." 중병으로 고생하다가 퇴원하는 환자에게 의사가 건넨 말이라고 한다. 의료 현장에서 의료진과 환자의 소통이 얼마나 중요한지에 대해 점점 인식이 분명해지고 있으며 의과대학에서도 그 방법을 연구하고 교육하는 데 힘을 쏟고 있다.

스포츠의 세계에서도 탁월한 지도자들이 언어의 마법을 잘 구사할 줄 안다. 2002년 히딩크가 보여준 '마술'의 절반은 '화술'이었다고 해도 과언이 아니다. 끝난 경기를 돌아보면서 그리고 다음 경기를 앞두고 자신의 생각과 각오를 드러낸 말들 가운데 지금까지도 일종의 어록처럼 남아 있는 명언들이 있다. 특히 선수들에 대한 자랑스러움을 드러내는 표현이 뛰어나다. 그 말들이 불러일으키는 용기와 열정은 선수들에게 한결 증폭되게 마련이다. 그리고 언론에 노출되지 않은 장면에서 선수들에게 건넨 수많은 말들이 개개인의 잠재력을 힘차게 두들기면서 팀 스피릿을 단단하게 다져갔다. 스포츠에서만이 아니다. 카리스마적인 리더들은 히딩크 감독처럼 말의 힘을 적절하게 활용한다.

그것은 엄밀하게 말해 '화술'만은 아니다. 이러이러한 상황에서는 이런 말로 동기를 부여하라는 식의 매뉴얼들이 많이 나와 있지만, 누구나 그 말을 한다고 해서 효험이 있는 것은 아니다. 코드나 기법보다 중요한 것은 그 아래 깔려 있는 마음이기 때문이다. 상대방의 존재 가능성을 진정으로 신뢰하지 않으면 아무리 좋은 표현들을 늘어놓는다 해도 빈말로 흩어져버리기 쉽다. 그 사람의 품격을 드높여주고자 하는 충심(衷心)이 넘쳐 언어로 담길 때 변화를 불러일으키는 힘이 된다.

아프리카에 '바벰바'라는 족속의 풍습 한 가지가 언어의 힘을 실감하게 해준다. 그 부족에서는 누군가가 잘못을 범하면 공동체 차원에서 대응한다. 마을 사람들 모두 한 자리에 빙 둘러 앉고 한가운데에는 죄를 지은 사람을 불러 세운다. 참석자 모두가 한 마디씩 하기 위해서다. 만인이 나서서 범죄자를 심문하고 성토하는 살벌한 인민재판을 연상케 하는 장면이다. 그러나 주민들의 입에서 나오는 말들은 전혀 다르다. 가운데 서 있는 주인공이 무슨 잘못을 했는지에 대해서는 일체 언급하지 않는다. 그 대신, 그 사람이 자신에게 잘해준 것, 그 사람이 그동안 공동체를 위해 베풀어준 미덕 등이 이야기된다. 어린아이에 노인에 이르기까지 한 사람도 빠짐없이 발언을 해야 한다. 중간에 막히거나 시간이 모자라면 흩어졌다가 다시 모이는 식으로 하는 이 의례는 며칠 동안 이어질 때가 많다고 한다. 그리고 이 부족은 다른 부족에 비해 범죄나 갈등이 매우 적다고 한다.

갈등으로 비화될 수 있는 상황을 지혜로운 언어의 힘으로 극복한 사례가 또 있다. 몇 해 전 청주의 어느 임대 아파트 화단에 팻말 하나가 세워졌다. "이 꽃들을 살려주세요." 내막은 이러했다. 수도요금이 밀린 주민들이 점점 늘어나 단수(斷水)라는 행정 조치를 취할 수밖에 없는 상황이 되었다. 그런데 수도국에서는 다른 방법이 없을까 고민하다가 화단에 꽃을 심고 그 팻말을 붙이기로 한 것이다. 주민들이 계속 요금을 체납하면 수도가 끊기고 그렇게 되면 이 꽃들이 말라죽을 테니 도와달라는 애원이었다. 다행히 주민들은 그 메시지를 너그럽게 받아들여 밀린 요금을 내기 시작했다고 한다. 지금 우리에게 필요한 것은 이렇듯 사람의 마음이 어떻게 움직이는가를 섬세하게 읽어내는 감수성, 그리고 그 결을 따라 행위의 질서를 빚어내는 언어다.

삶과 삼투하는 언어를 위하여

"장관이구먼, 가히 선경(仙境)이야. 이제 우리 세월도 서산을 기웃거리는 낙조 격이로구먼. 이 절경을 두고 백사는 백사가 아쉬워 어찌 갈꼬." "이 공간은 소리가 주인이야. 저 아이 여기 머물고 소리길 아직 한창인데. 그래서 별 걱정 없구만." 영화 「천년학」에 나오는 대사다. 주인공 송화의 스승이 어느 벗과 함께 화사한 봄빛이 스며드는 앞산을 마주하며 송화의 창(唱)을 들으면서 나누는 이야기다. 글로 써놓으니까 그 걸쭉한 맛이 느껴지지 않는데, 영화 속에서 이들의 말은 한 자락 노래처럼 운치가 있다. 인류는 말에 그러한 맛과 깔을 담아왔다. 그래서 지금도 시골의 노인들이 하는 말을 듣다보면 그 자체로 예술이라고 할 만큼 구성진 율동이 느껴질 때가 종종 있다. 그 안에는 당신이 살아온 세월의 무늬가 그 문화의 내음과 함께 짙게 배어 있다. '덕담'이라는 것도 바로 그러한 언어의 결정체 가운데 하나가 아닌가 한다.

오늘의 경박한 언어문화를 넘어서기 위해서는 삶의 내재율을 회복해야 한다. 자아의 안과 바깥을 넘나들면서 공명하는 마음, 그 드넓은 바탕에서 우러나오는 말에 품격이 실린다. 그러한 말을 통해 우리는 자신의 존재를 멋지게 표현하고 그 파장으로 타자와 이어지는 즐거움을 누릴 수 있다. 그러한 언어 공동체가 있으면 삶에서 부딪히는 어려움이나 고통을 한결 수월하게 극복해갈 수 있다. 사람을 힘들게 하는 것은 난관 그 자체이기도 하지만, 그에 얽힌 심경을 나누면서 의미를 새길 수 있는 관계가 없는 것이 고충을 가중시킨다. 그것은 언어 이전에 삶의 문제지만, 언어를 통해 삶의 생태계가 형성되는 것도 사실이다.

언어와 삶의 상호 삼투작용을 촉진하는 문화를 가꾸기 위해서는 다각적인 접근이 필요하다. 우선 청소년들이 말을 통해 자아를 다져갈 수 있는 교육 환경이 조성되어야 한다. '말하기'라는 것이 대학입시나 내신에서 평가되지 않기 때문에 늘 소홀하게 취급되는데, 학교 수업이나 학교 바깥에서의 여러 가지 활동을 통해 언술 능력을 키워가야 한다. 이를 위해 여러 차원의 훈련이 요구된다. 좋은 글을 또박또박 소리내서 읽거나 연극의 대사를 읊으면서 발성과 발음을 익힐 수 있다. 또한 외국어 공부를 할 때처럼 암기를 통해 자신이 자유롭게 사용할 수 있는 한국어의 단어와 구문의 범위를 확장하고 훌륭한 문장들을 낭독함으로써 표현의 역량을 향상시킬 수 있다. 언어적인 지성과 감성을 폭넓게 다지는 작업은 우리가 그토록 엄청나게 투자하는 영어공부에도 크게 도움이 된다. 외국어를 능숙하게 구사하기 위해서는 단순한 기능을 넘어서 언어를 통해 자아를 새롭게 창조해갈 수 있는 예술적 역량이 갖춰져야 하기 때문이다.

물론 수사(修辭)에만 치중해서는 안 된다. 자신의 생각을 심화하고 그것을 논리적으로 정돈할 수 있는 능력이 필요하다. 그리고 어떤 사실이나 상황을 객관적으로 서술하는 능력도 겸비되어야 한다. 이것의 예를 들자면 어떤 장소를 찾아오려는 사람에게 그 지리적인 위치를 정확하게 전달하는 언어 구사 같은 것을 말한다. 또는 어떤 장면을 보여주고 제3자에게 그것을 있는 그대로 묘사하는 말하기와 글쓰기 연습을 해볼 수 있다. 그러한 '기본'을 탄탄하게 다지는 가운데 자신의 언어에 대한 자신감이 생겨난다. 노숙인 등

소외계층을 위한 인문학 프로그램에서도 자기를 표현하고 현실을 기술하는 방법을 열심히 연마도록 하는데, 자기를 방어하거나 입증하고 정당한 삶의 자리를 확보하는 힘을 키우기 위해서다.

언어의 품격을 높이기 위한 또 한 가지 중요한 차원으로 공공문화에 대한 정책적 접근이 논의될 수 있다. 우선 앞서 언급한 언어의 공해를 수습해야 한다. 전혀 소통이 되지 않은 채 공허하게 겉도는 구호들, 관료적인 권위주의에 찌들어 있는 훈계들, 상투적으로 나열되는 인사치레의 표현들…… 갈수록 남발되는 이런 언어들을 정밀하게 진단하여 과감하게 삭제하는 조치가 필요하다. 아울러 대안적인 언어문화의 모델을 다양하게 제시해주어야 한다. 서울 광화문의 교보빌딩에 큰 현수막으로 시의 한 구절을 써 붙여 놓는데, 그런 시도들을 여러 가지 형식으로 응용해보는 것도 좋을 듯싶다. 마치 간판을 정비하듯이 공공문화의 질을 격상시킨다는 비전과 의지로 이런 작업을 추진해야 한다. 관련된 부서나 국책기관이 앞장서야겠지만 구체적인 작업에는 언어를 가꾸는 직업을 가진 문학인이나 문화계 인사들이 위원회 형식으로 참여하는 것이 바람직할 것이다.

언어를 넘어선 세계에 대한 경외심

오래 전 어느 국제 NGO 주최로, 태국의 관광지 파타야에서 벌어지는 외국인 대상 관광 매춘의 실태를 둘러볼 기회가 있었다. 그 프로그램의 일환으로, 한때 매춘업에 종사했던 여성들과 면담하는 자리가 마련됐다. 그들은 가난한 농촌 가정에서 태어나 이런저런 과정을 거쳐 그곳에까지 오게 된 사연, 거기에서 겪었던 고생과 수모에 대해 담담하게 술회했다. 이야기가 끝난 뒤 그 자리를 주관했던 어느 수녀님은 참석자들에게 질문할 시간을 주었다. 그러나 아무도 말문을 열지 않았다. 그 참혹한 인생역정의 사연을 듣고 차마 말을 잇지 못했던 것이다. 몇 분 동안 그렇게 침묵이 이어졌다. 어색하고 불편했지만, 누구도 그 분위기를 바꾸지는 못했다. 그때 수녀님이 입을 열었다. 거기에서 흘러나온 한 마디는 잔잔한 여운으로 지금까지 남아 있다. "저는 여러분의 그 침묵에서 많은 이야기를 들었습니다." 그 말씀을 듣고 보니 우리는 그냥 아무 생각 없이 입을 다물고 있었던 것이 아니었음을 깨달았다. 침묵의 언어가 그토록 육중할 수 있음을 새삼 확인했다. 아무 생각이 없거나 엉뚱한 곳에 마음이 가 있어서 말을 하지 않는 것이 아니라, 오히려 언어를 넘어선 차원에서 교감하고 공유하는 의미가 그 자리에 충만했던 것이다.

오늘 우리의 언어가 거칠어지고 쌍스러워지는 까닭은 근본적으로 우리의 마음이 어지럽기 때문이다. 저마다 가슴속에 부정적인 감정들이 가득 차 있다. 불안, 두려움, 질투, 적개심, 열등감, 죄책감, 수치심, 자기혐오처럼 탁한 기운이 짙게 깔려 있다. 그것은 언어를 통해서 타인에게 금방 전염되고 사회로 확산된다. 스스로 제어할 수 없는 감정을 공격적인 언사로 표출하면 본인은 해소될지 모르지만, 그 말을 듣는 사람들의 감정을 똑같은 색채로 물들인다. 감정의 낭비를 줄이고 평상심으로 삶의 균형을 유지하는 마음은 어디에서 깃드는가. 난폭함과 천박함으로 비속해지는 언어를 기쁨의 의미 세계로 바꿔내는 힘은 무엇인가.

'눌변'이라는 말이 있다. 더듬거리며 하는 서투른 말솜씨를 가리킨다. 그런데 여기에서 '눌'은 한자로 '訥'라고 쓰는데, 그 풀이를 찾아보면 '말을 더듬거리다'라는 뜻과 함께 '입이 무거워 말을 잘 하지 않는다'라는 뜻도 있다. 그리고 보니 '言'변에 '內'자가 붙어 있는 글자다. 말을 안으로 담아둔다는 의미가 되겠다. 실제로 옛날에는 '눌변'이라는 것이 부정적인 의미가 아니었다고 한다. 동양에서는 달변을 높이 평가하지 않았다. '빈수레가 요란하다'는 속담처럼, 너무 말을 유창하게 하는 사람은 오히려 겉치레만 그럴듯하게 늘어놓는 것 아닌가 하는 의심의 대상이 된다. 서양에서도 '침묵은

금이다'라는 격언처럼 말없음의 가치를 높게 사는 흐름이 있어왔다. 하고 싶은 말이 많아도 쏟아내지 않고 생각으로 곱씹고 삭이는 것이 결과적으로 더 큰 말이 될 때가 많다. 마구잡이로 남발되는 정보의 홍수 속에 살아가는 현대인에게 눌변의 미덕은 새삼스럽게 다가온다.

그런데 침묵은 단순히 말이 없음이 아니다. 언어를 넘어서 세계에 대한 경외심으로, 거기에서 울려나오는 의미를 겸허하게 기다리는 것이 침묵이다. 존재의 근원적인 바탕을 더듬으면서 보다 명료한 진실을 갈구하는 간절함이 거기에 있다. 말하자면 그것은 공백이 아니라 여백이다. 따라서 침묵은 경청의 이면이다(경청을 보통 한자로 '傾聽'이라고 쓴다. 기울일 '경'자로서 '귀를 기울인다'는 뜻이다. 그런데 '敬聽'이라는 한자어도 있다. 여기에서 '敬'은 영어에서 'mindful'이라고 풀이된다. 그러니까 '敬聽'은 '온 마음을 담아 듣기'라는 뜻이 되겠다). 우리의 언어의 격조가 사라지는 것은 진지하게 귀 기울여주는 상대가 없기 때문이다. 나의 발언이 수용되지 못하리라는 불안이, 과장되고 자극적인 언어를 양산한다. 그럴수록 서로에게 귀를 닫아버린다. 그 악순환의 고리에서 벗어나려면 우선 자기 과시나 지배에 대한 강박을 내려놓고 상대방에게 온전히 향하는 마음을 불러와야 한다.

폭언, 극언, 망언, 실언, 허언 등으로 소란한 우리의 언어세계를 가다듬고 의미의 비옥한 터전으로 일궈가는 일은 궁극적으로 삶에 대한 경외감을 회복하는 가운데 이뤄진다. 형언할 수 없는 존재의 깊이, 아직 드러나지 않은 그 무엇을 기다리는 무언(無言)의 경지에 이르러 살아 있음의 뉘앙스를 새삼 느낄 때 우리의 목소리는 청신한 빛깔로 재생된다. 품격 있는 언어는 내면의 울림으로 자아와 관계를 빚어내고 새로운 세계로 우리를 초대한다.

모국어 콘텐츠의 확충과
국가의 품격 높이기

박상익 우석대 교수 · 역사교육학

" 2008년 7월 28일부터 고려대 인촌기념관에서 거행된
   제18차 세계언어학자대회는 소수민족 언어에 대한
   언어학적 분석과 보존 계획 수립의 문제를 주요 의제로 삼고,
   인간은 자신의 모국어를 사용할 때 가장
   '창의적인 사고'를 할 수 있다고 선언했다.
   21세기에 우리의 독창적 문화를 창조하는 일이
   무가치하다고 판단하지 않는다면, 그리고 '국가의 품격'을
   끌어올리는 일에 조금이라도 관심이 있다면,
   번역을 통한 우리말 콘텐츠의 확충은
   결코 미루어서는 안 될 시급한 과제다."

일본보다 128년 늦은 '보수주의 경전' 번역

이명박 대통령과 더불어 '보수' 정부가 들어서면서 전에 없이 국가의 품격에 대한 담론이 무성했다. 그러면 도대체 '보수'란 무엇인가. 현 정부를 포함해 광복 이후 보수를 표방하는 정권이 줄줄이 들어섰지만, 정작 보수가 무엇인지에 대한 진지한 검토는 드물었다. 보수주의를 막연히 변화를 거부하고 기득권을 고수하려는 태도쯤으로 간주하는 경향이 있지만, 그와 같은 '맹목적 수구'는 '정치철학으로서의 보수주의'와는 거리가 멀다.

정통 보수주의는 에드먼드 버크가 1790년에 『프랑스혁명에 관한 성찰』에서 프랑스혁명에 대한 비판을 제기한 데서 기원한다. 버크 이후 오늘날까지 보수주의 정치사상은 버크의 사상을 세련되게 다듬고 확대한 것에 불과하다. 근대 이데올로기들 가운데 보수주의만큼 한 사람의 사상에 의존한 정치사상도 없다. 마르크스를 모르는 사회주의자가 있을 수 없다면, 버크를 모르는 보수주의자는 더더욱 있을 수 없다는 말이다.

버크의 보수주의는 18세기 계몽주의의 과도한 이성주의에 대한 반발로 출발했다. 그는 여러 대에 걸친 인간 경험의 진수인 관행·전통·편견이, 한 세대나 한 개인의 추상적 이성보다 훨씬 깊은 지혜와 통찰력을 가지고 있다고 믿었다. 그가 프랑스혁명을 반대한 것도 혁명 세력이 '인민주권'이라고 하는 추상적 권리를 앞세웠기 때문이다.

그러나 버크는 '전통 속에서 구체화된 자유'에 대해서는 전폭적으로 지지했다. 그는 1215년의 마그나 카르타와 1688년의 명예혁명의 정당성을 인정했을 뿐만 아니라 종교개혁의 필연성을 받아들였다. 버크는 종교개혁의 성과를 논하면서, 때때로 혁명적인 방법에 의하지 않고는 제거할 수 없는 악과 폐해가 과거에 있었음을 수긍하면서, 종교개혁의 혁명적인 과정이 역사발전의 위대한 순간이었음을 인정했다.

미국 독립 혁명에 관한 버크의 태도는 보수주의에 대한 우리의 막연한 선입견을 산산조각 내버린다. 그는 반란을 일으킨 자들은 아메리카 식민지인이 아니라 '영국 정부'라고 주장했다. 영국 정부는 영국인의 전통에 근거한 합당한 자유(대표 없이는 과세 없다)를 배반했고, 식민지인은 영국인의 후예로서 자유를 사랑하는 영국인의 기질을 이어받았으므로 마땅히 영국적인 권리를 가진다는 것이다.

정치학자 강정인 교수는 버크가 한국현대사를 본다면 어떻게 평가할 것인지를 시뮬레이션으로 보여준다(『에드먼드 버크와 보수주의』, 문학과지성사, 1997). 만일 5·16 쿠데타에 의해 성립된 3공화국에 대해서 어떤 세력이 혁명을 시도한다면 그 세력을 버크는 어떻게 평가할까? 10월 유신을 통해 성립된 유신정권에 대항하는 혁명은 어떻게 평가할까? 12·12쿠데타를 통해 집권한 5공화국을 혁명으로 전복하려는 세력에 대해서는 어떻게 평가할까?

답은 이렇다. 버크는 3·4·5공화국의 정권타도를 주장하는 혁명 세력의 정당성을 인정해주리라는 것이다. 왜냐하면 세 공화국에서 집권 세력이야말로 '헌정 질서를 폭력에 의해 전복한 반도(叛徒)'이며, 그에 대항하는 세력은 '기존의 헌정 질서를 회복하고자 하는 보수적이며 방어적인 세력'이기 때문이라는 것이다. 요컨대 박정희·전두환은 '보수주의의 적'이라는 말이다.

『프랑스혁명에 관한 성찰』은 보수주의의 '경전'에 해당하는 문헌이지만 광복 이후 60여 년 동안 우리말 번역이 없었다. 비유하자면 그동안 한국의 보수는 '한글 『성경』 없는 기독교'였다고나 할까. 평생 버크 이름 한번 들어본 적 없는 얼치기들이 보수의 탈을 쓰고 목청을 높였던 셈이다. 그래서일까? 정통 보수의 목소리가 간간이 들리기는 하지만 아쉽게도 사이비들이 외쳐대는 함성 속에 파묻히기 일쑤였다.

불행 중 다행인지 다행 중 불행인지 모르나, 2009년 봄 진보 성향의 서양사학자 이태숙 교수가 이 책을 처음으로 우리말로 번역해 한길사에서 출간했다. 이 책의 출간은 우리 사회의 빈약한 지식 인프라와 보수의 지적 게으

름을 동시에 확인해준 '사건'이다. 일본은 1881년에 이 책을 번역했다. 그들과 우리 사이의 '128년 격차'가 우리의 궁색한 처지를 한층 도드라져 보이게 한다. 최근 우리 사이에 '국가의 품격'이 화제가 되고 있지만, 번역을 통한 우리말 콘텐츠 확충이야말로 국가의 품격 끌어올리기의 첫 단추로 삼아야 하지 않을까. 그동안이야 먹고 사는데 급급했다지만 이젠 그런 변명도 통하기 어렵게 됐다. 더 늦기 전에 모국어의 내실을 다져야 한다.

번역으로 꽃핀 이슬람문명

중세 유럽의 한 수도원을 배경으로 살인 사건을 풀어가는 움베르토 에코의 소설 『장미의 이름』에는 흥미로운 장면이 나온다. 14세기 초 유럽의 수도원에서 '아랍어 문서'가 라틴어로 번역되고 있었다는 대목이다. 당시 수도원 사서들에게 아랍어 해독 능력이 필수적으로 요구되었다는 설명도 뒤따른다. 한국의 독자들은 중세 유럽인들이 '그리스어'를 라틴어로 번역했다면 별 의문을 품지 않을 것이다. 중·고교 시절 역사 공부를 해본 사람이라면, 서양문명의 원류인 그리스 고전을 중세 유럽의 공용어인 라틴어로 번역하는 일을 너무나 자연스러운 일로 받아들일 것이기 때문이다. 그러나 '아랍어'를 라틴어로 번역한다는 대목에 이르러서는 많은 독자들이 고개를 갸우뚱할 것이다.

마치 오늘날 우리가 영어를 '필요'에 의해 공부하는 것과 마찬가지로, 아랍어를 라틴어로 번역한다는 것은 필경 중세 서유럽이 이슬람문명에서 배울 점이 있었음을 의미한다. 대체 서유럽이 아랍인에게서 무엇을 배운단 말인가? 대부분의 독자는 이렇게 생각하기 십상이다. 근대는 물론이고 오늘날에도 서유럽 기독교문명이 이슬람문명을 압도하고 있는 까닭에, 우리 시대 일반 독자들의 뇌리에는 '서양문명은 앞선 문명', '아랍문명은 뒤떨어진 문명'이라는 인식이 암암리에 각인되어 있다. 그러므로 서유럽인이 아랍문명에서 무언가를 배우려 했다는 '역사적 사실'은 우리의 '선입견' 또는 '고정 관념'을 깨트리는 일이 된다.

그러나 서유럽 기독교문명이 이슬람문명보다 우월하다는 시각은 어디까 지나 '최근 수백 년' 동안에 한해서만 타당성이 있는 견해이다. 서기 7세기 에서 11세기에 이르기까지 약 5백 년 동안 놀랍게도 이슬람은 서유럽에 비 해 압도적으로 우월한 문명을 건설했다. 그리고 이슬람의 우월한 문명은 고 대 그리스의 과학과 철학을 아랍어로 번역·수용했기에 가능했다. 622년 이슬람교 창시 후 이슬람 세력은 북아프리카를 거쳐 이베리아 반도에 이르 기까지 파죽지세로 뻗어나갔다. 아랍인들이 정복한 헬레니즘 세계에는 그 리스 철학의 여러 학파가 뿌리를 내리고 있었고, 아랍인들은 그 학파들의 사상을 소화해 자기네 것으로 만들었다.

750년에서 900년 사이에 '아리스토텔레스의 모든 저작'이 아랍어로 번역 되었고(우리는 아직도 한글 『아리스토텔레스 전집』이 없다), 아랍인들은 이 것을 이슬람교 교리와 조화시키려고 노력했다. 이슬람 철학자를 아랍어로 '파일라수프'(faylasuf)라고 한다. 그리스어의 '필로소포스'(philosophos) 를 음역(音譯)한 말이다. 그리스 철학을 아랍어로 번역하는 작업이 이슬람 사상의 발달에 지대한 공헌을 했음을 드러내는 더할 나위 없는 증거이다. 이슬람문화가 개화하는 데는 이처럼 번역이 중요한 역할을 했다.

이슬람 세계가 번역에 열정을 쏟아부은 사실을 두고, 그들이 단지 그리스 문화의 중계자 역할만을 맡았을 뿐이라고 생각해서는 안 된다. 번역 작업은 텍스트의 '철저한 이해와 소화' 없이는 이루어질 수 없기 때문이다. 실제로 이슬람 지식인들은 그 당시 이슬람문명의 요구에 맞추어 고전 사상을 창조 적으로 변형시킬 수 있었다. 이슬람 제국에서 이루어진 대규모 번역활동은 잠들어 있던 방대한 문헌을 되살리고, 여기에 더하여 그리스 문화에 새로운 생명을 불어넣기에 이른다.

중역으로 꽃핀 중세 유럽문화

로마 멸망 후 약 5백 년 동안 서유럽은 '이슬람의 그늘'에서 살았다. 로마 제국 멸망 이후 5백 년 동안이 서유럽인에게는 야만의 암흑시대였을지 모르나, 이슬람의 관점에서는 암흑의 시대이기는커녕 오히려 한 문명이 탄생하여 젊음을 구가한 찬란한 전성기였다. 이슬람보다 열등한 위치에 머물던 서유럽이 도약한 것은 12세기 이후의 일이었다. 이 시기에 서유럽이 달성한 사상적·학문적 업적 역시 '번역 작업' 없이는 결코 등장할 수 없었다. 12세기에는 고대 그리스의 수많은 고전들이 라틴어로 처음 번역되어 서유럽인들에게 알려지기 시작했다. 이 번역 작업의 가장 중요한 성과는, 아리스토텔레스의 모든 저작이 서양 사상의 한 부분으로 편입되었다는 것이다.

토마스 아퀴나스로 대표되는 중세 스콜라 철학은 아리스토텔레스의 사상을 기독교 교리 체계에 융합시키려는 시도였다. 놀라운 것은, 아리스토텔레스를 비롯한 그리스 철학을 '그리스어 → 라틴어'로 직접 번역한 것이 아니라, '그리스어 → 아랍어 → 라틴어'로 중역(重譯)된 텍스트를 통해 처음 그리스 사상을 접했다는 사실이다. 토마스 아퀴나스의 스콜라 철학은 이렇게 해서 탄생했다. 역사가들이 '12세기의 르네상스'라고 부르는 서유럽의 번영은 이슬람의 학문적 성취가 없었다면 이룩될 수 없었다.

12세기는 '번역의 시대'라고도 불리는데, 그것은 이 시대의 지적 번영이 전적으로 번역에 의해 촉발됐기 때문이다. 이슬람이 그리스 고전 번역을 통해 중세 초기에 번영을 누렸듯, 중세 유럽은 아랍어로 번역된 그리스 고전을 라틴어로 중역함으로써 중세 전성기의 화려한 문화를 꽃피울 수 있었다. 교통(traffic)·관세(tariff)·창고(magazine)·알코올(alcohol)·오렌지(orange)·레몬(lemon)·설탕(sugar)·대수학(algebra)·영(zero)·연금술(alchemy)·알칼리(alkali) 같이 우리에게도 익숙한 영어단어들이 아랍어에서 유래한 사실만 보아도 서유럽이 이슬람에 얼마나 신세를 졌는지 엿

볼 수 있다. 이슬람은 중세 서유럽의 스승이자 은인이었다.

서유럽 라틴 세계에서 재발견된 그리스의 저술들은, 변방의 한 지역에 불과했던 서유럽을 세계문명의 중심지로 바꿔놓는 실마리가 되었다. 중세 초기 아랍인들이 고대 그리스 문헌의 아랍어 번역을 통해 그리스 사상을 수용했듯이, 12세기 서유럽인들이 가장 먼저 열정적으로 수행한 과제는 번역이었다. 아랍인과 서유럽인은 이런 의미에서 닮은꼴이었다.

번역으로 근대를 연 일본

이스라엘과 영국에서 유학 생활을 한 어느 목회자로부터 일본의 번역 수준을 단적으로 보여주는 이야기를 들은 적이 있다. 이 목회자는 1992년에 이스라엘의 어느 대학 대학원에서 성서고고학 과목을 공부하고 있었는데, 강의를 들으면서 도무지 갈피를 잡을 수 없었다고 한다. 학기 말에 엄청난 과제물로 허덕이는데, 같이 공부하던 일본인 친구가 도서관에서 뒤적이던 책을 보니 모두 일본어로 된 책이더라는 것이다. 히브리어로 된 성서고고학 분야의 주된 텍스트들이 그 당시 일본어로 이미 번역되어 있었고, 이스라엘의 대학 도서관에까지 비치되어 있었다는 말이다. 물론 그 친구는 이스라엘에 오기 이전에 벌써 성서고고학의 기본 개념을 이해하고 있었다고 한다. 다 알다시피 일본의 기독교 인구는 전체 인구의 1퍼센트에도 미치지 못할 정도로 극소수이다. 그럼에도 그런 전문적인 성서고고학 분야의 책들뿐만 아니라, 고대어에 관한 주요 텍스트들이 모두 일본어로 번역이 되어 있었다고 했다.

일본의 메이지 시대 45년간(1867~1912)은 근본적으로 일본이 서양문명을 배우고 본받아 점차 소화해간 시기였다. 일본이 이렇게 대규모로 해외 문물을 배운 것이 처음은 아니다. 천여 년 전에도 이런 식으로 중국 문물을 배운 예가 있었다. 그런데 이번 경우엔 그때보다 규모가 훨씬 크고 또 조직적이었다. 일본인들은 서양 각국에 유학생들을 파견하여 각 나라의 우수한 점만을 배우기로 했다. 영국에서는 해군과 해상무역을 배우고, 독일에서는 육군제도와 의학을 배우고, 프랑스에서는 법률을, 미국에서는 기업경영을 배우게 했다. 그들은 전 세계를 하나의 거대한 교실로 삼고, 각 분야의 정수만을 배우기로 결심한 것이다. 이 시기의 일본은 마치 스펀지가 물을 빨아들이듯 서양문명을 받아들였고 그 과정에서 수많은 서양 서적들이 대대적으로 번역되었다.

번역이 전제되지 않는 지적 활동이란 사상누각에 불과하다. 동양철학자 김용옥의 말처럼 제아무리 훌륭한 논문을 써도 그 논문에 관련된 고전의 번역이 없이는 그 논문이 전개한 아이디어는 '우리 문화'의 일부로 편입될 수 없다. 제아무리 영어 도사들이 많이 출현해도 그들이 '우리말'로 그들의 학식을 표현할 수 없는 한 그들은 '우리 문화'와는 아무런 상관도 없는 것이다(『동양학 어떻게 할 것인가』, 통나무, 1997). 외래 문명의 새로운 개념들이 우리말로 번역이 될 때, 우리의 어휘와 개념을 풍부하게 만들면서 우리 문화를 풍성하게 만드는 결정적인 역할을 할 수 있다.

이런 의미에서, 근대 일본의 번역 활동을 역사상 가장 주목할 만한 사건이라고 한 고종석의 평가는 결코 과장이 아니다. "인류문화사의 관점에서, 늘상 나를 황홀경으로 몰고 가는 한 시기가 있다. 그것은 유럽문화의 바탕을 마련한 고대 그리스·로마 시절도 아니고, ……천재와 완전인(完全人)의 시절이라고 할 만한 유럽의 르네상스 시기도 아니고, 서양 르네상스의 한국판이라고 할 만한 영·정조 치하 실학의 전성시도 아니다. ……내게 감동을 주는 것은 일본 에도 중기 이래의 란가쿠(蘭學: 네덜란드 문헌들을 통한 서양학술연구)와 메이지 시대 이후의 번역 열풍이다. 그것이야말로 한문 문명권과 그리스·로마 문명권을 융화시키며 동서 문화교섭사의 가장 빛나는 장면을 연출했다고 판단하기 때문이다. ……일본인들의 위대함은 ……유럽문화를 게걸스럽게 흡수하면서도 한자라는 동아시아 문명의 공동 유산 속에 완전히 녹여버렸다는 데 있다."(『감염된 언어』, 개마고원, 1999)

고종석이 유독 일본의 번역을 주목한 것은 그것이 한국인의 언어생활에 절대적인 영향을 주었기 때문인 것으로 보인다. 사실 우리가 일상생활에서 쓰는 말 상당수와 대부분의 학술 전문 용어, 즉 자유(自由) · 평등(平等) · 권리(權利) · 인권(人權) · 정의(正義) · 민주주의(民主主義) · 시간(時間) · 공간(空間) · 의무(義務) · 책임(責任) · 도덕(道德) · 원리(原理) · 철학(哲學) · 사회학(社會學) · 미학(美學) 등은 모두 일본 지식인들이 서양문화를 수용하면서 번역하여 처음으로 사용하기 시작한 말들이다.

잃어버린 100년

서양철학자 강영안은 우리가 19세기 후반과 20세기 초 번역 작업을 통해 서양문화를 수용하고자 애쓴 일본 지식인들에게 너무나 큰 빚을 지고 있다고 지적한다. 한국철학은 일본을 통해 번역된 서양철학 용어를 거의 그대로 수용하고 있는데, 이것은 현대 서양철학이 한국에 수용된 시기가, 번역에 대한 고뇌와 시행착오가 일본인들을 통해 거의 끝난 뒤이기 때문이었다. 그러므로 만일 우리가 쓰고 있는 학문용어들을 마치 옛 조선총독부 건물 헐어내듯 일거에 철거한다면—김영삼 정부 시절인 1995년 8월 15일 철거되었다—우리는 지금까지 해왔듯이 논문을 쓰거나 말을 하지 못한 채 새로운 낱말을 찾아 헤매야 할 것이다(『우리에게 철학은 무엇인가』, 궁리, 2002).

일본 지식인들의 숱한 시행착오와 고민 끝에 수많은 새로운 번역어가 탄생했고 그들이 만들어낸 낱말들은 대부분 한국어에 수용되었다. 그 상당수는 중국어에도 수용되었다. 현대 한국어와 중국어에 일본어에서 비롯된 말이 이토록 많아진 이유는 19세기말 이래 일본의 문화적 · 정치적 · 경제적 힘이 동아시아의 세 나라 가운데 가장 컸기 때문이다. 더구나 한국인은 20세기 전반부터 상당 기간 일본어를 '국어'로 배워야 했으니 일본어 어휘가 한국어에 많이 들어온 것은 당연한 일이기도 하다. 그리고 이렇게 번역을 통해 형성된 용어와 개념으로 인해 한국어의 어휘와 사고의 폭이 엄청나게 확대되었다는 사실만은 누구도 부인할 수 없다.

일본 번역어의 영향이 어느 정도인지를 알아보기 위해서는 일본 번역어 침투 '이전' 우리가 사용했던 번역어를 살펴보는 것이 유용할 것이다. 호러스 언더우드가 1890년 펴낸『한영·영한사전』을 보면 오늘날 우리가 사용하는 전문용어는 거의 찾아볼 수 없다. 예컨대 philosophy는 '학·학문·리'로 풀이되어 있고, natural philosophy는 '셩리지학·격물궁리·텬셩지학'으로 되어 있다. metaphysics는 '의리지학', moral은 '덕잇는', morality는 '덕·션덕'으로 되어 있다. nature는 '셩품·셩미·본셩·텬셩', reason은 '지각·의리·졍신', cause는 '연유·연고·수연·수졍·가돍, 소이연'으로 풀고 있다. 대부분이 오늘날의 한국어에 계승되지 못한 용어들이다.

독자적 노력에 의해 우리 나름의 번역어를 만들어내지 못하고 일본식 번역어를 받아들인 것은 우리로서는 매우 섭섭한 일이다. 메이지 시대 이후 일본인들이 했던 번역 작업을 우리 조상들도 해냈더라면 좋았을 것이다. 그러나 일본인들은 서양과의 접촉에서 우리보다 한 걸음 빨랐고, 놀라운 먹성으로 서양문화를 흡수해 그것을 한자에 녹여냈다. 우리는 독자적으로 서양문화를 받아들여 우리 언어 체계 속에 녹여낼 기회를 얻지 못했다. 그 결과 원했든 원하지 않았든, 우리는 일본인들의 노력으로 한자어로 번역된 서양문화를 손쉽게 빌려 쓰는 길을 걸었다.

몇 해 전 번역 출간된『번역과 일본의 근대』에서 마루야마 마사오(丸山眞男)와 가토 슈이치(加藤周一)는 일본이 근대화를 이루는데 번역이 가장 결정적인 역할을 했다고 단언한다. 특기할 것은 일본이 이 작업을 정부 주도하에 수행했다는 점이다. 일본은 메이지 유신과 더불어 정부 내에 번역국(飜譯局)을 두고 조직적으로 서양 서적들의 번역을 추진해왔던 것이다. 그 결과 일본에서는 메이지 초기에 이미 서양 고전들이 대거 번역되었다. 1881

년에 버크의 『프랑스혁명에 관한 성찰』이, 1883년에 홉스의 『리바이어던』과 몽테스키외의 『로마인의 흥망성쇠 원인론』이 번역되었다.

이 무렵 일본은 그야말로 번역의 홍수에 빠져 있었다. 오죽하면 『역서독법』(譯書讀法)이라 하여, 엄청나게 쏟아지는 번역서들을 안내하는 책자가 따로 나올 정도였다. 『역서독법』의 저자 야노 후미노는 이 책 서문에서, "최근 번역서 출간이 성황을 이루어 그 권수가 '몇 만 권'을 헤아린다"고 밝히고 있다(『번역과 일본의 근대』, 이산, 2000). 『역서독법』의 '몇 만 권'이란 표현은 얼마간 과장된 것으로 보인다. 그러나 마루야마가 밝혔듯이 '몇 만권'이 아니라 '몇 천 권'이라 해도 그 숫자는 충분히 대단한 것이다. 『역서독법』이 출간된 해가 메이지 유신 15년 후인 1883년이라는 점을 눈여겨볼 일이다.

특히 1927년부터 발간되기 시작한 이와나미 문고(岩波文庫)는 일본의 번역 문화에 획기적인 공헌을 했다. 나는 지난 1999년에 『언론 자유의 경전 아레오파기티카』(소나무)를 출간했다. 17세기 영국의 청교도 시인 존 밀턴이 쓴, 언론사상사의 고전 『아레오파기티카』에 대한 국내 최초의 본격적인 번역 · 주석 · 연구서이다. 그런데 알아보니 이 문헌은 벌써 1953년에 이와나미 문고에서 번역본이 나와 있었다. 우리와 일본의 격차가 반세기 가량 벌어져 있다고 생각할 수 있을 것이다.

그러나 격차가 반세기뿐이라면 얼마나 좋겠는가. 일본이 19세기에 번역한 고전 중에 아직도 번역되지 않은 책이 부지기수다. 앞서 살펴본 버크의 『프랑스혁명에 관한 성찰』의 경우에서 보듯이 격차가 1백 년 이상 벌어져 있다고 보는 것이 옳다. 우리의 번역사에는 '잃어버린 100년'이 가로놓여 있는 것이다. 더욱 심각한 문제는, 일본이 이미 19세기에 어마어마한 열정으로 시작한 일을 우리 사회는 지금도, 그 필요성마저 제대로 인식하지 못하고 있다는 사실이다.

빈약한 한글 콘텐츠

해마다 한글날이 다가오면 한글의 과학적 우수성을 뽐내는 글들이 언론을 장식한다. 사실 한글의 과학성은 이미 공인된 것이다. 그러나 우리는 한글이 다른 언어들에 비해 대단히 최근에 '창제'된 글자임을 염두에 두어야 한다. 일본의 '가나'(假名)보다는 6백 년, 로마 글자보다는 무려 2천 년 뒤에 등장했다. 구형 컴퓨터가 신형 컴퓨터를 못 당하듯이, 최신형 글자인 한글이 과학적으로 우수한 것은 '당연한' 일이다. 문제는 '과학성'만으로는 한글 경쟁력의 필요충분조건이 성립되지 않는다는 점이다. 우리가 엄청난 비용과 노력을 기울여 영어를 배우는 이유는 수준 높은 지식과 폭넓은 정보에 접근하기 위해서다. 그렇다면 한글의 경쟁력을 끌어올리는 방법이 무엇인지도 자명해진다. 영어에 버금갈 정도로 한글 콘텐츠를 풍부하게 만드는 일이다. 영어, 물론 배워야 한다. 그러나 우리가 '한국인'이라면 영어에 쏟는 노력의 1퍼센트만이라도 한글 콘텐츠 확충에 바쳐야 한다.

시인 김수영은 60년대 중반에 쓴 산문에서 1930년생을 기준으로 세대 구분을 하고 있다. 1930년 이전에 태어난 '구세대'는 해방되던 1945년에 15세 이상의 나이였고 따라서 일본어를 읽을 줄 아는 사람들이다. 1930년 이후에 태어난 '신세대'는 일본어를 못 읽는 사람들이다. 김수영은 구세대가 일본어를 통해 문학의 자양을 흡수한 데 비해, 신세대는 일본어 해독능력의 결여로 인해 지적 수준이 현저하게 떨어진다고 지적한다.

김수영은 신세대 문학청년들을 뿌리 없이 자라난 사람들이라고 혹평한다. 일본어를 읽을 줄 모르는 까닭에 세계문학의 흐름으로부터 차단되어 있는 그들에게 가장 결핍되어 있는 것은 '지성'이라는 것이다(물론 김수영은 영어에도 능했다). 그는 '산더미같이 밀린 외국 고전들'을 우리말로 번역해 한글 콘텐츠를 일본어 못지않게 만드는 일이야말로 '국운'(國運)에 관계되는 문제라고 지적한다. 김수영의 시대로부터 40여 년이 지난 지금도 상황은 크게 달라진 것 같지 않다.

　일본은 메이지 유신 직후 정부 내에 '번역국'을 따로 두어 단기간에 조직적으로 수만 종의 서양 고전들을 번역했지만, 그들이 19세기에 번역한 고전들 가운데 아직도 우리말로 번역 안 된 책이 부지기수다. 우리는 일본어를 국어로 상용하다가 한글을 본격적으로 쓴 지가 이제 겨우 반세기를 조금 넘겼다. 우리는 우리 자신의 과거로부터 상당 부분 단절되어 있는 셈이다. 그러므로 모국어 텍스트를 기반으로 한 인문학이란 관점에서 보면 우리는 그야말로 갓 태어난 신생국이라고 해도 과언이 아니다.

　모든 국민에게 영어로 읽으라고 하는 것은 무책임한 일이다. 2008년 7월 28일부터 고려대 인촌기념관에서 거행된 제18차 세계언어학자대회는 소수민족 언어에 대한 언어학적 분석과 보존 계획 수립의 문제를 주요 의제로 삼고, 인간은 자신의 모국어를 사용할 때 가장 '창의적인 사고'를 할 수 있다고 선언했다. 21세기에 우리의 독창적 문화를 창조하는 일이 무가치하다고 판단하지 않는다면, 그리고 '국가의 품격'을 끌어올리는 일에 조금이라도 관심이 있다면, 번역을 통한 우리말 콘텐츠의 확충은 결코 미루어서는 안 될 시급한 과제다.

'동서양고전번역원' 설립을 제안한다

　심각한 우리의 번역 문제를 해결하는 첫 번째 관문은 번역의 필요성에 대한 공감대의 형성이다. 우리나라 대부분의 대학에서 번역을 연구 실적으로 인정하지 않을 뿐더러, 일부 인문학자는 번역의 필요성에 대한 최소한의 인식마저 결여되어 있다. 번역이 힘든 건데 차라리 일본어를 배워 읽으면 되지 않느냐고 진지하게 말하는 한 인문학 교수를 본 적이 있다. 모국어에 대한 자긍심이라곤 찾아볼 수 없는 한심한 모습이었다.

　번역의 필요성에 대한 인식만 제대로 되어 있다면 해결 방법을 찾는 것은 그다지 어렵지 않다. 우선 번역 지원금을 획기적으로 늘려야 한다. 현재 정부의 번역 지원은 10여 년 전부터 한국연구재단(구 한국학술진흥재단)이 매년 펼치는 '명저번역지원사업'이 전부다. 2008년 지원금은 19억 원이었다. 한글 콘텐츠 확충에 투입되는 1년 예산이 '강남 아파트 한 채 값'이다. 우리의 모국어에 대한 사랑의 크기가 고작 이만큼이다. 이러고도 한글이 활짝 피어나길 기대한다면 위선이다. 번역을 통한 한글 콘텐츠 확충의 당위성에 공감했기 때문이 아니라, 하도 성화를 부리니 마지못해 시늉이라도 내겠다는 의사 표시로 받아들여진다. 구체적인 대안으로 '동서양고전번역원'(가칭)의 설립을 제안한다. 한국연구재단의 '명저번역지원사업'을 분리·확대시키면 어떨까 싶다. 예산은 지금보다 적어도 10배 이상은 증액해야 할 것이다.

다음은 지급 방식이다. 사전에 신청을 받아 절차를 거쳐 지원금을 지급하는 현재의 방식을 재고해야 한다. 유능한 번역자들 중에 절차의 번거로움 때문에 명저번역지원사업에 참여하기를 망설이는 경우도 있다는 사실을 유념했으면 한다. 사전 신청 방식과 병행해서 번역가들이 자유롭게 출판한 각종 동서양 명저들을 정기적으로 엄정하게 심사하여 노고에 대한 인센티브를 제공하는 방법을 적극 고려할 필요가 있다. 오로지 결과물로 평가받는 것이기에 사전 신청 방식보다 오히려 평가의 객관성을 높일 수 있다.

인문학 위기론이 팽배한 현시점에서 그나마 인문학 연구 인력이 가장 두텁게 층을 형성하고 있는 세대는 40대와 50대. 그 아래는 학문 후속 세대의 단절이 우려될 정도로 '실용'에만 몰두하는 형국이다. 우리 인문학의 처지는 아기 울음소리 그친 농촌 현실과 크게 다르지 않다. 정부는 이들 연구 인력이 더 늙기 전에 대대적인 활용 계획을 수립해야 한다. 자칫 시기를 놓친다면 뒤늦게 사업을 추진하려 해도 마땅한 인력을 찾기 어려울 것 아닌가 하여 두려운 마음이다.

사법정의는 자유와 인권을 약동시킨다

곽노현
한국방송통신대 교수 · 법학과 | 서울시 교육감

" 특히 사법부의 독립은 자유민주주의 국가의 품격을 가늠한다.
사법부는 권력들 상호간의 견제와 균형의 한 축에 그치지 않는다.
사법부의 독립은 '야심으로 야심을 통제한다'라는
세속적 권력분립으로만 설명되기 어렵다. 사법부는 바로
인간 자유의 초월성을 반영하는 격리와 거리두기를 특징으로 한다.
어떤 현실적 야심도 배제된, 사회로부터 고립되고 독립된 공간이
사법부의 자리가 되는 것이다. 그렇기 때문에 미국 헌법의
기초자들은 연방판사들을 종신직으로 하였으며,
비록 '돈도 칼도' 주지 않았지만, 정의의 심판,
자유의 옹호라는 도덕적 권위를 부여한 것이다. "

선진사회로 가는 길

'선진사회', '국격'이라는 말이 요새 부쩍 많이 쓰이고 있다. 특히 이 '국격'이라는 말을 많이 쓰는 사람은 아마 이명박 대통령일 텐데 그는 "잘사는 나라도 중요하지만 존경받고 사랑받는 나라가 더 중요하다"고 강조했다.

이의를 제기할 수 없는 좋은 얘기다. 한 나라의 국가 지도자가 '단지 돈 많이 벌고 경제적으로 풍요로운 사회' 이상의 나라를 만들자고 하는 것은 다분히 '선진적' 국가 지도자다운 태도라고 할 수 있다.

그렇다면 이 대통령이 조금 시사하긴 했지만 선진사회의 조건은 구체적으로 무엇이고, 국격이 높은 나라는 어떤 나라를 말하는가? 여러 가지 정의가 가능하겠지만 진정한 의미의 선진사회, 높은 국격의 나라는 무엇보다 품격 있는 사회, 품격 있는 나라여야 할 것이다. 그러면 국가의 품격은 또 무엇으로 이뤄지는 것일까? 사람에게 인격이 있듯, 나라에 국격이 있다는 의미에서 국격을 정의할 수 있다면 인격을 결정짓는 요소와 마찬가지로 국가의 품격을 결정짓는 요소도 힘의 사용의 절제, 평화와 발전에 대한 기여, 약자에 대한 존중과 배려, 골고루 잘사는 균형발전, 창의적 국가비전과 문제해결 역량 등을 갖추고 있느냐는 것을 기준으로 볼 수 있을 것이다.

그러한 기준들은 법의 관점에서 보자면 '인권'과 '사법정의'로 모아질 수 있다. 사람들은 법질서를 공권력에 의한 질서로 오해하는 경우가 많은데, 여기서 말하는 법질서는 그와 다르다. 이는 우리 헌법이 추구하는 질서, 즉 자유민주주의 질서는 국가의 외형적 질서가 아니라, 모든 개인들의 인권의 약동 그 자체이다. 그 질서는 아무 문제가 없는 '묘지 위의 평온'이 아니다. 오히려 문제가 있음을 고백하고 피해자의 목소리를 경청하고 치유하는 과정을 중시하는 질서이다.

사람도 그렇듯이, 지상의 어떠한 국가도 부정과 결함이 없을 수 없다. 한 국가의 품격은 그 나라에 문제가 있느냐 없느냐가 아니라, 문제들에 대하여 어떻게 대처하는가에 달려 있다. 여기서 민주주의 국가는 문제를 드러내고, 그 희생자의 호소를 받아들여, 그의 인격과 권리를 회복시켜주는 데에서 국가의 명예를 찾는다. 반대로 예컨대 전체주의 국가에서는 문제를 오히려 덮는 데서, 즉 국가권력이 혹은 통치자가 완벽하며 오류가 없다는 것을 홍보하는 것으로 국가의 명예를 높이려 한다.

이렇듯 자유민주주의 국가의 품격은 바로 인권과 사법정의에서 가늠된다. 자유민주주의는 현실의 국가질서를 유일한 가능성으로 보지 않고, 국민들 개개인의 인간됨을 중시하며, 그들의 자유의 가치에서 국가의 존재 이유를 찾는다. 그리하여 자유민주주의 국가에서는 세속적 권력으로부터 독립하여 개개인의 자유와 인권을 수호하는 독립적인 사법부가 결정적인 중요성을 갖는다.

그렇다면 우리나라는 과연 이 같은 선진사회의 조건을 향해 나아가고 있는 것일까. 대통령이 얘기하는 것처럼 단지 잘사는 게 중요한 게 아닌 '존경받고 사랑받는 나라'의 조건을 갖춰가고 있는 것일까.

유감스럽게도 그렇게 말하기는 어렵다. 아니 오히려 거꾸로다. 높은 국격과는 오히려 거리가 멀어지고 있고, 추락하고 있다. 지금 우리 사회를 설명해주는 말을 한마디로 표현하자면 선진화는커녕 오히려 '밑바닥으로의 경쟁'(race to bottom)이라고 해야 할 것이다.

다음에서 살펴볼 국가인권기구의 현실, 검찰을 중심으로 한 사법정의의 문제, 학생인권과 기업의 사회적 책임에 대한 인식과 실천의 수준, 그리고 양심적 병역거부자들의 고난의 현실은 국격의 수준을 보여주는 단면도들이다. 이 단면도들은 우리 사회의 후진성을 총체적으로는 아니더라도 각각 적나라하게 보여주며, 무엇이 선진화를 가로막고 있는지를 드러내준다. 또한 우리 사회가 국격 높은 선진사회로 가기 위해서는 무엇이 필요한지를 역설적으로 제기한다.

인권과 사법정의의 현실: 국가인권기구와 국격

국가가 수행하는 많은 역할과 기능을 본질적인 것과 부수적인 것으로 나눌 때 본질적이자 그 목적이라 할 수 있는 기능은 무엇일까. 그건 두말할 것도 없이 국가의 주인인 국민의 자유와 권리의 보장일 것이다. 이는 헌법을 보더라도 바로 알 수 있다. 헌법은 가장 앞 부분에 국민의 자유와 권리, 인권 보장을 천명하고 있다. 기본권 조항에 이어 행정부나 입법부, 사법부 등에 대한 조문들이 배치돼 있다는 것은 이들 국가기관의 기능과 역할이 국민의 인권 보호와 실현을 위해 존재하는 수단적 존재라는 것을 보여준다.

여기서 우리 사회의 인권보호와 신장의 수준에 대해 길게 살펴볼 수는 없다. 다만 인권에 대한 태도, 인권보장 체계가 얼마나 잘 돼 있는지에 대해 국가인권기구가 처해 있는 상황을 통해 살펴볼 수 있을 것이다.

선진국이 선진국인 이유는 인권보호를 위한 장치를 1970~80년대부터 겹겹이 쌓아왔기 때문이다. 그리고 그 대표적인 기구가 바로 국가인권기구다. 국가인권기구는 국제 사회가 만들어낸 현대적 민주법치국가의 대표적인 인권 전문기관이다. 우리나라에서 사회경제적 약자와 정치문화적 소수자의 인권보장을 위한 호민관인 이 국가인권기구를 설립한 것은 한국의 민주화의 한 결실이자 상징이었다. 그리고 한국의 국가인권위는 국민의 기대에 적잖게 부응하면서 짧은 역사에도 불구하고 국내외에서 상당히 긍정적인 평가를 받아왔다. 이렇듯 설립 초기부터 국제인권공동체에서 독립성과 진정성, 실효성을 인정받았으며 아시아의 모범적 인권기구로 자리매김했다.

그러나 이 같은 국내외의 평가는 하루 아침에 곤두박질치고 말았다. 이 정부 들어서 국가인권위는 여러 차례 시련을 겪었다. 이명박 정권은 인수위 시절 인권위를 대통령 직속기구로 편입함으로써 인권위를 장악하려고 시도했다가 국내외의 저항에 부딪쳐 좌절했으나 그후로도 지속적으로 인권위를 무력화하려고 시도했다. 일방적인 조직 축소를 기어이 강행하더니 다음엔

인권 문외한을 인권위원장으로 임명하는 무리수를 자행했다. 이명박 정부 들어서 인권위와 관련해 보인 이 같은 조치는 높은 '국격'과는 거리가 한참 멀다. 일방적인 인권위 조직 축소와 인권 문외한의 위원장 임명으로 이 정부는 과연 무엇을 얻었는가. 국내외에서 빗발칠 비판과 저항을 무릅쓰고 무엇을 얻었는가. "국내외에서 인권을 배려함으로써 국제사회에서 사랑받는 대한민국을 만들자"는 새로운 국정 목표를 제시한 대통령 자신이 스스로 되물어봐야 할 질문이다.

사실 이명박 정부가 국가인권위를 마뜩찮게 생각하는 것을 굳이 이해하자면 이해 못 할 바도 없지는 않다. 국가인권기구는 매우 특이한 국가기관이다. 무엇보다도 헌법기관이 아니면서도 어디에도 소속되지 않은 독립기관이라는 점이 그렇다. 그 독립적인 위상을 바탕으로 대통령·총리·장관에게 인권관련 법제와 정책의 개선을 권고하는 것은 물론 인권침해에 책임이 있는 장관·청장, 기타 공무원에 대한 해임 기타 징계 조치를 권고할 수 있다.

이 같은 국가인권위의 기능과 권한이 이명박 정부의 체질과는 맞지 않았을 것이다. 특히 촛불시위에 대한 경찰의 과잉진압을 인정해 정권의 심기를 건드린 걸 비롯해 멀게는 북한 인권문제에 대한 소극성, 공권력 행사에 대한 엄격성 등 인권위의 접근방식이 체질적으로 거슬렸을 것이다.

그러나 인권위가 정부의 입지를 난처하게 만든 건 김대중 정부와 노무현 정부 때 더 심했다. 대표적인 예로, 인권위는 김대중 정부 시절 테러방지법 제정을 무산시키고 교육정보시스템(NEIS) 도입에 반대했으며, 노무현 정부 시절에는 비정규직 법안에서 노동조합의 손을 들어주고 여의도 농민집회 사망사고와 관련해 경찰청장의 징계를 권고했다. 당시의 정권도 이명박 정권 못지않게 인권위에 미움과 분노를 보였지만 인력감축을 검주진 않았다. 인권위가 독립성을 지키는 이상 인권위는 어느 정권에게나 눈엣가시 같은 존재가 될 수밖에 없다.

아마도 이명박 대통령은 자신들의 보수적인 성향과 어긋나는 인권위의 결정 몇 개를 기억하고 있을 뿐 인권위가 과연 무엇을 하는 기관이며 어떤 점에서 위상과 역할이 독특한지에 대해 제대로 이해하지 못하고 있는 것 같다. 그러나 분명한 것은 선진사회는 정권의 보호와 증진이 아닌 인권의 보호와 증진을 먼저 생각하는 정부라야 한다는 것이다.

사법 분야의 기능 전도: 검찰 통제의 필요성

우리의 사법 분야는 심각한 기능장애, 아니 그걸 넘어서서 기능의 전도 현상을 보이고 있다. 국민의 권리를 지키라고 쥐어준 권한이 거꾸로 국민의 기본권을 침해하는 칼이 되어 국민을 겨냥하고 있는 것이다. 그 고장과 기능 전도의 경고음은 사법 분야의 한 축인 검찰에서 주로 터져나오고 있다.

검찰에 대해 국민들이 기대하는 '선진검찰', '품격 있는 검찰'은 어떤 모습일까. 권력을 절제하고, 인권을 보장하며 신사적으로 수사하는 검찰일 것이다. 그러나 '검찰공화국'이라고 불릴 만큼 막강한 권력을 행사하고 있는 대한민국의 검찰은 지금 '정치견찰', '하이에나 검찰'로 국민들의 온갖 조롱과 비아냥을 받는 처지에 있다. 대통령 사돈 기업인 효성과 대통령 측근 천신일 회장, 그리고 삼성 관련 사건에서 보듯이 자본과 권력을 가진 강자에겐 더할 나위 없이 약한 모습을 보인다. 노무현 전 대통령 수사에서 보듯이 죽은 권력에 대해서는 야차처럼 물어뜯는가 하면 용산참사 수사기록 공개 거부와 같이 헌법과 법률의 명령에 모르쇠로 일관하는 딱한 모습을 보이고 있다. 미네르바와 PD수첩, 교사 시국선언 등 무리한 수사와 기소는 다 열거하기가 숨이 찰 정도다.

한국 검찰은 수사권과 기소권을 독점한 막강한 권력기관이다. 권력기관은 속성상 외부의 감시와 통제가 없는 이상 권력남용과 부패를 피할 수 없다. 그렇다면 한국 검찰은 제대로 된 외부 감시와 통제에 처해지고 있는가. 누가 어떻게 검찰의 권력남용을 통제할 것인가. 이는 형사정의와 검찰개혁의 핵심 질문이다.

통제는 가까이서 이뤄져야 비용이 덜 들고 효과적이다. 먼 곳의 통제는 더디고 부정확하다. 한마디로 비용이 더 든다. 제일 가까운 건 양심이다. 검사 개개인의 공복의식과 법전문가로서의 직업윤리. 다음으로 가까운 건 조직 내부 통제다. 결재 라인에 있는 부장검사·차장검사·지검장·검찰총장이 결재과정에서 잘못을 바로잡아주면 걱정할 게 없다.

조직 내부 통제 중 제일 중요한 것은 검찰총장의 감찰 의지와 권한이다. 검찰총장은 검찰권의 적정행사를 위한 각종 규정과 지침을 만들 수 있고, 감찰 및 인사권한을 사용해서 위반사례를 잡아내고 불이익을 줄 수 있다. 그러나 내부 통제는 객관적이지 않고 엄하지 않다. 팔은 안으로 굽는다. 외부 통제가 제대로 이뤄지지 않는 이상 내부 통제는 시늉에 그친다.

외부 통제 중 일차적으로 중요한 것은 상위 감독기관인 법무부의 감독과 감찰이다. 조직법상으로 검찰은 법무부의 외청 조직에 지나지 않는다. 그런데 현실에서는 법무부가 검찰의 외청처럼 운영된다. 장차관과 실국장 등 법무부 요직을 모두 전현직 검사가 장악하기 때문이다. 이런 상황인지라 법무부 통제는 허울뿐이고 제대로 작동되지 않는다.

결국 검찰통제는 사법부의 몫이다. 법원은 검찰이 청구한 체포·구속영장, 압수수색영장, 감청영장이 타당한지를 심사하며 검찰권의 부당한 행사를 바로잡을 수 있다. 법원은 재정심판을 통해 검찰의 잘못된 불기소처분을 바로잡을 수 있다. 법원은 증거 판단, 유·무죄판단, 양형판단을 통해 검찰의 공소제기를 심사한다. 무죄에서 감형까지, 법원이 결정할 수 있는 방법은 무제한이다. 검찰은 꼼짝 못한다.

다만 법원의 구제는 사후적이고 비용이 많이 든다. 그래서 나오는 것이 국가인권위 등 다양한 시민통제기구, 나아가 검사장의 직접선거 구상이다. 검찰이 바로서지 않으면 국가와 사회가 바로서지 못하기 때문에 온갖 검찰개혁 방안이 모색, 거론되는 것이다. 분명한 것은 사회정의 실현과 거악척결을 위해서 검찰이 바로서야 한다는 것이다.

인터넷 논객 미네르바, 정연주 전 KBS 사장, PD수첩 제작진, 시국선언 교사들이 줄줄이 무죄선고를 받으면서 검찰의 기소가 얼마나 무리했는지 드러났다. 검찰, 특히 정치검찰의 깊은 자성과 개혁을 요구하지만 아직 검찰은 반성과 개전의 기미가 없다. 검찰개혁은 바깥에서 국민이 해줘야 한다. 그 8할은 사법부의 몫이다.

학생인권보장은 선진사회 위한 투자

지금 한국 인권과 교육의 공통과제는 800만 초중등 학생에게 인권을 최대한 되돌려주고 학교를 인권 존중의 체험학습장으로 탈바꿈하는 일이다. 그런 점에서 경기도 학생인권조례는 이 시대적 과업의 견인차 역할을 하려는 것이었다. 이 조례의 제정과 학교 현장에서의 실천은 2010년을 학생인권의 원년으로 자리매김하게 할 것이다.

그러나 학생인권조례는 뜨거운 논란을 낳았고, 특히 보수언론을 중심으로 많은 비판을 받아야 했다. 학생인권조례 제정에 직접 참여한 필자는 예상을 뛰어넘는 비판에 직면하면서 학생인권이 이렇듯 불온한 주제였는지 절감해야 했다. 그 비판은 한국에서 학생인권에 대해 바라보는 시각을 여실히 보여준다.

보수언론을 중심으로 학생인권조례에 대한 비판과 반대의 논거는 대체로 세 가지로 요약된다. 첫째, 교육적 이유의 반대다. 학생인권이 방종을 부추기고 면학 분위기를 해칠 가능성이 높으며, 또한 교사의 생활지도 수단을 빼앗고 생활지도 권한을 무력화하리라는 우려에서 나온 목소리다. 하지만 체벌에 의존하는 생활지도로는 두려움과 외형적 복종을 넘는 준법의식과 교사의 권위를 이끌어내지 못한다. 청소년기의 머리길이도 학업성적이나 가치지향과는 무관하다. 더욱이 특목고와 대안학교의 경험은 학생인권이 무책임과 방종으로 흐르지 않음을 보여준다.

둘째, 정치적·이념적 이유의 반대다. 학생인권은 김상곤 교육감이 정치적 목적을 가지고 추진하는 좌파적 성격의 운동권 프로젝트라는 것이다. 하지만 헌법과 국제인권조약의 요청을 좌파 운동권의 주장으로 채색하고 폄하하는 건 말이 안 된다. 게다가 학생은 투표권도 없다.

셋째, 법리적 이유의 반대다. 조례 제정은 학교의 자율권에 반한다는 근거하에 펼치는 이 논거는, 헌법이 개개인의 자율권에 반하고 공정거래법이 기업의 자율권에 반한다는 주장과 다르지 않다. 학생인권은 학교자율권보다 상위의 법원칙으로서 학교자율권의 존재이유이자 행사원칙이다.

조례에 규정된 사상과 양심의 자유를 예로 들어보자. 아무리 미숙해도 인간에게 이걸 부인하는 건 가능하지 않다. 아이들한테도 선생님이 정해준 틀 안에서만 생각하라는 건 통하지 않는다. 어떤 외부의 강제와 한계 설정도 쉽게 넘는 것이 '생각하는 갈대'의 힘이다.

학생인권 보장은 단지 학생들에게 인권을 되돌려주는 것에 그치지 않는다. 우리의 청소년들을 통제와 강요 속에서 수동적·소극적으로 매사에 임하는 비주체적이고 무기력한 존재로 키울 것인가, 아니면 주체적이고 역동적인 사회의 주역으로 키울 것인가를 선택하는 문제다. 학생인권 보장이야말로 우리 청소년들을 선진사회를 열 수 있는 창의적인 인재로 만드는, 선진사회의 초석을 놓는 장기적인 투자인 것이다.

기업의 사회적 책임, 선택이 아닌 필수

"기업은 영리활동이 목적이다." 한국에서는 진리로 흔히 통하는 말이다.

그러나 국제사회에서 이렇게 얘기해서는 이제 설 자리가 없다. 기업의 사회 책임은 국제사회에서 이미 '대세'가 되어 있기 때문이다. 국제사회에서 기업의 사회적 책임에 대한 많은 논의와 실천이 잇따르고 있지만 한국은 이같은 국제사회의 흐름과는 많이 동떨어져 있다. 한국의 기업들은 1사 1촌 결연이니, 메세나 예술 후원 등 사회공헌 활동을 기업 사회책임의 전부로 생각하지만 기업의 사회책임은 그것보다 훨씬 넓은 정책과 행동을 요구한다. 그러나 세계 12위의 경제 대국 한국의 기업 사회책임 연구 및 실천은 형편없는 수준이다.

그런 점에서 100대 기업 중 51개 대기업의 사회책임(CSR) 담당자가 응답한 최근의 설문조사 결과는 우리 기업의 사회적 책임에 대한 인식의 수준을 단적으로 보여준다. 이 결과에 따르면 놀랍게도 비정규직 문제는 여전히 대기업의 사회책임 바깥의 문제로 인식된다. 비정규직이 가장 시급한 사회문제로 뿌리내린 이상 대기업은 비정규직 감축과 정규직 전환, 차별해소 및 처우개선, 외주화 자제, 전직훈련 프로그램 제공 등 책임 있는 일련의 조치를 내놓는 것이 마땅하다. 그런데 정작 설문조사 결과에 따르면 사회책임의 구성요소 중 위의 항목들은 일관되게 가장 낮은 지지를 받았다. 아마도 이런 경영방침이 최고경영진의 입장과 배치되기 때문일 것이다.

'비즈니스 프렌들리' 이명박 정부가 들어선 이래 지속가능한 성장, 기업 사회책임, 사회책임투자 등은 역행과 후퇴가 뚜렷하다. 이런 것들은 진보세력이나 NGO들이 물정 모르고 떠드는 빙충맞은 소리로 들릴 만큼 사회분위기가 바뀌었다. 지난 정부에서 기업사회책임 화두를 이끌어가던 정부부처와 산하기관들도 주변 분위기에 짓눌린 듯 입을 다문다. 재미있는 것은 이명박 대통령이 작년 초 G20 등 국제정상회의를 다녀온 후부터 녹색성장·지속가능성·사회책임 등에 대해 직접 거론하기 시작했다는 사실이다.

정책관료들과 기업단체들은 여전히 '비즈니스 프렌들리' 기조와 부합하지 않는 입치레 말씀으로 치부하고 큰 관심을 두지 않는다. 그러나 한국은 이미 선진국의 문턱을 넘어섰다. 예컨대, 한국의 100대 기업은 지난 9월 21일 글로벌 주식시장에 공식 편입됐다. 미국의 다우존스지수와 쌍벽을 이루는 영국 FTSE의 선진시장지수에 한국 100대 기업이 드디어 포함된 것이다. 또한 진짜 선진국만 들어가는 OECD개발원조위원회(DAC)에 공식 회원국으로 가입되었다. 이렇듯 선진한국의 선진대기업이 사회책임을 고작 사회공헌으로 인식하는 수준에 머물러 있는 것은 한심하다.

오늘의 한국 맥락에서 대기업의 사회적 책임의 최소한으로는 비정규직 감축과 전직훈련 지원 등 고용안정책임, 공급업체 등 협력업체에 대한 상생협력지원책임, 그리고 해외진출 시의 반부패·환경·인권 등 준법책임을 꼽을 수 있다. 전경련과 경총도 사회적으로 위험하기 짝이 없는 비정규직 규제철폐만 주장할 게 아니라 고용유연안정성(job flexicurity)을 뒷받침할 적극적 사회안전망 구축과 적극적 노동시장정책 개발에 앞장서야 한다. 가장 영향력 있는 최대 기업 단체답게 경영진이 참고할 만한 비정규직 전환·감축 가이드라인이나 매뉴얼, 성공사례집쯤은 공들여 제작, 보급하는 것이 최소한의 사회책임 아닐까. 무책임 자본주의에서 사회책임 자본주의로 전환이 시급하다.

양심적 병역거부자 처벌, 야만과 문명의 기로

양심과 신념을 고수하기 위해 감옥행을 마다하지 않을 정도로 너무나 인간적인 젊은이들을 도대체 언제까지 감옥에 보낼 작정인가. 양심적 병역거부자에 대해 우리 사회가 어떤 태도를 취할 것인가는 야만사회와 문명사회 중 어느 쪽에 설 것인지 선택을 묻고 있는 것에 다름 아니다.

지금 헌법재판소에는 병역법에 대한 위헌심판제청서가 수북이 쌓여 있다. 2008년 9월 5일 춘천지방법원 항소 1부를 시작으로, 지난해 연말 수원

지법 항소 4부와 금년 1월 5일 김천지원 단독판사까지 모두 5개의 하급심이 헌재의 2006년 합헌결정에도 불구하고 다시 헌재에 공식적으로 위헌심판을 청구했기 때문이다. 하나하나의 위헌심판제청 결정은 물론 대체복무제가 없는 현행 병역법이 위헌이라는 담당재판부의 법적 확신에 기초한 것이다. 이는 또한 헌재의 합헌결정에 대한 사법부 구성원들의 반발이 만만치 않음을 말해준다.

연이은 위헌제청에도 불구하고 헌재가 발 빠르게 움직일 것 같지는 않다. 무엇보다도 결정을 내린 지 얼마 안 돼 심각한 도전을 받는 것 자체가 마땅치 않을 것이다. 하지만 법원현장에서는 하루 바삐 결정해야 한다는 목소리가 높다. 위헌심판을 제청한 일부 재판부는 재판진행을 중단하고 불구속으로 풀어줬지만 대부분의 재판부는 여전히 구속영장을 발부하고 형사재판을 진행한다. 똑같은 야간집회금지법 위반사안이 재판부에 따라서 처벌받기도 하고 위헌제청으로 풀려나기도 했던 '촛불재판' 당시와 비슷한 상황이 재연되고 있는 셈이다. 2009년 11월 말의 기록을 보면 전국의 교도소에는 무려 696명의 양심적 병역거부자들이 갇혀 있다. 그나마 종전에 비해 표준형량이 거의 반으로 줄어든 덕분에 수용자 수가 많이 준 게 이 정도다. 기억하다시피 노무현 정부는 2009년부터 대체복무제를 실시하기로 방침을 정하고 추진계획을 세웠다. 현 정부가 이 약속을 뒤집지 않았더라면 양심적 병역거부자들은 지금쯤 사회복지현장에 투입돼 대체복무 중이었을 것이다. 이렇게 볼 때 보수기독교계와 수구안보세력의 환심을 사기 위해 취해진 2008년 12월의 대체복무제 도입 번복은 인권의 관점에서 평가할 때 현 정부의 최악의 조치가 아닐 수 없다.

한번 생각해보자. 대체복무제는 골리앗 중국과 적대적 아랍권을 상대하는 탓에 세계에서 둘째가라면 서러워할 안보지상주의가 판치는 대만과 이스라엘에서도 인권보호 차원에서 도입돼 성공적으로 안착한 제도다. 우리

나라도 못 할 이유가 없다. 국가인권위가 2006년 권고결정에서 밝혔듯이 국제인권법상 양심적 병역거부는 양심의 자유의 보호 범주에 속한다. 온라인게임 산업 진작을 위해서도 대체복무제를 실시하는 우리나라가 더 중한 근본가치인 양심의 자유를 위한 대체복무제 앞에서 머뭇거릴 이유가 없다.

마침 법원판사들도 양심의 자유를 일방적으로 희생시키는 반인권적 처벌 관행에 대해 위헌제청의 형식으로 반기를 들고 있다. 위헌제청에 대한 헌재의 신속한 심리와 현명한 판단이 필요하다.

질서 너머의 자유

자유민주주의의 이상은 국가의 질서 속에 살고 있으면서 동시에 국가 질서 너머의 자유를 지향하는 데에 있다. 모든 국가권력이 인간의 초월적 자유를 존중하고, 각 개인의 양심과 진실에 겸허한 자세를 보일 때, 그 국가는 비로소 자유민주주의적 품격을 갖추게 된다. 사법부만이 아니라 검찰도 국가인권기구들도 모두 현실의 권력과 이해관계로부터 거리를 두어야 하며, 그 누구든 개개인의 자유와 삶의 가치를 귀하게 여길 줄 알아야 한다. 어린 아이들이라고, 사회의 주류와 다른 신조를 가지고 있다고, 학력도 재력도 권력도 없는 약한 이들이라고 그들의 인생을 쉽게 취급한다면, 그러한 질서는 단지 국가적 수치가 될 뿐이다. 어느 누구도 다른 이들의 인생을 섣불리 판단할 수 없으며, 삶의 진실과 가치는 현실의 질서 너머에 있을 수 있다는 생각, 그것이 자유민주주의 국가의 인식론이다.

특히 사법부의 독립은 자유민주주의 국가의 품격을 가늠한다. 사법부는 권력들 상호간의 견제와 균형의 한 축에 그치지 않는다. 사법부의 독립은 '야심으로 야심을 통제한다'라는 세속적 권력분립으로만 설명되기 어렵다. 사법부는 바로 인간 자유의 초월성을 반영하는 격리와 거리두기를 특징으로 한다. 어떤 현실적 야심도 배제된, 사회로부터 고립되고 독립된 공간이 사법부의 자리가 되는 것이다. 그렇기 때문에 미국 헌법의 기초자들은 연방 판사들을 종신직으로 하였으며, 비록 '돈도 칼도' 주지 않았지만, 정의의 심판, 자유의 옹호라는 도덕적 권위를 부여한 것이다.

하지만, 지금 우리 사회에서 사법부는 권력기구화되거나 권력의 일부처럼 취급되고 있다. 행정권력이 사법권을 동반적 권력기구로 생각함은 물론이고, 법원 내에서도 사법정의와 자유에 대한 사명감보다는 사법권력의 정점에 서고 싶은 욕망이 앞서는 모습이 보인다. 사법부가 사법독립의 본질, 국가의 제한성과 자유의 초월성에 대한 인식이 없다면, 사법정의는 옳게 달성될 수 없다. 그리고 사법정의가 실패하는 곳에서 국가의 품격은 찾기 어려울 것이다. 사법정의가 보장되는 국가에서 비로소 개개인의 자유와 인권이 약동할 수 있고, 그렇게 만개한 자유는 다른 어떤 거국적 행사나 조형물보다 더욱 빛날 것이다. 이제는 정치권이 사법부의 독립성을 존중해야 될 것이며, 모든 법관들 스스로 사법정의와 인권에 대하여 되새겨볼 때이다.

이윤추구, 사회적 책임, 공동체의 행복 사이에서

백종국 경상대 교수 · 정치경제학

" 한국의 기업들은 어느 국가의 기업들보다

　그 기원과 육성의 과정에서 사회적 책임이라는

　내재적 성격을 더욱 강하게 지니고 있다.

　한국 기업의 역사성은 기업의 사회적 책임이

　자선적 또는 자의적 관점이 아니라

　본질적 특성임을 잘 보여준다. 뿐만 아니라,

　슘페터가 지적한 대로 기업의 사회적 책임 활동은

　기업 외부의 도전으로부터 기업을 보호해주는 역할을 한다. "

기업에 대한 두 가지 신화

최근 한국에서 유치한 G20 정상회의를 앞두고 국가의 품격 혹은 국격(國格)을 논하는 목소리가 높다. 국가의 품격이 무엇이냐는 데는 많은 의견이 있을 수 있다. 사회의 법질서, 국가 경쟁력, 국가 브랜드, 문화적 수준, 국가의 수준 등 다양하다. 이 말을 처음으로 사용한 후지하라 마사히코는 이를 "사회 구성원 전체가 만들어가는 향기"라고 정의하고 국가의 독립 의지, 사회구성원의 높은 도덕성, 아름다운 자연환경, 그리고 천재의 배출이 가능한 풍토를 주요 지표로 삼고 있다.

국가의 품격에 관한 논의는 유익한 측면이 있다. 우리는 사람의 품격을 인격(人格)이라 부르고 이를 개인의 총체적인 사회적 구현으로 요약하고 있다. 인격에 빗대어 본다면, 어떤 국가가 국제사회에서 구현되는 모습을 총체적으로 국격이라고 표현해볼 수 있다. 또한 인격의 요소로서 다양한 기준이 논의되고 이 기준을 충족하기 위한 수단을 다뤄보는 것처럼 국격의 요소와 기준 그리고 그 기준 충족을 위한 수단 등에 대해 논의해볼 수 있다.

국가의 품격을 논의하는 데 있어서 기업의 품격은 매우 중요한 요소이다. 기업은 국가 공동체의 중요한 영역 중 하나이기 때문이다. 국가 공동체란 개인과 가정, 기업, 종교단체, 시민단체, 군대, 정부, 국회 등으로 지칭되는 하위 공동체들의 결집이다. 분류상 나뉘어져 있을 뿐 사실은 다원적이고 중첩적이기 때문에 하위 공동체들의 품격이 낮은 데 상위 공동체만이 일정한 품격을 유지하기란 불가능하다. 더구나 현대 자본주의 사회에서 기업은 국가의 삶을 좌우하는 경제활동의 대표적인 주체이다. 기업의 품격이 낮은 데 국가의 품격이 높기란 불가능하다. 국가의 품격을 높이려면 반드시 기업의 품격을 높여야 한다.

기업의 품격을 높이려면, 인격이나 국격에서의 논의처럼 기업의 존재 의의나 기준 그리고 이 기준을 달성하는 수단 등에 대한 논의가 필요하다. 이 논의가 없이 진행되는 토론은 서로의 소통이 두절된 바벨탑과 같다. 소통이 두절된 공동체는 상대방이 무슨 말을 하는지 이해할 수가 없어서 결국 갈등으로 붕괴하는 운명에 처하게 된다.

현재 한국의 기업에 대해서는 이러한 소통을 가로막는 두 종류의 신화가 유행하고 있다. 첫째는 재벌 집단에서 나오고 있다. 기업은 이윤을 추구하는 기계이고, 기업가가 곧 기업이며, 기업가의 소득은 투기적인 행위에 대한 보상이라는 주장이다. 둘째는 재벌을 비판하는 집단에서 나오고 있다. 한국은 자본주의 국가이므로 자본의 논리, 즉 자본을 대표하는 재벌이 지배하는 국가이며, 백보를 양보하더라도 미제국주의를 위해 경제적 잉여의 착취를 구현하는 '매개자'에 불과하다는 주장이다. 어느 국가이든 민주사회라면 이 정도의 극단론은 흔히 있게 마련이다. 그러나 한국 사회의 문제는 이러한 극단적 주장들이 상당한 세력을 가지고 있어서 이데올로기의 양극화가 사회를 지배하고 있다는 데 있다.

이 주장들이 신화에 불과한 이유는 과학적 논리나 역사적 현실과 너무나 동떨어진 주장이기 때문이다. 우선 기업이 과연 이윤만을 목적으로 조직된 공동체라는 정의에 대한 의문이 든다. 말할 것도 없이 기업의 목표는 이 공동체를 이루는 구성원들의 행복이다. 이윤은 자본주의 시장 경제체제에서 이 목표를 이루기 위한 수단 중 하나에 불과하다. 실제로 기업들은 장래의 보다 큰 만족을 위해 현재의 이윤을 희생하는 경우가 비일비재하다. 기업가가 곧 기업이라는 주장도 근거가 희박하다. 물론 기업주 1인의 기업도 적지 않지만 기본적으로 기업은 재화나 용역을 생산하는 조직체로 보아야 한다. 기업에는 사적 기업이 주류이지만 공적 기업도 많고, 공사 혼합형 기업들도 적지 않다. 배종태와 차민석은 기업가정신을 확장하여 사내 기업가정신, 대학 기업가정신, 사회적 기업가정신으로 나누기도 한다. 따라서 모든 기업을 사적 기업으로, 모든 기업적 행위를 이윤추구 행위로 환원하는 주장은 옳지 않다.

군사독재와 결탁한 재벌 중심의 체제를 공격하기 위해 이데올로기적 논리에 몰두하는 태도도 바람직하지 않다. 한국의 자본, 즉 기업들은 아직까지 국가 권력을 능가해본 적이 없다. 정주영의 국민당이나 이건희의 삼성자동차처럼 점차 자본의 힘이 국가를 능가하는 모습이 보이지만 아직까지는 한국이 자본주의 사회라고 해서 자본가들이 지배하는 국가라고 보기는 어렵다. 그보다 만일 자본을 미래의 소득을 유발하는 자원으로, 기업을 자본과 노동을 조직하여 재화나 용역을 생산하는 조직체로, 또한 기업가를 이 조직체를 조직하고 이끌어가는 지도자로 정의한다면 구태여 자본에 대해 그렇게까지 적대감을 표시할 필요가 없다.

때로 니체가 말하듯이 "괴물과 싸우다가 괴물을 닮기도 한다." 봉건주의 체제의 악덕을 공격하기 위해 발달했지만 지독한 노동 착취를 통해 "몸 전체의 땀구멍에서 피와 오물을" 흘렸던 근대 자본주의 체제나, 자본주의의 악폐를 공격하기 위해 발달했지만 자본주의보다 더 지독한 악정을 유발한 공산주의 체제가 그러한 예이다. 후자의 사례로서 소련은 공산주의 체제를 확립하기 위해 1921년에서 1953년 사이에 79만 455명을 사형에 처하고 305만 7,909명을 강제노동에 처했다. 트로츠키가 지적한 대로 공산주의의 역사에는 '피의 강'이 흐르고 있다. 과학적 인식을 배제하고 현실을 무시하는 이데올로기적 태도가 얼마나 무서운 결과를 초래하는지를 잘 보여주는 사례이다.

이러한 주장들은 대체로 품격이 떨어지는 두 가지 부류의 학자들이 전개하는 글에서 나타난다. 첫째는 과학적 진실의 탐구보다는 개론적 지식을 맹신하는 학자들이다. 둘째는 기업가들의 무분별한 탐욕을 정당화함으로써 부수적 혜택을 누리려는 학자들이다. 이들은 주로 수입된 학설에 의존하고 이에 대하여 거의 사대적 존중심을 가지기 때문에 끝없는 순환론과 환원주의에 사로잡히게 마련이다. 예컨대, 모든 기업 행위를 '이윤의 논리'나 '자본의 논리'로 환원하고, 이에 반하는 현실이 발견될 때에는 이 논리의 궁극성만을 강조하고 있는 것이다. "결국 그렇게 될 것이다"라는 것이 이들의 부르짖음이다. 이들은 자신의 아이디어를 사러 올 자본가를 집 앞에서 기다리며 일생을 마쳤던 샤를 푸리에와 유사한 사람들이다.

자본주의의 본질과 품격

기업의 진정한 품격은 이미 많은 사상가들에 의해 폭넓게 논의되었다. 기업가 혹은 자본가들이 중세 봉건주의의 압제를 극복하고 공동체의 중요한 주체로 인정받게 된 것은 애덤 스미스의 『국부론』에 힘입은 바가 크다. 영리활동을 중심으로 자기이익을 추구하는 부르주아 도시민들은 중세적 공동체의 구성 원리로 볼 때 경멸을 받아 마땅한 하층민들이었다. 이들은 이타심으로 세상을 이끄는 고귀한 성직자들과 귀족들의 지도에 따라 살아야 했고 때로 착취와 약탈을 당하더라도 이를 숙명으로 받아들여야 했다. 스미스의 주장에 따르면, 이런 식의 중세적 사고는 이론과 실제 모두에서 허구이며 우리 모두가 자기이익을 충실히 따를 때 세상은 도리어 더 좋아질 수 있다. 각자의 천부적 자질에 따라 사회적·기능적 분업에 참여하고, 시장의 독점이나 권력의 개입을 제거하면, 공정한 시장경쟁으로 그 사회는 '자연가격' (自然價格)이라는 이상을 달성할 수 있다. 기업들이야말로 다른 여타의 사회적 주체들과 함께 이 이상을 실현하는 당사자로서 품격을 인정받을 수 있다는 것이 그의 생각이었다.

애덤 스미스는 특히 독과점을 매우 싫어했다. 그가 공격한 중상주의 체제란 국내적 독점과 국제적 독점을 의미한다. 국내적 독점이란 국왕에 의해 제조업과 상업의 특허권을 부여받은 길드제도를 의미하고, 국제적 독점이란 수출을 장려하고 수입을 제한하는 무역제한과 수출장려금을 의미한다. 이러한 제도들은 비효율성과 불평등을 증가시키므로 유해할 뿐만 아니라 이 제도들이 추구하는 본래의 목적 자체를 저해하는 모순을 가지고 있다. 독과점은 기업의 본래 목적, 즉 국부 증대에 참여함으로써 보람과 행복을 얻는 경제 주체로서의 품위를 손상시킨다. 스미스는 전국경제인연합회와 같이 기업인들이 "친선이나 휴식을 도모하기 위해" 모이는 행위도 싫어했는데, 그 이유는 이러한 모임들이 거의 언제나 "인민에 대한 음모, 즉 어떻게 하면 가격을 올릴 것이냐 하는 음모로 결말이 나게 되어 있기" 때문이다.

이러한 점 때문에 재벌의 독점을 정당화하려는 한국의 신자유주의자들이 애덤 스미스를 싫어하는 것도 무리가 아니다. 예컨대, 공병호는 그의 『기업가』라는 책에서 "기업가란 원래 불확실성 속에서도 기꺼이 위험부담을 담당하려는 사람들임을 생각하면, 애덤 스미스 역시 기업가를 완전히 이해하는 데는 문제가 있었다"고 비판하고 있다. 여기에서 한 걸음 더 나아가 "지식인은 기업가를 진정으로 이해하기 힘들다"고 결론을 내리고 있다. 공병호가 이처럼 격분하는 이유는 스미스가 "지나친 이윤 추구"를 불건전한 것으로 간주했기 때문이지만, 사실 스미스의 사상과 신자유주의 사이에는 건널 수 없는 강이 흐르고 있다. 비록 스미스에서 시작하였지만, '매개의 변증법'에 따라 소외의 과정을 거듭해온 신자유주의에서는 기업가의 존재란 품격을 논의할 만한 대상이 아닌 것이다.

프리드리히 리스트는 스미스가 가진 이상주의적 약점을 가장 정확하게 지적한 현실주의적 사상가이자 실천가이다. 그는 완전경쟁적 시장과 자연가격이란 것이 세상에서는 이루어지기 힘든 이상이라는 점에 착안하였다. 물론 천부적 자질과 사회적 분업의 효용은 당연히 중요하며 시장 가격의 기능도 유효하다. 그러나 인간은 초월적 존재로 태어나는 게 아니라 갖가지 실존과 연계된 존재로 태어난다. 특히 베스트팔렌 조약 이후로 자리를 잡게 된 민족국가 체제 내에서는 어느 국민으로 태어났느냐가 중요하다. 기업이나 기업가도 이러한 역사적 존재이다. 기업이라는 공동체가 국가 공동체 내의 분업에 참여할 때에도 그곳이 영국이냐 독일이냐에 따라 상당히 다른 성격을 지니게 된다. 유치산업보호, 역사적 발전 단계에 따른 무역정책, 기술과 자본의 증진, 노동시장의 안정, 기업능력의 고취 등을 위한 국가의 시장개입은 불가피하며 이는 한마디로 '유기체적 민족경제'라고 표현할 수 있다. 이 유기체 내에서 기업은 각각의 역사적 발전단계에 따라 독특한 품격을 지닐 수밖에 없다.

한편 마르크스가 애덤 스미스의 논지를 정교하게 역공함으로써 자본가의 품격을 현저히 떨어뜨렸을 때에 이를 구제한 사람은 막스 베버이다. 베버가 보기에 자본주의는 근대적 산물이 아니라 고대로부터 다양한 형태로 전개된 경제체제의 일부분이다. 정치 자본주의의 고전인 제국주의적 자본주의에서부터 모험자본주의 · 천민자본주의 · 금융자본주의 · 산업자본주의 등이 존재하였고 각각의 자본주의 내에서의 품격은 각각의 역사적 기준에 조응하고 있었다. 영국과 미국의 산업자본주의에서 베버는 프로테스탄티즘과 근대적 자본주의 사이의 인과관계를 발견했다. 예컨대, 칼뱅의 예정론은 프로테스탄트들에게 세속적 금욕주의를 요구하였고, 이는 자본의 축적과 근면한 기업활동을 촉진했다. 이들에게 있어서 사업의 성공은 그들이 믿는 구원의 예정에 대한 증표였기 때문이다. 물론 라이트 밀즈가 지적한 대로 이 주장에는 많은 허점이 있다. 그러나 베버의 주장은 자본과 기업의 품격을 증명하려는 사람들이 가장 많이 인용하는 논지가 되었다.

종교적 논증에 의존하였던 베버와는 달리 조셉 슘페터는 자본주의의 내적 논리가 자본가 혹은 기업가의 품격을 증명한다고 보았다. 슘페터는 이윤동기에 추동당하는 고립분산적인 생산자들이 구성하는 완전경쟁적 시장이라는 신화를 믿지 않았다. 도리어 현실 자본주의는 대규모의 독과점 기업이 대세이며 이들의 비경쟁적 행동이 일반적이다. 그럼에도 불구하고 자본주의가 국부의 증진에 뛰어난 성과를 거둔 이유는 자본주의의 본질이 바로 창조적 파괴이기 때문이다. 창조적 파괴라는 기술혁신의 과정을 통해 기업가들은 보상을 받게 되며 이것이 바로 자본주의의 품격이다. 자본주의가 그 품격을 유지하는 한 이 과정은 영속적으로 불어닥치는 돌풍으로서 규모에 상관없이 기업가들의 새로운 모험을 추동하게 된다.

그러나 과연 자본주의가 계속 그 품격을 유지할 것인가에 대해 슘페터는 부정적이다. 그의 분석에 따르면 놀랍게도 근대 자본주의는 그 결과가 성공적일수록 더욱 극심한 내외의 도전에 직면하게 된다. 내적 도전의 핵심은 자본주의가 발달할수록 기업가의 혁신적 기능이 사라지고 관료적 경영자들이 그 영역을 장악하게 된다는 점이다. 기업의 소유권은 점차 탈물질화된 부재소유권으로, 가족 중심의 인격적 경영은 비인격적 법인의 경영으로 변하고 있다. 전체적으로 이윤동기 자체가 약화되는 과정이 반복된다. 외적 도전이란 자본주의적 모순을 완화시켰던 완충지대의 소멸, 이러한 모순이 초래하는 사회적 불평등을 비판하는 지식계층의 등장, 그리고 이러한 상황을 활용하여 대중의 환심을 사려는 정치가들의 노력으로 자본주의 체제 자체가 공격을 받게 된다는 것이다. 이러한 관점에서 사회주의로의 진화는 필연적이지만, 이 경우의 사회주의는 마르크스주의적 세계가 아니라 국가 자본주의적 혹은 조합주의적 자본주의 체제를 의미한다.

위에서 검토한 사상가들의 입장을 요약해볼 때, 서로의 관심사가 다르다는 점을 고려한다 하더라도, 기업은 국가 공동체의 분업 구조에 참여하는 하위 공동체이며 기업의 목표는 여기에 참여하는 구성원들의 행복 증진이라는 점에 대한 합의는 분명하다. 다시 말하자면 기업의 품격은 무한정한 이윤추구가 아니라 다원적 공동체들의 행복을 동시에 증진시킬 수 있는 분업적 참여에 의해 결정된다. 예컨대 기업 활동을 빙자하여 가정을 파괴한다든지, 기업 활동으로 인해 대학의 진리탐구가 왜곡되는 경우에 이는 그 영역의 본질에서 벗어난 것이므로 국가가 제한할 필요가 있다. 권력이든 돈이든 한 영역의 가치가 다른 영역의 가치를 압도하는 것은 바람직하지 않다. 가치의 단일화는 공동체적 분업의 품격을 떨어뜨리는 일이다. 국제화의 진행으로 인해 기업의 영역이 국가 공동체의 범주를 초월할 수도 있다. 그러나 세계 공동체의 관점에서 보아도 기업은 여전히 하위 공동체로서 다원적 공동체 전체의 존재 정당성과 긴밀히 연관되어 있다. 모든 품위 있는 사상가들이 공통적으로 지적하는 요점은 기업이란 존재가 초월적 존재로서 하늘에서 뚝 떨어진 것이 아니라 역사적 존재로서 각각의 현실에서 구성되었다는 점이다. 이러한 구성적 요건이 각각의 기업이 취해야 할 품격의 요건을 결정한다.

한국적 기업 모델과 그 품격에 대하여

기업이 역사적 존재로서 각각의 현실에서 구성되었다는 점을 고려해볼 때, 한국의 기업이 가진 공동체성은 다른 나라의 경우와 비할 바 아니다. 한국의 기업은 공적이든 사적이든 한국이라는 공동체와 밀접한 연관을 맺고 있다. 이 맥락은 한국 발전 모델의 속성으로서 조건지어져 있고, 한국 발전 모델의 역사에서 증명되고 있다.

우선 한국의 발전 모델을 생각해보자. 전후 제3세계의 입장에서 볼 때 한국은 경제성장과 민주화를 동시에 달성한 거의 유일한 나라이다. 그러므로 한국 모델의 핵심을 말하자면 경제성장과 민주화의 동시 달성이라고 할 수 있다. 혹자는 개발독재가 한국 모델의 특징이라고 말하지만 많은 제3세계의 개발독재 국가들이 급속한 경제성장은 고사하고 아사와 공동체 해체의 위기에서 헤매고 있음을 보고 있다. 한국의 급속한 경제성장은 군사독재 때문이 아니라 군사독재에도 불구하고 이루어졌다. 물론 민주주의의 성취 여부에 대해 아직 논란의 여지가 많고 선진국들의 수준에 도달해 있다고 보기는 어렵다. 그러나 평화적이고 실질적인 정권교체가 발생했으며 보통선거권의 확립과 각종 정치적 자유가 상당한 정도 보장되고 있다는 점에서 이제 민주국가로 진입했다고 볼 수 있다.

한국 모델의 성취 과정에 대해 다양한 논의가 있다. 필자는 이러한 토론을 종합하여 졸저 『한국 자본주의의 선택』에서 그 진행 과정의 중요한 요건들을 다음 네 가지로 정리한 바 있다.

첫째는 성공적인 토지개혁으로 자영농을 육성했다는 점이다. 미군정과 이승만 정부 하에서 진행된 성공적 토지개혁으로 산업화에 저항할 가능성이 높은 지주계층이 소멸되었다. 그 대신 생겨난 자영농은 산업화에 극히 필요한 자본과 노동력을 공급하였다. 또한 한국 정부는 이들 자영농이 제공하는 정치적 지지를 통해 민주적 정통성의 외피를 유지할 수 있었다. 막스 베버와 알렉시스 드 토크빌은 미국에서 나타난 지주계급의 부재와 건강한 자영농의 존재를 신의 은총이라 불렀다. 한국도 성공적인 토지개혁으로 이 은총을 누리게 되었다.

둘째는 높은 교육열로 인해 질 좋은 노동력을 공급할 수 있었다는 점이다. 한국의 자영농들은 그들의 자녀에게 고등교육 기회를 부여하고자 전력했다. 왜냐하면 고등고시나 대기업 입사 시험과 같이 공정하고 평등한 충원 체제를 통과하면 바로 '지배연합'의 일원이 되었기 때문이다. 이들이 불러일으킨 교육열로 한국은 짧은 시간 안에 모든 교육 지표에서 가장 뛰어난 국가가 되었다. 국제 수준의 지식을 구비한 고급 노동자들의 존재는 한국이 어떻게 해외기술을 신속히 토착화하고, 선진국들의 발전 경험에서 나타난 시행착오를 줄였을 뿐 아니라, 미국의 전후 패권체제를 활용할 수 있었는가를 잘 설명해주고 있다.

셋째는 미국의 전후 패권체제가 한국에게 후발주자효과를 누릴 수 있는 기회를 제공했다는 점이다. 급속한 산업화를 달성하려면 막대한 자본과 기술이 필요하다. 때마침 형성된 미국의 전후패권은 이 자본과 기술을 자유롭게 공급하는 개방적인 국제환경을 제공하였다. 무엇보다도 냉전의 교두보라는 한반도의 전략적 위치 때문에 미국은 1945년에서 1985년 사이에 이르는 기간 동안 무려 150억 달러라는 막대한 원조를 좁은 남한 땅에 쏟아 부었다. 이 액수는 미국이 마셜 플랜으로 유럽 전역에 제공한 원조액이 170억 달러였다는 사실과 비교할 때 엄청난 액수라 할 수 있다. 특히 1970년대에 추진된 중화학공업화는 선진기술의 자유로운 이전과 토착화가 아니고서는 불가능한 일이었다.

넷째는 '국민주력기업' 육성을 위해 지배연합이 단결했다는 점이다. 앞서 설명한 요인들은 정치경제학에서 요소투입이라고 말한다. 그런데 요소투입의 증가만으로는 경제성장을 설명하지 못한다. 요소투입과 경제성장 사이에는 이 지배연합의 단결이라는 인과적 고리가 있어야 한다. 한국과 멕시코의 자동차산업화 노력을 비교해보면 이 요인의 중요성을 잘 알 수 있다. 양국은 1960년대 말에 고유 모델을 개발하여 해외시장에서 경쟁할 수 있는 수준의 민족기업, 즉 국민주력기업을 만들고자 했다. 한국은 성공했고 멕시코는 실패했다. 다국적기업의 압력 앞에서 멕시코 지배연합은 분열했고, 한국 지배연합은 단결했기 때문이다.

한국 모델에 있어서 이 전체 과정은 일종의 유기적 과정이다. 예컨대, 토지개혁으로 인한 지주 계층의 소멸과 자영농의 공고화가 없었다면 질 좋은 노동력의 공급이 없었을 것이고, 질 좋은 노동력의 공급이 없었다면 미국의 전후패권을 활용하는 일도 없었으며, 국민주력기업 육성을 위한 지배연합의 단결도 불가능했다. 물론 급속하게 성장하는 중산층이 주도하는 시민단체의 육성과 이로 인한 민주화도 불가능했다. 따라서 경제성장과 민주화의 기원은 토지개혁의 성공이고 성공의 마지막 요소는 공동체적 단결 혹은 정부의 올바른 정책 선택이라고 할 수 있다. 만일 어떤 제3세계 국가가 한국의 이러한 과정을 반복할 수 있다면 그 국가는 한국처럼 급속한 경제성장을 달성할 수 있을 것이다.

이러한 점에서 한국의 기업, 특히 재벌의 역사는 공동체적 헌신의 역사이다. 급속한 수출 대체 산업화를 위해 국가는 해외시장에서 경쟁할 수 있는 국민주력기업을 육성하고자 했다. 국가 공동체의 모든 역량을 총동원하여 이 전략 달성을 주도하는 기업들의 육성에 투입하였다. 산업화 초기에 개별 기업의 상업 차관조차도 전액 정부보증이었고, 금융·조세·사회간접자본 시설 등 기업 활동의 결정적 분야에서 강제적 자본이전을 시도했다. 이것이 현존하는 한국 자본의 기원이다.

한국 자본의 기원에서 뿐만 아니라, 한국 자본의 육성 과정에서도 기업을 위한 공동체적 헌신의 모습은 현저하다. 1972년의 사채동결령이나 1997년의 외환위기 극복정책은 기업의 붕괴를 막기 위해 정부와 국민이 막대한 비용을 떠맡은 것에 다름 아니다. 이 과정에서 때로는 '관치경제' 또는 '정경유착'이라는 비난을 받았지만 핵심은 해외 시장에서 경쟁할 우리의 대표선수를 살려내야 한다는 공동체적 고려였다.

기업을 만들고 살리는 과정은 혹독한 차별적 대우의 과정이었다. 이러한 차별적 대우에 접근할 수 없었던 공동체 구성원들에게 이 과정은 물질적 박탈과 쓰라린 인고의 역사였다. 숙련된 노동력 공급을 위한 농업 부문의 희생은 말할 나위도 없고, 산업 부문에서도 전략 산업의 육성을 위한 중소기업의 희생이 두드러졌다. 이들에게 주어진 보상은 "우리도 한 번 잘 살아보자"는 공동체적 약속이 사실상 전부였다. 한국에서 기업의 규모가 클수록, 업종의 전략적 성격이 강할수록 공동체적 성격은 더욱 강해진다.

최근 한국의 반기업정서가 세계적으로 상위 수준이라는 주장은 충분히 납득할 만하다. 기업을 비롯한 한국의 지배연합이 경제성장의 초기에는 "우리도 함께 잘 살아보자"라고 주장하다가 이제 어느 정도 잘 살게 되니까 "너는 우리가 아니다"라고 말을 바꾸고 있기 때문이다. 사회적 배신감은 큰 분노를 불러일으킨다.

한국의 기업에 대한 배신감과 분노는 기업 스스로가 불러일으킨 것이다. 한국개발연구원이 2007년 5월에 조사한 바에 따르면, 조사대상에 포함된 경제전문가들의 97.2%가 반기업정서의 원인이 기업 자체의 문제에 있다고 답변했다. 경제전문가들뿐만 아니라 조사대상 기업인들 중 48.5%도 이러한 분석에 공감하고 있다. 따라서 "TV의 반기업적 드라마가 반기업정서를 확산하고 있다"는 광고주협회의 회원사 간담회 내용이나, "반기업정서가 기업경영에 부정적 영향을 주고 있다"는 전국경제인연합회의 2009년 2월 조사 결과는 인과관계를 전도한 주장임에 틀림없다.

다른 말로 표현하자면 기업들의 품격 상실이 반기업정서의 원인이다. 한국개발연구원의 2007년 조사도 이러한 점들을 지적하고 있다. 반기업정서의 원천은 공기업이나 중소기업이 아니라 재벌들이었다. 재벌들이 비판을 받는 이유는 문어발 확장, 분식회계, 편법상속, 정경유착, 탈세, 부당한 기업지배구조 등이었다. 기업의 최우선 목표에 대해 이윤창출과 이윤의 사회적 환원, 혹은 근로자의 복지향상 등이 주요 기준으로 거론되었다.

한국 기업이 되찾아야 할 품격은 다음 네 가지 기준에서 생각해보아야 한다.

첫째는 어떠한 소유일지라도 "맡겨진 것으로서의 소유"라는 성격을 갖고 있으며 소유의 특별한 형태인 기업도 여기에서 벗어날 수 없다는 점이다. 사적 소유권은 절대적 권리가 아니며 공동체의 필요와 자유와 복지를 위해 사용되어야 한다. 이러한 주장은 이념을 달리하는 많은 이론가들 사이에서도 광범위한 합의를 보이고 있다. 각각의 노력에 따라 얻은 바를 배타적으로 소유하는 것은 보장되어야 하지만, 어떤 경우일지라도 오로지 개인적 노력만으로는 소유가 이루어질 수가 없다는 점에서 각각의 수준에 따른 공동체적 고려는 정당하다. 공동체의 운명을 좌우하는 규모일수록 이러한 성격은 더욱 강하다. 기업가는 국가 공동체로부터 그 기업을 수탁받은 자이다.

특히 한국의 경우 이러한 공동체적 성격은 더욱 강하다. 재벌들은 주로 지배연합 내부의 협의에 의해 각각의 역할을 분담했으며 국가는 이 분담에 책임을 시고 지원하고 보호해주었다. 이러한 과정은 역사적이므로 기업에 대한 가문들의 운영·통제 행위를, 법적인 요건을 갖추고 있는 한, 윤리적으로 판단하기는 힘들다. 특히 재벌의 존재 자체에 대한 이데올로기적 편견은 바람직하지 않다. 장래에 기업의 경영이 가문의 통치를 벗어나 기업공동체 내에서 가장 유능한 자의 통치로 전화하는 과정이 필요할 것이다. 현 수준에서 기업의 품격을 결정하는 것은 각각의 기업들이 과연 원래의 목적, 즉 국가 공동체의 분업적 위치에서 효율적으로 활동하고 있는가 하는 것이다.

둘째로 창조적 파괴를 주도하는 기업가정신은 매우 소중한 자원이므로 각별히 보호하고 격려해야 한다는 점이다. 사기업이든 공기업이든 기업의 효율성은 기업공동체의 단결과 유능한 지도력에 의해 결정된다. 이러한 점에서 그 설립 목적 자체가 공익의 증진인 공기업을 사기업화하려는 시도는 바람직하지 않다. 공기업은 대개 사기업이 맡기 어려운 분야나 공동체에 필수적인 분야를 담당하기 때문이다. 이로써 공기업은 사기업의 효율을 증진시켜주고 때로 독과점적인 사기업의 전횡과 방종을 제어하는 역할을 한다. 문제는 매개의 변증법으로 인한 공기업의 비효율성인데 이러한 비효율성은 공기업이든 사기업이든 동일하게 발생한다는 점에 유의해야 한다. 따라서 사기업의 효율성이라는 신화에 사로잡혀 있을 것이 아니라, 어느 경우이든 기술혁신과 조직혁신을 주도하는 기업가정신이 발생하도록 지원하고 감시하는 체제의 수립이 긴요하다.

셋째로 기업 공동체 내에서도 민주적 질서를 위한 적절한 수준의 세력균형이 필요하다. 국가든 기업이든 절대 권력은 절대 부패한다. 창조적 파괴를 주도하는 기업가정신은 존중을 받아야 하지만 기업의 운명을 기업가의 자의적 판단에만 전적으로 의존하는 것은 지혜로운 일이 아니다. 기업은 기업가들과 노동자들의 공동체이며 주주를 비롯한 이해관계자들이 일정 부분 참여할 필요와 의지가 있는 조직이다. 공동체적 참여를 동원하면 할수록 그 공동체는 더욱 강해지고 지혜로워진다. 특히 기업의 규모가 클수록, 창업자 세대가 종료된 기업일수록 이러한 측면의 중요성은 더욱 강하다. 창업자 세대가 종료된 재벌들이 이른바 '르호보암 콤플렉스'를 이기지 못하고 붕괴하는 모습을 우리는 흔히 보고 있다. 스웨덴의 사례에서 보는 바처럼 노동자들의 조직화와 공동체적 참여는 경영을 저해하는 요소가 아니라 기업의 품격을 증진시키는 요소이다.

마지막으로 기업의 사회적 책임은 기업의 품격을 위해 필수적이라는 점이다. 한국의 기업들은 어느 국가의 기업들보다 그 기원과 육성의 과정에서 사회적 책임이라는 내재적 성격을 강하게 지니고 있다. 한국 기업의 역사성은 기업의 사회적 책임이 자선적 또는 자의적 관점이 아니라 본질적 특성임을 잘 보여준다. 뿐만 아니라, 슘페터가 지적한 대로 기업의 사회적 책임 활동은 기업 외부의 도전으로부터 기업을 보호해주는 역할을 한다. 따라서 막대한 자금을 투입하여 "기업의 목적은 오로지 이윤창출이며 사회적 책임을 묻는 것은 잘못된 것이다"라는 경제교육을 통해 반기업정서를 완화해야 한다는 재벌 일각의 주장은 비합리적이며 역사적 진실에 어긋나는 것이다. 이러한 자금이 있다면 반드시 기업의 품격을 높이고 보호하는 일에 사용되어야 한다.

요약하자면 한국 기업의 품격은 다음 네 가지 즉, 맡겨진 것으로서의 소유라는 인식, 창조적 파괴를 주도하는 기업가정신의 존중, 적절한 수준에서 이루어지는 기업 내 세력균형의 유지, 사회적 책임은 기업의 본질이라는 의식 등으로 제시된다. 이 품격의 요소들은 한국 모델의 품격 혹은 한국의 국격과 일관성을 가지고 있을 뿐 아니라 더 나아가 한국의 품격 그 자체를 위해서도 중요한 기준이 될 것이라고 생각한다.

21세기 국제정치와
품격 있는 한국외교

전재성 서울대 교수 · 정치외교학

" 세력균형으로 점철되어 있는 동북아의 국제정치를
갈등과 경쟁에서 다자협력과 조정으로 변환시켜 나가고,
자국의 이익에 몰두해 있는 외교정책에서 지구 전체를 고려하고
배려하는 외교정책으로 발전시켜 나가는 이상을 추구할 때,
한국 외교의 격은 한 단계 상승할 것이다.
21세기 국제정치에서 이러한 이미지와 평판은
곧 손에 잡히는 힘이 될 수 있다.
외교에서의 품격은 단순히 치장이나 사치가 아니라,
지구인들의 마음의 정치공간에 단단히
뿌리를 내리는 힘이 될 수 있는 것이다. "

2008년 미국에서 시작된 경제위기가 세계를 휩쓸고 나서 새로운 경제질서를 모색하는 G20 정상회의가 연달아 개최되어왔다. 한국은 G20 정상회의의 일원으로서, 올해 11월 서울회의를 개최하는 의장국으로 활약하게 될 것이다. 한국은 경제위기를 해결하는 급박한 의제뿐 아니라, G20 회원국이 아닌 많은 개발도상국들의 목소리를 전달하고 대변하는 가교의 역할도 맡고자 노력하고 있다. 지구적 중견국으로 발돋움한 한국의 위상과 외교전략의 일단을 보여주는 사례다.

지난해 12월 국제개발협력에 앞장서는 공여국들의 모임인 OECD 산하 개발원조위원회(DAC)의 일원이 된 한국은 명실공히 도움 받는 국가에서 도움 주는 국가로 발전하여 많은 개도국들의 관심을 받고 있다. 변화된 한국의 위상은 국제적 평화유지활동에서도 볼 수 있다. 올해 7월 1일 아프간 한국 지방재건팀(PRT)은 파르완주에서 발족식을 갖고 공식활동을 시작했다. 민간인 49명과 경찰 8명, 이들을 보호할 군 병력 232명으로 구성된 재건팀은 주정부 자문관 파견, 방한 초청연수, 학교 · 보건소 등 각종 기재자 제공을 시작으로, 행정역량 배양, 의료, 교육 · 직업훈련, 농촌개발 등의 중점사업을 펴게 될 것이다. 테러로 얼룩져 있는 아프가니스탄에 지방재건팀을 보내기로 결정한 정부의 정책에 대해서 비판의 목소리가 있는 것도 사실이지만, 지구사회 모두의 문제인 테러를 막고, 머나먼 아프가니스탄의 안정을 도모하는 일이 우리에게도 중요한 문제라는 인식이 서서히 자리 잡고 있다. 평화유지군을 파견하는 절차를 신속하게 하기 위한 법안도 마련되었다.

냉정히 생각해보면, 우리의 국가이익과 밀접한 관련이 없고, 마음을 나눈 적도 없는 지구 반대편의 사람들을 돕고자 하는 마음은 부자연스러운 것일 수도 있다. 여전히 한국에서는 굶주리는 이웃이 있고, 청년실업이 문제가 되고 있으며, 불충분한 사회복지제도로 고통받는 사람들이 있는 것이 사실이다. 북한은 또 어떠한가? 한국의 30분의 1도 안 되는 국민총생산을 가지고도 엄청난 군사비를 지출하고, 인민들을 굶주리는 우리 민족의 반쪽이 불과 수십 킬로미터 밖에 엄존하고 있는 것이 현실이다. 그런데도 한반도에 함께 사는 우리 민족을 넘어 머나먼 지구 저쪽의 사람들에게까지 동정을 느끼는 이유는 무엇인가?

근대의 국제정치에서 품격 있는 외교를 해나가기는 매우 어렵다. 국제정치의 구조 자체가 힘을 매개로 한 정치관계이기 때문에, 도덕과 이상, 윤리와 가치를 찾는 일이 때로는 국가의 생존과 발전 자체를 위태롭게 할 수 있기 때문이다. 우리가 현재 살고 있는 세계의 국제정치적 구조는 잘 알려진 바와 같이 유럽에서 비롯되었다. 대략 15, 16세기 유럽에서 강한 군사력과 풍요로운 경제력을 바탕으로 한 절대군주들의 나라가 번영하면서 유럽의 모든 국가들은 중세 유럽의 기독교적 가치를 버리고 약육강식의 권력외교를 펴나가기 시작했다. 르네상스와 과학혁명을 거치면서 우주의 중심이 신이 아니며, 우주가 지구를 중심으로 도는 것이 아니라는 점을 인식한 근대의 유럽인들은 인간의 이성과 힘을 믿게 되었다. 갑자기 폭력과 금력의 벌판에 던져진 유럽 근대인들은 생존을 위해 처절한 경쟁을 해야 했고, 이 과정에서 품격보다는 강한 힘이 보상받는 시대를 열게 된 것이다.

근대 정치사상의 시조라고 평가받고 있는 이탈리아 마키아벨리나, 영국의 홉스와 같은 사상가들은 치열한 세력다툼이 벌어진 이탈리아 도시국가들의 틈바구니에서, 그리고 17세기 처절한 30년전쟁을 겪으면서 보다 강한 군주, 보다 강한 국가를 생존의 디딤돌로 삼게 되었다. 이타심과 동정보다는 힘과 속임수를 사용할 수밖에 없었으며, 자신의 생존을 스스로 책임져야 하는 소위 자력구제의 시대를 목격한 것이다. 국제정치에서는 "영원한 친구도, 영원한 적도 없으며, 오직 영원한 국가 이익만이 있을 뿐이다"라고 언명한 19세기 영국의 정치가 파머스턴의 사례도 이러한 유럽 국제정치의 맥락에서 나온 것이다.

적나라한 폭력보다는 항상 명분과 이상을 정치의 근간으로 삼아왔던 아시아인들에게 이러한 살벌한 국제정치는 낯선 것이었다. 19세기 아편전쟁을 시발점으로 유럽인들은 폭력과 금력을 앞세운 제국주의적 침탈을 시작하였고, 동아시아 국가들은 속수무책으로 힘의 정치에 굴복하여갔다. 스스로 제국이 되거나, 아니면 식민지로 전락하는 양자택일의 대안 밖에 없었던 유럽의 '주변'인 아시아에서 신흥 제국으로 탈바꿈한 일본과 같은 나라도 있었고, 반식민지 상태로 전락하여 이른바 '100년간의 국치'에 처하게 된 중국과 같은 나라도 있었으며, 35년간 완전한 식민지의 나락으로 떨어져 민족적 고통을 받은 한국도 있었다. 결국 냉엄한 국제정치의 현실을 스스로 익히고, 적응한 동아시아의 국가들 역시 생존하기 위한 힘의 외교에 적응하게 되었고, 그렇게 20세기의 국제정치가 전개되었다.

힘에 기반한 국제정치는 결국 대규모의 전쟁과 살상을 낳을 수밖에 없었다. 유럽은 20세기 들어 두 차례의 세계대전을 거치면서 수천만 명이 살상되는 비극을 몸서리치게 경험하게 된다. 2차 세계대전이 끝나갈 무렵, 유럽의 국가들은 또 다른 전쟁을 방지하기 위한 다양한 대안을 모색하고 되고, 그 해답으로 '통합'을 찾는다. 1950년 이른바 쉬망플랜으로 유럽의 석탄철강공동체를 만들어 과거 침략자였던 독일의 재부상을 통제하고, 국가들 간의 협력과 정책조정을 위한 다양한 기구들을 만들어간다. 약 40여 년의 역사를 거치면서 결국 유럽인들은 유럽연합을 탄생시키는 데 성공한다. 서로가 서로를 침략하고 살상할 것이라는 두려움이 사라진 이후, 유럽의 국가들은 서로를 해치는 경쟁에서 벗어나 대화와 협의 속에서 서로의 문제를 풀어가는 그야말로 품격 있는 외교를 추진해나가는 이상에 한 발 더 접근하게 되었다. 대외문제를 다루는 데 있어서도 유럽이 하나가 되어 유럽 자체의 이익을 보호하기 위해 협력하고 대화하는 모습을 보여주고 있다. 그 결과

유럽연합의 헌장은 다른 어느 나라의 헌법보다 도덕적이고, 인도주의적인 가치를 담고 있다. 또한 유럽 국가들 간의 인적 교류, 사회문화적 협력을 돈독히 하고, 서로의 이익을 살피며, 국경을 초월하여 공동의 문제를 고민하는 상황에 접근하게 된 것이다.

중국의 부상과 한국의 동북아 외교

품격 있는 외교는 이렇게 국제정치구조의 근본적 변화에서 나온다. 세계 각지에 폭력을 매개로 한 자력구제의 외교를 확산시킨 유럽이 스스로의 고난을 거쳐 가장 먼저 통합의 지역으로 나아가게 된 것은 역설적 현상이다. 아직 근대 유럽정치의 경쟁과 갈등을 벗어나지 못한 동아시아인들에게 이는 하나의 먼 이상으로 느껴질 뿐이다. 동아시아, 특히 동북아시아는 세계의 4대 강국이 밀집해 있는 지역이다. 이곳에서 한국은 분단국가로서 생존 자체가 항상 위태로운 지경에 있을 만큼 주변국들과의 격차를 느끼면서 살고 있다. 세계 15위 정도의 국내총생산량을 가지고 있는 한국은 ASEAN 국가들의 국내총생산량을 다 합친 것과 맞먹는 크기이며, 동북아시아가 아닌 다른 지역에 위치했다면 명실공히 지역의 강대국으로 자리매김했을 것이 틀림없다. 그러나 동북아시아에서 한국은 주변 4강에 이어 5위를 차지하는 데 급급했던 것이 사실이다.

더욱이 동북아시아는 유럽은 물론, 동남아시아 국가들보다 다자주의적인 지역협력의 기제를 발전시키는데 실패하여왔다. 동남아시아는 ASEAN이라는 동남아국가연합체와 ARF(아세안지역포럼)과 같은 자신 중심의 안보협력체를 발전시키는데 성공하여왔다. 그러나 동북아 국가들은 서로간의 경쟁에 치중한 나머지 이들 간의 다자적 협력을 추진할 수 있는 변변한 지역 다자협력기구를 만들어내지 못한 것이 사실이다. 북핵 문제를 둘러싼 동북아 국가들만의 6자회담이나, 동북아협력대화(NEACD)와 같은 대화체가 있지만, 지역안보 전체에 관한 이슈를 다루고, 또한 공식적인 차원에서의 협의를 발전시키는 데에는 많은 한계가 있다.

결국 동북아에서는 여전히 힘의 정치, 세력균형의 정치가 굳건히 자리 잡고 있는 것이다. 지난 20여 년 동안 중국은 빠른 속도로 부상하고 있다. 중국의 부상이 가깝게는 동북아 세력판도에, 멀게는 지구정치 전반에 어떠한 영향을 미치게 될지 현재로서 예측이 매우 어렵다. 역사적으로 강력한 패권국의 교체과정이 일어날 경우, 거의 예외 없이 큰 선쟁을 겪은 것이 사실이다. 과거 스페인·네덜란드·프랑스·영국·독일, 그리고 미국 등의 강대국의 부침이 있으면서 새롭게 부상하는 강대국들은 기존의 강대국, 혹은 다른 강대국들과 마찰을 빚게 되고, 이 과정에서 많은 비극적 사건들을 불러온 것이다. 현재 동북아는 중국의 부상에 따른 정세의 변화를 탄력성 있게 흡수할 수 있는 다자적인 협력기제가 여전히 부족하다. 2010년이 밝아오면서 미국과 중국 간 구글사이트를 둘러싼 논란, 그리고 미국의 대만 무기 수출을 두고 중국이 본격적인 갈등 국면으로 나오게 된 데에는 문제 해결의 대화체가 부족한 것도 중요한 원인이었다.

앞으로 동북아는 다른 어느 지역보다 급속한 세력판도의 변화가 예상되는 지역이다. 2008년 금융위기 이후, 미국의 쇠퇴론이 끊임없이 제기되는 가운데, 중국은 강력한 중앙정부의 개입으로 빠른 경제회복을 이끌어내고 있다. 더욱이 중국은 미국의 채권과 외환을 가장 많이 보유하고 국가로서, 미국도 대중 경제협력의 필요성을 강하게 느끼고 있다. 환경·기후·에너지·금융제도 문제 등 다양한 초국가적 문제에서 중국의 비중이 커지고 당연히 중국의 목소리는 높아지고 있다. 중국의 부상이 미·중 간의 본격적 대결국면으로 발전하지 못하도록 조절할 수 있는 협력체가 어느 때보다 절실한 상황에서, 한국의 고민을 깊어질 수밖에 없다. 지난 반세기 동안 끊임없는 노력으로 세계 어느 곳에서도 유례가 없는 경제발전을 이룩하고, 동시에 민주화도 성취한 한국으로서는 21세기 초 새롭게 대두된 동북아 정세의 변화는 앞으로 또다시 헤쳐가야 할 큰 도전이 아닐 수 없기 때문이다. 미국과 중국이 협력기조를 벗어나 갈등과 대결국면으로 갈 경우, 한국의 입지는 더욱 어려워지고, 여러 이슈에서 문제 해결은 더욱 난감해질 것이다. 일례로 북핵 문제를 둘러싼 6자회담 재개문제만 하더라도 미국과 중국의 협력이 절실하게 필요한 상황인데, 양국의 사이가 소원해질 경우 6자회담의 원활한 진행이 어려워질 수 있다. 더 나아가 북핵 문제의 완전한 해결과 한반도 평화정착을 위한 국제적 합의도 미중 간의 관계에 영향을 받게 될 것이다.

한국 외교가 힘과 이익의 외교를 넘어 한국 스스로의 가치와 도덕에 기초하고, 나의 이익과 남의 이익을 함께 돌보며 모두가 동의할 수 있는 인도주의에 기반한 품격 있는 외교를 펼쳐나가기 위해서는 현재 한국이 당면하고 있는 구조적 문제를 슬기롭게 헤쳐가야 하는 상황에 놓여 있다. 동북아의 상대적 약소국을 넘어서 지역과 동북아의 중견국으로 발돋움하고 이에 맞는 외교를 하기 위해서는, 주변 강대국들의 힘겨루기 외교를 견제하고 동북아의 새로운 평화질서를 만들어가기 위한 청사진을 제시하는 근본적 변환의 외교도 추진할 필요성이 있다.

지구적 시민사회, 지구적 표준에 맞는 외교

한국이 처해 있는 상황이 만만치 않더라도 향후 좀더 품격 있는 외교를 위한 전망이 어두운 것만은 아니다. 오히려 중견국 한국이 좀더 격 있는 외교를 펼쳐나갈 수 있는 유리한 조건들이 만들어지고 있는 부분들도 있다. 우선 지구정치 전체의 변화를 살펴보자. 20세기 후반부터 세계화·민주화·정보화의 추세가 활발해진 것은 잘 알려진 일이다. 이제 지구 한구석에서 벌어지는 일이라도 정보화의 물결을 타고 지구 전역에 실시간으로 생중

계되며, 모든 이들이 관심을 가지고 이에 대한 의견을 표명할 수 있다. 온라인에서는 모든 네티즌들이 자신의 의견을 자유롭게 표출할 수 있는 기술환경이 만들어졌는데, 민주화된 국가에서는 이러한 의견들이 표출되는 것을 통제하지 않는다. 민주주의에 대한 인류의 열망이 보편적으로 확산되어 많은 국가들이 민주화되고 있는 상황에서 점차 개인들의 정치적 견해는 통제 없이 표현되고, 자유로운 토론이 확장되는 추세이다. 물론 여전히 독재국가와 권위주의 국가들이 존재하고 있는 것은 사실이나, 세계화와 정보화의 물결은 이러한 독재가 지탱되기 어려운 환경을 조성하고 있다. 중국의 경우 인터넷 환경에 대한 국가 차원의 통제를 여전히 실시하고 있으나, 사실상 국가의 국경을 넘어 정보가 자유롭게 유통되는 것을 막는다는 것은 대단히 어려운 일이다.

민주주의를 유지하는 데에는 자유로운 의사소통의 장이 중요하다. 민주주의는 단지 국민들의 의견이 표출되고 이를 모으는 과정으로만 이루어지는 것이 아니라, 활발한 토론의 공론장이 마련되는 것이 중요하기 때문이다. 합리적인 개인들이 절차에 따라 자신의 정치적 견해를 표출하고 이를 자유롭게 토론할 때, 보다 바람직한 대안이 생산된다는 것이 민주주의의 기본 원칙이다. 이제는 국경을 넘는 지구적 공론장이 온라인에서 만들어지고 있다. 중요한 지구적 이슈가 있으면 각종 인터넷 사이트에서 그에 관한 정보가 전달되고, 활발한 토론이 이루어진다. 개인은 다른 나라의 시민들과 단체들의 의견을 자유롭게 접하고, 토론을 통해 보다 나은 의견을 생산하기도 한다. 이들이 민주주의 국가에서 살고 있다면 이러한 견해를 자국 정부의 정책에 반영시킬 수도 있다. 이제 한 국가의 외교정책은 단지 자국 국민들의 견해를 대표하는 것에 그칠 수 없다. 자국을 바라보고 있는 전 지구 시민의 눈길과 견해를 의식해야만 하는 상황이고 보면, 품격 있는 외교는 지구적 표준에 맞추어 실행되어야 하는 것이다.

지구적 시민사회가 형성되면서 강대국의 자의적 외교, 힘의 외교는 더 이상 유지될 수 없는 상황에 처하게 된다. 9·11테러 이후 미국이 처하게 된 안보적 곤경에 모든 나라들이 공감하고, 미국의 대테러전쟁에 아낌없는 도움을 주었던 것은 잘 알려진 사실이다. 그러나 2001년 10월 부시 전 행정부의 아프가니스탄 전쟁에 이어, 2003년 이라크 침공까지 개시되자, 세계의 많은 국가들과 시민들은 부시 정부의 대테러전쟁이 도를 넘어선다는 의견을 가지게 되었다. 지구 곳곳에서 미국의 이라크 전쟁을 비판하고, 미국이 믿고 있는 정보와 확신을 검증하면서, 결국 세계 최강인 미국의 외교는 품격 없는 외교로 비판받게 되었다. 2006년 중간 선거를 계기로 부시행정부는 그간 신보수주의적 외교노선을 수정해야 했고, 지구민들의 의견을 존중하는 외교노선으로 부분적으로 회귀하였다. 2008년 미국 대통령 선거에서 오바마 대통령이 당선되는 장면은 비단 미국의 정치적 이벤트에 그치는 모습이 아니었다. 지구 곳곳의 시민들이 새롭게 선출된 미국 대통령의 일거수일투족을 예민하게 지켜보면서, 미국의 외교가 어떠한 방향으로 진행될지 예의주시하고, 또 기대하기도 한 것이다. 세계 유일의 초강대국의 격에 맞는 외교를 미국이 추진해갈 수 있도록 이제는 지구적 차원의 견제와 비판이 이루어지게 된 것이다.

오바마 행정부는 소위 스마트 파워의 외교를 추진한다는 대의를 내걸고 있다. 스마트 파워는 군사력·경제력으로 대변되는 하드 파워와, 이념·가치·문화·지식·제도 등에 기반한 소프트 파워를 결합한 힘이다. 미국의 국제정치학자 조세프 나이가 제시한 소프트 파워 개념이 발전하면서 미국 정부는 이러한 개념을 받아들여 미국 외교의 기반으로 물리적 힘과 이념적·문화적 힘을 골고루 사용하면서 외교를 해나가겠다는 것이다. 오바마 행정부의 국무장관인 힐러리 클린턴 장관은 미국의 정신과 가치, 이념이 지구적 지지를 받지 못하면 미국의 외교도 성공할 수 없다는 사실을 강조하면서, 하드 파워와 소프트 파워를 적절히 결합하여 외교를 해나가겠다는 의지를 수차례 밝힌 바 있다. 미국의 힘에 걸맞은 외교를 해나가지 못할 때, 결국 물리적 힘도 아무 소용이 없는 국제정치 상황에 처하게 된다는 것을 빨리 깨닫고 이를 외교활동에 적용하기 시작한 것이다.

소프트 파워의 중요성은 비단 미국과 같은 패권국만 절감하는 것은 아니다. 부상하는 중국은 자국에 대한 주변국의 불안과 우려를 해소하기 위하여 다양한 문화적·이념적 자원을 총동원하고 있다. 현재 중국은 자신의 소프트 파워 자원을 최대한 활용하여 강대한 중국이 주변국은 물론 지구 전체를 위해 이로울 수 있다는 사실을 강조하고 있다. 이른바 중국의 '매력 공세'(charm offensive)라고 부르는 외교노선으로, 중국은 자신이 역사상 동아시아를 평화롭게 이끌어온 전통적 패권국이었다는 점과 동아시아 문명의 표준을 제시하며 주변국의 발전을 함께 도모해온 주도국이었다는 사실을 강조하고 있다. 예전과는 달리 유교적 전통을 강조하며, 공자아카데미를 설립하기도 하고, 불교의 유산을 되살리려 노력하기도 한다. 중국은 풍요로운 문화적 유산을 가지고 있기에 이러한 전통이 21세기 문명 표준에 맞게 적절히 부활되고, 이러한 보편적 가치를 중국의 외교에 적용할 수 있다면, 새롭게 부상하는 중국의 품격에 맞는 외교를 펼쳐나갈 기회를 가지게 될 것이다. 중국이 축적해가는 경제력과 군사력에 기초한 외교가 아닌, 지구 보편적 가치와 이념에 맞는 외교를 해나간다면 주변국들은 중국의 부상을 반길 것이다.

한국은 소프트 파워 자원이 많은가

21세기 국제정치의 권력장이 군사력과 경제력에 한정되지 않고, 가치와 이념, 문화와 지식의 영역으로 확산되고 있다는 점은 한국과 같은 중견국에게 반가운 소식이다. 한국이 가지고 있는 물리적 힘은 상대적으로 한계가 있을 수밖에 없기에, 만약 하드 파워가 국제정치를 결정한다면 세계적 강대국들에 둘러 쌓여 있는 한국으로서는 생존을 위한 외교에 급급하기가 쉽기 때문이다. 그러나 한국이 행하는 외교노선이 한국의 국가 이익을 추구해야 하는 것은 물론이지만, 주변 강대국들조차 미처 생각지 못했던 높은 이상과 비전을 제시할 수 있다면 한국 외교에 대한 주변과 지구 전체의 찬사와 기대는 높아질 것이다. 한국이 세계시민들의 마음을 얻는 외교를 할 수 있다면 이들의 지지는 세계 각국 정부의 외교정책에도 영향을 미치게 될 것이며, 한국은 이들의 마음을 힘으로 삼아 보다 자신 있고 품격 있는 외교를 추진해나갈 수 있을 것이다.

문제는 한국이 얼마나 많은 소프트 파워의 자원을 가지고 있는가 하는 점이다. 한국은 과연 세계시민으로부터 얼마나 매력적인 국가로 비추어지고 있는 것일까? 하나의 지표로서 국가브랜드를 들 수 있다. 객관적 지표로서의 논의의 여지는 있으나, 현재 세계적 서베이 회사인 안홀트-GfK사가 발표하는 국가브랜드지표(National Brands Index)를 예로 들어보자. 이 지표는 미국의 국제적 서베이 회사인 GfK Roper와 국가브랜드지표 개발자인 사이먼 안홀트(Simon Anholt)가 해마다 발표하고 있다. 전 세계 20개 핵심 패널 국가들 소속의 18세 이상 성인 2만 명을 대상으로 한 설문조사를 토대로 지표를 작성하며, 50개의 대상국을 선정하여 이들 국가들의 수출·정부·문화·국민·여행·이민과 투자 등 6개 범주의 국가이미지를 조사하는 것이다. 한국은 2009년에 31위를 기록하였다. 2008년에는 33위였고, 2006년에는 27위, 2007년에는 31위를 기록한 바 있다. 대체적으로 일관된 결과를 보이고 있다고 할 수 있다.

한국은 현재 국내총생산 기준으로 15위 수준의 경제력을 가지고 있으며, 약 9위 수준의 군사력을 가지고 있다. 하드 파워를 기준으로 하면 대략 10위 안팎의 힘을 가지고 있는 것이다. 그러나 한국에 대한 세계의 이미지, 한국의 매력은 이에 훨씬 못 미치는 상황이라는 것을 알 수 있다. 2008년을 기준으로 보면 수출 18위, 정부 31위, 이민 30위, 문화 33위, 국민 39위, 여행 43위 등의 수준을 기록하고 있다. 이 중 정부부문의 설문조사의 내용을 살펴보면, 유능하고 정직하게 통치되고 있는가, 시민권을 존중하고 공정하게 대우하고 있는가, 국제평화와 안전을 위해 책임있게 행동하고 있는가, 환경보호를 위해 책임있게 행동하고 있는가, 세계 빈곤을 줄이기 위해 책임있게 행동하고 있는가, 해당 정부를 가장 정확하게 묘사하는 말은 무엇인가(신뢰할 만하다/믿을 만한 가치가 있다/투명하다/안심이 된다/예측불가능하다/타락했다/위험하다/불안정하다) 등이다. 그 국가의 품격에 대한 브랜드 이미지를 직접적으로 묻고 있는 지표들이다. 한국의 성적을 볼 때, 한국이 실제로 가지고 있는 힘보다, 한국의 국가브랜드는 아직 훨씬 저조하다는 사실을 알 수 있다.

최근 들어 한국의 국가이미지를 높이고, 품격 있는 외교를 뒷받침하는 매력을 쌓기 위해 많은 노력들이 진행 중이다. 정부 차원에서는 2009년 1월 대통령 직속 국가브랜드위원회가 출범하기도 하였다. 정부는 브랜드 비전으로 배려하고 사랑받는 대한민국, 기여하는 나라, 존중받는 국민, 함께하는 사회, 세계적 기업 등을 주된 구성요소로 제시하고 있다. 그리고 2013년 국가브랜드 세계 13위권 진입을 목표로 내세우고 있다. 이를 추진하기 위해서 5대 중점 분야와 10대 추진과제를 선정하고 있다. 중점 분야는 국제사회 기여확대, 첨단기술과 제품홍보, 매력적인 문화, 관광, 다문화 포용 및 외국인 배려, 글로벌 시민의식 함양 등이고, 10대 추진과제는 한국과 함께하는 경제발전, 세계학생교류, 해외봉사단 통합브랜딩, 재외동포 통합네트워크 구축, 한국어 보급 확대 및 태권도 명품화, 글로벌 시민의식 함양, 대한민국 명품 브랜드 발굴·홍보, 따뜻한 다문화사회 만들기, 디지털로 소통하는 대한민국, 국가브랜드 지수 개발 등이다. 앞으로 한국이 추진해야 할 소프트 파워의 이슈들을 발굴하기 위해 제시한 노력의 일환이라고 볼 수 있다.

한국이 추구해야 할 외교정책의 목표

자국의 이익을 넘어 가치와 비전을 추구하는 외교의 사례로 가난한 국가들을 돕는 개발원조를 또 다른 지표로 생각해볼 수 있다. 현재 지구상에는 하루 1달러 미만으로 생활하는 절대빈곤층이 2010년 기준으로 10억 명을 상회하고 있다. 암담한 현실이다. 1인당 국내총생산이 2만 달러에 이르는 한국과 같은 중견국이 이러한 상황에 등을 돌리고 있다면 한국의 격에 맞는 외교라고 할 수 없을 것이다. 사실 한국은 원조를 받는 수원국의 지위에서 원조를 하는 공여국으로 발전한 거의 유일한 국가라 할 만하다. 한국은 1980년대 후반부터 개도국 원조를 시작하여 외환위기 이후 2억~3억 달러 수준에 머물렀지만, 2008년에는 8억 달러로 양적 성장을 이루었고, 이후 꾸준한 증가율을 보이고 있다. 그러나 국내총생산 대비 공적개발원조액의 비중은 여전히 선진공여국의 3분의 1 수준인 0.99% 정도에 그치고 있다. 한국은 올해 OECD 개발원조위원회(DAC) 가입을 눈앞에 두고 있다. 선진일류국가를 지향하는 중견국으로서 괄목할 만한 발전이라고 할 수 있다. 그러나 여전히 질적인 문제를 안고 있는 것도 사실이다. 증여비율이 상대적으로 낮고, 최빈국에 대한 언타이드 보조 및 최소증여율 준수 등의 부담이 존재하는 등 까다로운 원조가 단점으로 지적되고 있다.

한국은 제3세계 국가들이 진정으로 부러워하는 나라가 되었다. 가난과 불안정을 딛고 풍요와 민주주의의 나라로 발돋움했으며, 과거 다른 나라를 침략하거나 지배한 제국주의의 전력도 없기 때문에, 3세계 국가들이 마음 놓고 배우고 싶고, 도움을 받고 싶은 나라가 된 것이다. 이러한 한국이 나름대로의 품격 있는 외교를 펼치기 위해서는 한국형 개발협력모형을 개발해야 할 것이다. 우리의 힘을 과시하거나 우리의 이익만을 추구하는 시혜적 지원이 아닌, 호혜적 협력기반을 구축해야 할 것이며, 상호의존에 입각한 협력, 다른 개도국과의 상호번영과 공존을 추구하는 원조, 동반성장과 국제적 연대, 그리고 인도주의를 추구하면서 우리의 발전경험을 전수하는 원조를 해나가야 할 것이다.

한국이 추진하는 외교정책의 목표가 강대국들이 미처 생각하지 못했던 보편적 비전을 보이고, 이를 실행할 수 있는 현실적 대안을 제시할 때 주변국들은 물론, 세계의 모든 시민들이 한국의 정신적·이념적 지도력에 귀를 기울일 것이다. 세력균형으로 점철되어 있는 동북아의 국제정치를 갈등과 경쟁에서 다자협력과 조정으로 변환시켜 나가고, 자국의 이익에 몰두해 있는 외교정책에서 지구 전체를 고려하고 배려하는 외교정책으로 발전시켜 나가는 이상을 추구할 때, 한국 외교의 격은 한 단계 상승할 것이다. 21세기 국제정치에서 이러한 이미지와 평판은 곧 손에 잡히는 힘이 될 수 있다. 외교에서의 품격은 단순히 치장이나 사치가 아니라, 지구인들의 마음의 정치공간에 단단히 뿌리를 내리는 힘이 될 수 있는 것이다.

품격 있는 외교가 빛을 발하고, 효과를 보이려면 긴 시간과 많은 투자가 필요하다. 군사와 경제의 영역에서처럼 단기간에 성과가 나타나는 외교가 아니기 때문이다. 또한 나만을 위한 외교가 아니기에 단기적으로 손해보는 외교처럼 보일 수도 있다. 품격 있는 외교는 품격 있는 정치와 여론으로부터만 생산될 수 있다. 단기적인 이익에 급급하고, 나의 이익을 앞세우는 외교문화와 국민정서 속에서 한 국가의 품격은 보장될 수 없다. 이제 한국은 약소국의 패러다임에서 중견국의 패러다임으로 바뀌는 거대한 변화의 순간에 놓여 있다. 한국의 국익과 국력을 평가하는 잣대 자체를 바꾸어야 할 때다. 지금은 좀더 멀리 내다보고, 한국과 동아시아, 그리고 지구 전체를 위해 이익이 되는 중견국의 품격 있는 외교를 지향해야 할 중요한 시기이다.

편향된 시각으로
세계시민이 될 수 없다

조홍식 숭실대 교수 · 정치외교학

" 내가 꿈꾸는 이상적 한국인은 골고루 풍요로운 사회,
평등한 사회를 만드는데 성공하여 자신이 속한 사회에 대해
자랑스러워하는 한국인이다. 그리고 자신의 사회를
전 세계적으로 확산시키고 싶어할 정도로 자부심을 가진 한국인이다.
스칸디나비아 사람과 마찬가지로 세계의 빈국을
도와주는데 적극적이면서도, 스위스 사람처럼 이슬람 사원
신축을 법적으로 금지할 만큼 배타적이지 않은 한국인이다.
미국처럼 외국인에게 복지 혜택을 제한하는 나라가 아니라
유럽처럼 이민자에게도 보편적인 복지를 제공하는 나라의 국민이다.
비용을 지불해서 얻는 가식적 품위가 아니라 자신의 존재로부터
우러나오는 자연스런 품위를 가진 한국인이다. "

오리엔탈리즘의 내면화

세계시민은 무엇이고, 또 세계시민으로서의 품위는 무엇일까? 세계의 어느 나라를 막론하고 보통 사람들은 이런 개념이나 질문에 당혹해할 것이 확실하다. 민족국가가 지배하는 세상에서 일반적인 사람들 간의 관계는 그 사회에서 살고 있는 같은 민족 또는 같은 국적의 사람 사이의 관계이기 때문이다. 그래서 세계시민이란 외국인이 자국을 방문하거나 또는 자신이 외국에 나갈 때 필요한 개념이라고 얼핏 생각할 것이다. 조금 더 개념적으로 이해해보면 대부분 사회에서 세계시민의 문제는 자국과 세계의 나머지를 대비시키는 시각에서 바라보는 문제이다.

이 같은 피상적 관점에서 출발하면 사실 세계시민이란 국제인의 예의나 자질을 이야기하는 것이기도 하다. 한국인은 어릴 적부터 외국인에 대해 호의적으로 응대하고 친절을 베풀어 한국에 대해 좋은 인상을 심어주어야 한다고 교육받고 자랐다. 특히 흰색 피부의 서방인은 실제 한국인으로부터 상당히 친절하고 호의적인 대접을 받고 있는 것으로 판단된다. 하지만 교육에도 불구하고 우리보다 검은 피부를 가지고 있는 외국인이나 같은 색의 피부라도 못사는 나라 사람들에게는 가혹하리만큼 냉담하고 무관심하며 심지어 멸시하고 공격적인 태도를 보이기도 한다.

어린이들에게 주입되는 교육은 오랜 시간에 걸쳐 무의식 속에까지 파고들기 때문에 깊은 영향을 미치게 된다. 한국의 교육은 한편에서 외국인에 대한 호의를 가르쳐왔지만 다른 한편으로는 서방 중심의 세계관을 고스란히 주입시킴으로써, 한국에서 가치 있는 외국인이란 힘 있고 돈 많은 백인이라는 인식을 심어왔다. 한국의 교과서에서 미국은 세계의 중심이고 유럽은 세계 역사의 뿌리이며, 한국의 어린이들은 신데렐라와 백설공주의 이야기를 들으며 자랐다. 반면 아프리카는 동물의 왕국이고, 남아메리카는 아마존을 통해 세계에 산소를 공급하는 곳이며, 아시아는 많은 인구가 벅적대는 곳이다. 쉽게 말해서 자연에 가깝고 미개한 곳이다.

모든 위계질서에서 그러하듯이 한국인도 위를 향해서는 평등을 주장하면서 아래와는 차별화를 하려고 부단히 노력한다. 물론 한국인의 인식에 뿌리 깊이 박혀 있는 위계질서가 워낙 강하기 때문에 서방에 대해 평등을 주장하면서도 사실은 비굴하고, 다른 개발도상국과 자신은 다르다고 하면서도 사실은 마음 한구석에서 자화상을 보는 듯한 애절함을 지울 수는 없다.

한국과 한국인의 이러한 특징은 국제적으로 비교해보면 확연하게 드러난다. 미국이나 유럽의 교육에서는 외국인에 대한 예의나 친절을 가르치는 내용을 발견하기 어렵다. 그보다는 인종 간의 화합이나 상호 존중을 가르치고 있다. 특히 유대인의 대량 학살 이후 이에 대한 윤리적 반성의 필요성과 이런 사태의 반복을 예방하기 위한 교육은 강하게 실시되고 있는 반면, 외국인은 많은 경우 반갑고 친절하게 맞아야 하는 손님이라기보다는 불청객과 같은 이민자의 옷을 입고 나타난다. 외국에 나가서도 예의에 어긋나지 않게 적절하게 행동하라는 지침은커녕 외국의 관습과 현실을 많은 경우 미개한 것으로, 최선의 경우 호기심으로 포장하곤 한다.

아프리카 국가들의 경우 한국과는 또 다른 특수한 경우라고 할 수 있다. 이들은 유럽인이 도착하기 전까지는 문자문화가 발달하지 않았기 때문에 서방 제국주의의 정치적·경제적 지배는 물론 문화와 언어까지도 답습할 수밖에 없었다. 그래서 많은 경우 영국의 식민지였던 국가들은 영어를, 프랑스의 식민지배를 받은 국가들은 프랑스어를 국어로 삼고 있다. 이들은 마치 자신의 정체성과 영혼을 잃은 것처럼 유럽적 사고 체계를 따라하는데 익숙해져 있고, 실제로 아프리카의 교육 받은 엘리트들은 한국의 웬만한 엘리트보다 훨씬 서구적 관점에서 세련되고 자신감이 넘친다. 한국 출신의 조심스러운 반기문 유엔 사무총장과 미국을 직접적으로 비난할 만큼 당돌한 코피 아난 전 사무총장을 비교해보면 대략의 그림이 그려질 것이다.

외국과의 관계에서 나타나는 태도에서 한국과 가장 유사한 국가로는 중국이나 일본과 같은 동아시아 국가들을 들 수 있다. 물론 중국은 다민족 국가로 대외적으로도 무척 개방적인 성격을 띠며, 일본은 중국이나 심지어 한국과 비교해서도 상당히 폐쇄적인 성격을 나타내고 있는 것이 사실이다. 하지만 이 세 나라는 여러 측면에서 상당한 공통점을 보여주고 있다. 이들은 모두 내부와 외부를 명확하게 구분하고, 외부에 대해서 자신을 긍정적으로 보여주고 외부로부터 좋게 평가받으려고 하며, 특히 서방에 대한 강한 콤플렉스를 보여주고 있다.

일본과 중국도 어느 정도는 한국과 마찬가지로 세계를 위계질서화하여 최상에 서구 선진국을 놓고 자신을 중간에 위치하며 개발도상국을 그 아래에 두고 있다. 선진국은 모방과 배움의 대상이고, 개발도상국은 지도와 가르침의 대상이다. 선진국에 대한 열망과 부러움이 강할수록 개도국에 대한 경멸과 오만은 깊어진다. 일본과 중국도 외국인에 대한 친절과 호의를 가르치고, 실제 생활에서 서양인은 이들 국가에서 대단한 대접을 받는 편이다.

이처럼 외부를 바라보는 시각과 외부와 접촉하는 태도에서 오리엔탈리즘은 핵심적인 개념이다. 팔레스타인인으로 태어나 서방 교육을 받고 미국 대학에서 평생을 연구한 에드워드 사이드 교수는 서구가 다른 세계를 미개하고 야만적으로 묘사하고 바라보는 태도를 오리엔탈리즘이라고 불렀다. 그런데 이 개념은 서방에서만 적용된 것이 아니라 힘과 부를 통해 다른 지역으로 확산되었다. 우선 서방의 지배를 받거나 서방이 지배하는 세계 체제에 참여하는 모든 사회가 어느 정도 이 오리엔탈리즘을 내면화하여 자신은 하등 존재로 그리고 서구를 세계의 중심으로 인정하게 되었다. 다음은 자신이 서구의 기준으로 보았을 때 어느 정도 개화되었다고 판단하면 다른 비서구를 오리엔탈리즘의 시각으로 바라보는 것이다. 포크와 나이프를 사용하는 아프리카 엘리트가 젓가락으로 밥을 먹는 아시아인을 야만적으로 보거나,

경제발전을 이룩한 동아시아인이 가난한 아프리카 사람들을 미개하다고 여기는 현상 말이다.

서구중심주의의 왜곡된 세계관

이런 서구 중심적 세상에서 국제인이란 서양사람을 잘 흉내내는 사람이라고 해도 과언이 아니다. 일반적으로 식생활은 가장 뒤늦게 국제화되는 부분 중 하나이다. 그래서 동아시아에서는 여전히 서양에서 만든 자동차를 굴리면서도 포크와 나이프보다는 젓가락을 사용하고 있다. 특히 사적인 영역일수록, 일상적인 식사일수록 양식보다는 전통식으로 밥을 먹는다. 그러나 공적인 자리나 특별한 기회에는 포크와 나이프를 들고 '칼질하는' 식사를 하게 되는데 그때 양손을 자유자재로 움직이며 능숙하게 생선 가시까지 발라먹는 실력이라면 대개 '세계시민으로서의 품위'를 인정받을 것이다. 반면 양손으로 썰어 오른손으로 포크를 바꿔들고 찍어먹는 사람, 써는 것이 익숙하지 않아 음식을 접시 밖으로 날리는 사람 등 식사법에서 나타나는 다양한 자질로 국제화의 정도는 평가될 가능성이 높다.

내가 어릴 적 서양식 식사법을 배울 때 어른들은 식탁과 자신의 배 사이에 주먹 하나가 들어갈 정도의 위치에 앉으라고 하였다. 팔꿈치는 식탁에 올려서는 안 된다고 강조하였다. 그리고 허리를 펴고 고개를 빳빳이 세운 뒤 수프를 먹을 때는 돼지처럼 머리를 접시에 처박지 말고 스푼으로 떠서 입으로 가져가라고 배웠다. 하지만 실제로 서양 요리의 고향이라는 프랑스에 살면서 이런 배움이 모두 물거품 같은 허구에 불과하다는 사실을 알게 되었다. 아마도 한국에서 가르치던 식사 에티켓은 미국 군인의 규칙이었는지 모르겠다는 생각을 해보았다.

이른바 서양식 식사법은 한식에까지 침투하여 미풍양속을 말살하고 있다. 국가가 나서 벌이는 한식의 세계화 캠페인 때문인지 한국 특유의 뜨거운 국물과 매콤한 맛은 점차 사라져가고 있다. 미지근하고 밋밋한 국적불명의 수프로 돌변하여 세계인(사실은 돈 많은 서양인)의 입맛을 유혹하려 노력할 뿐이다. 게다가 한식의 특징은 갖은 반찬을 한상 차려놓고 흰 쌀밥에 다양한 찬을 이것저것 골고루 골라먹는 재미에 있다. 그런데 서구화된 한식은 서양식으로 요리나 반찬을 하나씩 서브한다. 밥과 함께 먹질 못하니 당연히 간이 덜되 무미건조할 수밖에 없다. 유럽에서도 과거에는 한국식으로 한꺼번에 한상에 모두 차려먹는 프랑스식이 유행했는데 18세기부터 음식을 하나씩 서브하는 러시아식이 일반화되었다고 한다. 서양 요리의 역사라도 제대로 안다면 이처럼 자신의 습관을 버리면서까지 맹목적으로 따라하지는 않았을 텐데 아쉽다.

언어 역시 국제인의 자질을 측정하는 중요한 기준이다. 적어도 이 부분에 있어서 자신의 전통언어를 포기하고 유럽의 언어를 국어로 삼은 사람들은 커다란 혜택을 누린다. 인도는 독립 당시 다양한 현지의 언어가 국어로 채택되기 위해 경쟁하는 상황이었는데, 각각의 언어집단이 다른 언어가 국어로 채택되는 것을 기필코 거부하여 할 수 없이 식민제국의 언어인 영어를 수용하였다. 그 결과 인도는 자신의 전통과 문화가 담긴 언어가 아니라 외부로부터 유입된 이질적 언어로 소통하게 되었다. 다만 영국과 미국이 지배하는 세상에서 국제어로 통용되는 언어를 손쉽게 구사함으로써 적어도 국제인으로서의 능력 배양에는 큰 도움이 되고 있는 셈이다.

언어 영역에서도 불평등 구조와 서구 중심주의는 맹위를 떨친다. 한국 사회에서 영어가 누리는 특권은 막강하다. 입시와 취직이라는 절대적인 두 경쟁 시스템에서 영어는 '열려라 참깨'의 역할을 톡톡히 한다. 입시 다양성의 이름으로 도입된 입학사정관제에서 영어는 로열 랭귀지이며, 편입학 시험도 영어가 중심이다. 각종 고시와 취직시험에도 영어는 필수다. 영어의 제국주의가 얼마나 심한지 이제는 대학에서 프랑스어와 독일어조차 고사

되어가고 있는 실정이다. 어느 대학에서는 영어가 아닌 다른 어학 교수에게 새로 외국에 나가 영어 박사학위를 받아오라고 했다는 씁쓸한 소식이 들려온다.

내가 학자로 대학에 취직하는 과정에서도 가장 중요한 기준 중에 하나는 영어로 강의가 가능한가의 여부였다. 프랑스에서 유학한 사람에게 영어 강의는 무척이나 생소한 요구였지만 미국의 지적 식민지 한국에서는 당연한 일처럼 강요되었다. 내가 그나마 영어 강의의 테스트를 통과할 수 있었던 이유는 같은 유럽 언어인 프랑스어에 어느 정도 능통했기에 적어도 사고의 전개나 표현에서 상당 부분 도움을 받았기 때문이다. 만일 일본이나 중국에서 유학했다면, 아니면 국내에서 공부를 했다면 당연히 커다란 불이익을 보았을 것이 분명하다.

한국의 지성을 대표하는 대학에서도 영어를 세계 공용어로 착각하는데 그치지 않고 미국을 글로벌의 동의어로 이해하고 강요하는 반지성적 행태와 제도가 흥행하고 있다. 미국에서 유학한 한국 대학의 주류 세력은 글로벌 스탠더드하면 실은 미국 기준을 생각한다. 한국 대학에서 절대적 영향력을 행사하는 각종 학술지 인덱스는 영미 학술지를 중심으로 작성된 것이다. 이것은 학계의 세계화가 아니고 미국화라고 불러야 한다. 미국이 세계 학문의 중심으로 등장한 것은 제2차 세계대전 후 반세기 정도에 불과하다. 현대 학문의 뿌리를 담고 있는 유럽의 학술지는 미국에서 인정하는 만큼만 인정하겠다는 말이다. 『성경』에 "하늘은 스스로 돕는 자를 돕는다"고 했듯이 국가에 있어서도 "하늘은 스스로 존중하는 자를 존중할 것"이다. 한국은 스스로를 비하하고 미국을 추앙하고 있다.

지금까지 우리가 가져왔던 세계관은 왜곡된 우리의 역사만큼이나 비뚤어져 있었다고 하겠다. 동아시아는 하나의 문명권을 형성하여 오랜 기간 공존해왔으나 19세기 이후 서구의 침략과 무력에 무릎을 꿇고 문호를 개방하였다. 최고 문명의 자부심을 갖고 있던 동아시아 국가들에게 서구의 지배는 치욕적인 경험이었고 지난 2세기의 역사는 이를 극복하는 과정이었다. 하지만 극복이라는 것 자체가 서구적 사고와 관습, 과학과 기술, 제도와 경험을 답습해야 가능한 일이었고 그 과정에서 동아시아는 그 어느 지역보다 강한 서구중심주의에 빠졌다.

서구가 세계를 지배할 수 있었던 이유는 엄청난 인력을 군인으로 동원할 수 있는 정치적 민족주의와 첨단 과학기술을 동원하여 거대한 생산을 가능하게 하는 경제적 자본주의의 결합에 있다. 동아시아 한·중·일의 민족주의는 이제 서구를 능가하는 수준에 이르고 있으며, 자본주의의 발전 역시 최고의 위상에 도달하였다. 이제는 우리를 모멸하고 짓밟았던 서구에 대한 콤플렉스에서 벗어나 자존심을 되찾고 균형 잡힌 세계관, 조화와 화합을 추구하는 세계관을 만들어나가야 할 시대이다.

한국은 역사적으로 동아시아 3국 중에서도 가장 왜곡이 심한 세계관을 갖게 되었다. 일본이라는 동아시아 내 경쟁적 민족에 의해 식민화되었기에 이에 대한 반발도 강할 수밖에 없었다. 게다가 일본의 지배가 종결된 이후에는 민족이 분열되어 각각 공산 및 자유 진영의 지배를 받게 되었고, 북이 시대착오적이고 고립적인 왕조 건설로 역사를 거꾸로 가는 동안 남은 대미 종속적 엘리트에 의해 미국의 실질적 식민지가 되어가고 있다. 얼마나 정신적으로 미국과 동질화하고 있는지 중국과 일본의 사람들을 모두 '놈'이라고 부른다. 하지만 아무리 가랑이가 찢어지게 따라가려 해도 한국은 미국이 아니라는 사실이 자꾸 떠오르면 미국도 '놈'을 붙여서 부르곤 한다.

그렇다면 이런 왜곡된 현실에서 탈피하여 진정한 세계시민으로서의 자존심과 올바른 세계관을 갖고 타인을 바라보고 대한다는 것은 어떤 의미인가? 정치철학적으로 본다면 세계시민(world citizen)은 존재할 수 없다. 시민이란 정치 공동체의 일원을 뜻하는 개념이고, 세계는 하나의 정치 공동체를 형성하고 있지 않기 때문이다. 다만 인류라고 하는 보편적 공동체를 지향한다는 의미의 세계주의적(cosmopolitan) 경향을 가진 사람을 지칭할 수는 있다. 여전히 개념적인 차원에서 고찰해보면 세계주의는 보편주의의 한 형태이고 민족주의는 근대에 가장 특징적인 정치적 특수주의라는 점에서 세계주의와 민족주의는 대립 축을 형성한다. 그러나 이것은 어디까지나 추상적이고 개념적인 대립각이지 현실에서는 두 경향이 공존하며 여러 종류의 혼합이 가능하다.

평등한 사회, 바람직한 세계인상

실제로 인간은 가족이라는 가장 기본적인 공동체에서 태어나 다양한 범주의 공동체에 소속되어 성장하고 생활한다. 세계화라는 거대한 운동으로 인해 개인이 속하는 공동체는 종류도 다양해지고 범위도 점차 넓어져 세계적으로 확장하게끔 되었다. 예를 들어 불과 2백 년 전만 하더라도 한국어(또는 한국어의 전신)를 사용하는 언어 공동체는 한반도에 집중되어 있었지만 21세기에는 한국어 사용 공동체가 전 지구적 범위를 자랑하고 있다. 마찬가지로 영국에서 19세기에 시작한 축구라는 게임은 이제 세계 어느 곳을 막론하고 대단한 인기를 누리며 수십억의 사람들을 둥근 공을 따라 달리게 하고 있다. 세계가 많은 분열과 대립에도 불구하고 다양한 분야에서 하나가 되어가고 있는 증거이다.

앞으로 이런 경향이 더욱 강화되고, 가속한다고 할 때 한국인의 적절한 대응은 어떤 것이고 어떻게 이에 대비해야 하는가? 우선 세계인으로서의 자존심은 위계적 시각으로 세계를 바라보지 말고 평등한 관점을 가질 때 가능해진다. 자신을 서구인들에게 비해 아래에 둘 때 사람은 비굴해지고 자존심은 사라진다. 또한 자신보다 아래라고 인식하는 사람들에게 배타적이고 공격적으로 변하게 된다. 비굴한 서구 추종의 가장 대표적인 현상은 미의 영역에서 나타난다. 서양인과 같은 오뚝한 코와 갸름한 얼굴을 원하다 보니 영화 「아바타」에 등장하는 모양의 비대한 코를 가진 한국인들이 대량 생산되고 광대뼈와 턱뼈를 깎다 사고가 발생하는 일이 빈번해졌다.

　한편으로는 서양인의 이목구비를 갖추려고 노력하면서 다른 한편으로는 기타 외국인을 깔보고 무시하는 행태는 반드시 시정되어야 한다. 한 사회의 윤리적 성숙도를 측정하기 위해서는 그 사회가 내부의 노인을 어떻게 대하는지를 보면 안다는 말이 있다. 마찬가지로 특정 사회가 내부의 외국인들을 어떻게 대하는지를 보면 그 사회의 윤리적 성숙도를 알 수 있을 것이다. 국경에 접근하는 외국인에게 총을 쏘아 죽여버리는지, 정치적 권리가 없는 외국인 노동자를 얼마나 잔인하게 착취하는지, 또는 평생을 자국에서 살아온 외국인을 무자비하게 추방시켜버리는지, …… 아니면 외국인임에도 불구하고 인류의 일원으로서 권리와 지위를 인정해주는지, 불법 체류자임에도 불구하고 인간으로서 대접을 해주는지, 외국인과 내국인의 분쟁에서 얼마나 공평하게 문제를 처리하는지 등 말이다.

　사실 가장 바람직한 세계인 상은 가장 평등한 사회에서 배출될 수밖에 없다. 위의 노인과 외국인의 비교 사례에서 볼 수 있는 것과 같이 특정 사회의 성숙도는 예를 들면 세계화와 같은 특정 분야에만 적용되는 것이 아니라 전반적으로 표출된다는 뜻이다. 평등한 세계관은 평등한 사회관에서 비롯된다는 의미이다. 선진국의 대외원조 성향을 연구한 결과 가장 사회민주주의적인 가치관이 발달한 사회일수록 개발도상국에 대한 원조에 적극적으로 나선다는 사실이 밝혀졌다. 미국처럼 개인주의가 발달한 사회에서는 부와 빈곤이 개인적 능력이나 노력의 결과라고 생각하여 불평등을 인정하는데, 동시에 국제 사회에서도 경제적 불평등을 당연시한다는 말이다. 따라서 미국이 대외개발원조에 인색한 국가인 것은 놀랍지 않다. 반면 스칸디나비아 같은 복지 선진국에서는 사회적 불평등이 개인의 책임이라기보다는 사회구조적 결과라고 인식하듯이, 국제 사회의 불평등도 역사의 우연한 결과이기에 부국이 빈국을 당연히 도와야 한다고 보는 것이다. 실제 스칸디나비아의 국민총생산 대비 대외개발원조는 세계 최고 수준이다.

평등한 세계관이라는 관점에서 한국이 특별히 시정해야 하는 부분은 과중한 미국 지향성이다. 한국은 일본, 중국과 비슷한 정체성의 왜곡과 국제 사회에서의 콤플렉스를 보유하고 있으면서도 미국에 대한 종속성에서는 독보적이다. 예를 들어 그 사회의 지성을 주도하는 대학교수의 재생산 구조를 살펴보면 일본은 상당한 독립성을 이미 오래 전부터 확보한데 비해 한국은 여전히, 아니 점점 더 심각하게 미국에 종속되어가고 있다. 한국이 추구하는 것이 미국 2등 시민으로서의 자격이 아니라 세계인으로서의 품격이라면 우리는 보다 크게 다양성의 문을 열어야 한다.

한국은 국제화, 세계화의 이름으로 외국어 조기 교육을 추진하여 이제는 초등학교부터 영어를 가르치고 있다. 그 때문에 영어 유치원이 사교육에서 유행하고 있으며 미국식 발음을 원활하게 하기 위한 혀 수술이 일부에서 시행될 정도이다. 하지만 진정한 국제화라면 왜 굳이 영어를 필수적으로 가르쳐야 하는가. 정말 그 정도로 어릴 때부터 외국어를 가르쳐야 하는지는 의문시되지만 그 필요성을 인정하더라도 반드시 영어를 국민 모두에게 가르칠 이유는 없다. 오히려 부모의 선택에 따라 어릴 적부터 중국어 · 일본어 · 러시아어 · 아랍어 · 에스파냐어 · 프랑스어 등을 배울 수 있도록 기회를 주어야 한다. 특히 중국어와 일본어는 한국과 이웃한 국가의 언어로서 실용적으로 영어보다 훨씬 높은 가치를 지니고 있다. 세계화의 역사가 우리에게 알려주는 사실은 과거 제국주의와 식민주의 시대와는 달리 현재의 세계화는 지역주의적 경향을 강하게 나타낸다는 사실이다. 평화로운 유럽 통합과 번영이 이를 잘 보여준다. 특히 중국과 일본이라는 세계 경제대국 사이에 전략적인 위치를 차지하고 있는 한국은 언어를 통해 보다 중심적인 위상을 확보해나갈 수 있을 것이다.

교육에서도 한국은 서구 중심주의, 미국 추종주의에서 벗어나 보다 평등한 세계관을 어린이들에게 가르쳐야 한다. 어린이에게 들려주는 동화부터 이른바 선진국의 이야기를 집중적으로 번역하여 주입하지 말고 다양한 국가와 문화에 대한 열린 생각을 키워줄 필요가 있다. 교과서 자체도 서구 중심의 서술이나 개념에 너무 치중하지 말고 한국을 포함한 동아시아와의 비교, 다른 문명권의 상황과 현실을 도입하여 다양성에 대한 인식을 어려서부터 심어준다면 균형 잡힌 세계관 형성에 기여할 것이다.

언론 역시 한국의 서구 중심주의를 확대 재생산하는데 핵심적으로 기여하고 있는 사회 부문이다. 한국 언론의 논조는 선진국의 정책과 경험은 무조건 배울 만하다는 전제를 바탕에 깔고 전개된다. 하지만 특정 정책이나 경험에 대한 다양한 의견은 무시되고, 여러 선진국 사이에 존재하는 차이도 사라져버린 채, 자신의 주장에 부합하는 부분만 선별적으로 골라 편파적으로 소개한다. 2002년 미국 대선에서는 민주당의 케리 후보가 공화당 부시보다 더 많이 득표했는데도 불구하고 선거에 패배하였다. 이는 분명히 2세기 전에 만들어진 미국 대통령 선거제도의 후진성을 극명하게 드러내는 사건이었음에도 불구하고 한국 언론의 해석은 "결과와 제도에 승복하는 아름다운 미국 정치"라는 식이었다.

다양한 문화를 배워야 할 때

서구와 미국에 의존적이다보니 한국 특유의 민족주의는 선택적으로 강렬하게 표현된다. 일본의 교과서와 관련해서 독도 문제가 제기되거나 고대사와 관련해 고구려 문제가 튀어나오면 전국이 민족주의적 열정으로 불타오른다. 「독도는 우리 땅」이 방방곡곡의 노래방에서 열창되는가 하면 일본해가 아닌 동해라는 주장의 국제적 홍보는 애국충정으로 인정된다. 천 년이 넘는 과거의 역사 소유권을 보호하기 위해 정부가 재단을 만들고 언론도 민족주의 경쟁을 벌인다. 하지만 독도와 고구려를 부르짖는 목소리는 대한민국 수도 서울의 한복판을 차지하고 있는 용산 미군 기지에 대한 상대적 침묵과 비교해보면 대조적이다.

독도의 면적은 용산 기지보다 확실히 작으며, 고구려의 인구가 연변 조선족의 인구보다 많았을지 알 수 없다. 굳이 용산 미군 기지와 비교하지 않더라도 일본 자본은 독도보다 훨씬 넓은 면적의 한국 토지를 보유하고 있을 것이다. 땅은 돈을 받고 팔아도 되지만 독도에 대해서는 마음대로 말하지 말라? 한국인의 정체성이라는 심리적 장치에서 보자면 이것은 패러독스가 아니라 당연한 귀결일지도 모른다. 식민지적 종속성의 상처가 너무 깊기 때문에 작은 사안에도 오버해서 반응하는 장치의 효과 말이다.

아무튼 독도와 고구려가 상징적 사안임에는 틀림없지만 동아시아의 화해와 협력이 무엇보다 절실한 시기에 너무 소모적 쟁점에 몰두하고 있는 것은 아닌지 의심스럽다. 반면 미국과 관련된 베트남 파병의 경험이나 이라크 및 아프가니스탄의 파병 문제는 한국의 국가 안보적 현안임에도 불구하고 지배층의 이해에 따라 신속히 처리되었다. 무엇보다 세계에 남긴 한국의 이미지는 정부가 선전하듯이 국제 사회에 공헌하는 국가가 아니라 미국의 '작은 졸병'의 이미지이다. 아랍 및 중동 세계의 친미 정부는 겉으로는 긍정적으로 평가할지 몰라도 이 지역의 대다수 국민은 반한 감정을 되새기는 계기가 되었을 것이다. 그리고 불행히도 기회가 된다면 자신의 수준에서 이런 반한 감정을 표현할 것이다.

평등한 사회가 평등한 세계관을 형성할 수 있고 그래야만 자신의 자존심을 회복하는 것은 물론 타자를 대할 때 상호 존중과 인정이 가능한 교류와 교감이 이뤄질 수 있다. 이런 관점에서 한국은 그동안 너무 서구 중심적인 세계관에 사로잡혀 있었고, 특히 미국 중심주의에 구조적으로 함몰된 상황으로 세계인보다는 2등 미국인을 지향해왔다는 것에 반성을 할 때다. 지금부터라도 한국은 미국 지향성에서 방향을 수정하여 보다 다양한 세계를 향한 노력과 관계 발전이 필요하다. 특히 가장 가까운 동아시아 사회와 민족과의 연대를 강화하는 한편 더 나아가 아시아·아프리카·아메리카의 다양한 문화와 사고를 배워야 할 것이다.

내가 꿈꾸는 이상적 한국인은 골고루 풍요로운 사회, 평등한 사회를 만드는데 성공하여 자신이 속한 사회에 대해 자랑스러워하는 한국인이다. 그리고 자신의 사회를 전 세계적으로 확산시키고 싶어할 정도로 자부심을 가진 한국인이다. 스칸디나비아 사람과 마찬가지로 세계의 빈국을 도와주는데 적극적이면서도, 스위스 사람처럼 이슬람 사원 신축을 법적으로 금지할 만큼 배타적이지 않은 한국인이다. 미국처럼 외국인에게 복지 혜택을 제한하는 나라가 아니라 유럽처럼 이민자에게도 보편적인 복지를 제공하는 나라의 국민이다. 비용을 지불해서 얻는 가식적 품위가 아니라 자신의 존재로부터 우러나오는 자연스런 품위를 가진 한국인이다. 나 자신, 아시아의 한국과 아프리카의 가봉, 유럽의 프랑스와 아메리카의 미국, 다시 아시아의 일본과 중국에서 살아본 개인적 경험을 토대로 판단해볼 때, 이 꿈의 실현이 쉽지는 않지만 또한 불가능하지도 않은 희망이라고 솔직하고 소박하게 생각한다.

종교의 길 예술의 길
더불어 살아가는 가치와 문화

조광호 인천가톨릭대 조형예술대학장 | 신부

김언호 도서출판 한길사 · 한길아트 대표

* 이 기획은 가톨릭 사제이자 인천가톨릭대학교 조형예술대학 학장이며 화가인 조광호 신부
  의 「코레아 판타지: 조광호, 40년의 흔적」 전시를 계기로 한길사 김언호 대표와 나눈 대화
  이다. 조광호 신부는 2010년 4~5월에 예술마을 헤이리의 북하우스 아트스페이스와 갤러리
  한길에서 그의 40년 미술 작업을 보여주는 큰 전시회를 열었다. 이 대화는 이 전시회를 계
  기로 만들어진 적은 부수의 도록에 수록된 바 있는데, 이것을 보완하여 여기에 싣는다.

더불어 사는 품격 있는 국가사회

김언호 ┃ 어제 오늘의 일이 아닙니다만, 저는 다시 우리 국가의 품격을 생각하게 됩니다. 우리의 살림살이는 상당한 수준으로 풍족해졌고, 형식적·제도적인 면에서 정치도 크게 발전했다고 할 수 있습니다. 그러나 우리의 일상적 행태를 들여다보면, 외형적 성장에 걸맞은 내적 품격은 높아졌다고 할 수 없습니다. 세계 10위권 초반에 진입했다는 경제대국으로서의 면모가 강조됩니다만, 국가·사회 차원에서뿐 아니라 개인의 일상적 삶의 내용은 빈곤해보입니다. 삶의 철학과 정신, 국가·사회 정책의 사상과 이론을 진지하게 묻는 일이 물질적 발전 전략 앞에 늘 전제되어야 할 것입니다. 오늘 사제이자 교육자이고 예술가이기도 한 신부님과 함께, 어떻게 살 것인가라는 주제를 다시 제기해보고 싶습니다.

조광호 ┃ 그 문제는 저에게도 언제나 절실한 물음입니다. 나름대로 국가·사회 문제를 생각해봅니다만, '품격'은 종교인이자 예술가의 한 사람인 저에게도 가슴을 무겁게 누르는 주제입니다. 우리 사회가 추구해야 할 가치와 문화, 정신과 사상이 무엇이어야 하는가를 깊이 논의해야 한다고 생각합니다. 궁극적으로 인간다운 삶의 내용이란 무엇일까를 묻게 됩니다.

김언호 ┃ 더불어 살아가는 사회가 품격이 있다고 말할 수 있으며, 진정한 민주주의란 그런 사회에서 가능하겠지요. 우리는 품격 없는 권력과 물질에만 경도된 삶을 문제 삼아야 합니다. 저는 한 사람의 출판인으로서 책을 읽는 사회, 책의 미학과 존엄을 인식하는 삶이 품격 있다고 말하고 싶습니다.

조광호 ┃ 종교와 예술과 교육은, 더불어 살아가는 공동체적 삶의 지혜와 정신을 성찰하고 구체적으로 실천케 하는 일이 그 출발이자 궁극의 목표가 아닌가 합니다. 그런 점에서 저는 종교와 예술과 교육이 따로 존재하는 것이 아니라 더불어 하나가 되는 것이라 생각합니다. 그 외연적 형식은 다를지 모릅니다만, 궁극적으로 추구하는 가치와 정신, 철학은 하나일 것입니다.

김언호 ┃ 종교와 교육과 예술의 그런 통합적 지향과 목표를 담론하고 연계시키는 것을 '인문학'이라고도 할 수 있겠지요. 일상적 삶에 인문정신이 전제된다면 국가권력이 그 성원들을 고문하는 일 같은 것은 구조적으로 불가능하겠지요. 인권이 유린되는 일도 없겠지요. 약자를 배려하는 일이란 더불어 살아가는 공동체의 인문주의를 의미할 것입니다.

저는 인문학의 정치한 이론 또는 인간과 사회현상에 대한 분석과 예측도 중요하지만, 인문학이 제기하는 여러 문제들을 현실의 삶에서 실천하는 일이 더 중요하다고 생각합니다. 따뜻하고 아름다운, 관용의 시선으로 인간과 세상을 관찰하는 예술정신이랄까 인문정신이랄까, 오늘 저는 신부님과 그런 이야기를 나누고 싶습니다.

조광호 ┃ 인문학 또는 인문정신이란 인간이 어떻게 살아야 하고, 국가·사회가 어떻게 경영되어야 하는가를 탐구하는 일일 것입니다. 개인·사회·국가가 어우러지는 공동체의 삶이란, 사실 여러 복잡한 현상과 원인들이 상호 연계되는 통합성·전체성을 의미합니다. 따라서 오늘의 인문학 또는 인문정신이란 거시적으로 인간과 사회와 국가를 보는 통합적·전체적 안목을 요구합니다.

진리를 드러내주는 종교와 예술

김언호 ┃ "아름다움은 빛보다 더 빛나고 어둠보다도 더 어두운 절망이었다."

신부님은 2002년 '얼굴전'에서 이렇게 말했습니다. 천주교 사제이자 화가인 신부님의 깊은 성찰 또는 체온과 더불어 신부님의 미술세계가 범상치 않다는 것을 문득 느끼게 해준 정의였습니다. 우리는 같은 시대를 살아가고 있습니다. 하는 일이 다르고 서 있는 자리가 다르지만, 세상과 역사를 바라보는 어떤 공통성을 갖고 있는지도 모르겠습니다. 오늘 대화는 우리 현대사의 한 풍경을 리뷰하는 그런 자리일지도 모르겠습니다. 총체적 삶

조광호 신부

에 대한 인문학적 모색이라고도 할 수 있을지 모르겠습니다. 모두 삶의 품격에 관한 일이라고 하겠습니다. 인문학 책을 기획하고, 미술책을 만들고, 미술전시회를 기획하는 한 사람의 출판인으로서 또 미술 애호가로서 이런 기회를 갖게 되어 행복합니다. 가톨릭 사제이자 교육자이고 미술가인 신부님의 이야기는 자못 흥미롭게 전개될 듯합니다. 인간적인 이야기도 듣고 싶습니다. 사제와 예술가의 삶이 어떻게 관계되고 있는지에 대해서도 듣고 싶습니다.

신부님은 왜 미술을 하십니까?

조광호 ┃ 왜 그림을 그리는가. 독일의 철학자이자 미학자인 아도르노는 "예술이란 행복의 지켜지지 않는 약속"이라고 했습니다. 다른 말로 이야기하자면 "예술이란 지켜지지 않는 행복에 대한 약속"입니다. "지켜지지 않는……" 이 말은, 어찌 보면 인간은 불안정하고, 시간과 공간 속에서 늘 유한성을 절감하며 살기에 인간에게는 그리움이 있다는 것입니다. 시간의 차원에서 영원을, 공간의 차원에서 무한에 대한 그리움으로, 인간은 회피할 수 없는 '목마름'을 지닌 존재라는 의미일 것입니다.

그리움을 독일어로 '센수크트'(Sehnsucht)라고 합니다. '보고자 한다는 것'인데 제 생각에는 그림이라는 것도 '볼 수 없는 그 무엇'을 보고자 하는 '그리움'에서 나오는 것 같습니다. 인간에게 '내가 직접 본다는 것'보다 더 확실한 것은 없습니다. 그리스도교에서 천당을 얘기할 때에는 '지복직관'(至福直觀)이라고 합니다. '행복 그 자체(하느님)를 내가 직접 마주 보는 것'을 가리켜 천국이라고 합니다.

최고의 행복은 진리 자체이신 절대자를 직접 맞닥뜨려 보는 것입니다. 행복은 느끼는 것, 상상하는 것이 아니라 직접 만남, 즉 마주 보는 것이 가장 확실하다는 것입니다. 그야말로 '백문(百聞)이 불여일견(不如一見)'이라는 이 소박한 말이 그렇게 나온 거겠지요. 우리말의 '그림'은 '그리움'에서 나온 것이 아닐까 하고 생각해봅니다. 아주 먼 옛날 원시인들의 동굴 암각화에서 "그렇게 되기를 희망하는 제의적인 요소들이 있었다"고 말합니다. 오늘 우리와 그 내용이 다를 뿐 그림을 그린다는 것은 어떤 종류의 그리움에 대한 욕구로부터 출발한다고 봅니다. 그냥 드러내는 이미지가 아니라 '내면에서 바라고 희망하는 어떤 그리움의 총화', 그것을 저는 다른 말로 "시공에 갇힌 인간이 무한한 상상으로 더 자유롭게 그 행복을 눈으로 보기 위해서 그림을 그린다"고 봅니다.

김언호 ▎ 어딘가에서 신부님은 이렇게 적었더군요. "그림은 그리움에서 시작하며 그리움에서 끝나는 침묵 속의 작업이다"라고. 그러나 다른 말로 하면 그림을 그린다는 것은 인간의 본능적 행위이겠지요? 그러나 우리가 여기서 말하는 본능이란 아름다움을 추구하는 인간만이 누리는 본능을 의미하겠지요.

조광호 ▎ 저도 그렇게 생각합니다. 정신과 영혼을 지닌 인간만의 본능이겠지요.

종교와 미술의 실존적 구조는 같은 것

김언호 ▎ 인간이란 늘 '절망하는' 존재인지도 모르겠습니다. 그러나 절망하면서 '희망'의 끈을 놓지 않는 것이 또한 인간입니다. 그림이란 절망하는 인간의 희망일까요? 아름다움을 표현해보고자 하는 것, 아름다움을 구체화시켜보고자 하는 인간에게 그림이란 절망을 넘어 희망으로 가는 구체적인 방법인가요?

조광호 ▎ 그렇게 생각합니다. 인간은 물질과 정신을 공유하는 존재입니다. 그러나 사람이 그려놓은 그림 그 자체는 순수한 물질도 순수한 정신도 아닙니다. 그럼에도 불구하고 그림은 또한 물질이면서 정신입니다. 말장난 같지만 그림 속에는 인간의 정신적 초월성이 있다고 저는 생각합니다. 인간이 궁극적으로 갖게 되는 그리움, 무언가를 보고자 하고 만나고자 하는 그리움을 그림을 통해서 보고 만날 수 있기 때문입니다.

김언호 ▮ 그림 또는 그리는 행위는 인간의 원초적 소망을 표현해내는 것이라고 볼 수 있겠군요. 그러나 그것은 개인의 실존적 표상일 수도 있고, 그 개인들의 실존이 총합되는 사회적 차원에서도 그렇겠지요. 그림이란 사회성도 갖게 되는 것이겠지요.

조광호 ▮ 소망과 그리움, 뭔가 보이지 않는 것을 보고자 하는 인간의 욕망, 또 인간이 생각할 수 없는 그 어떤 것에 대해 상상하는 것을 시각화하는 것은 자연스럽게 개인을 넘어 사회적 차원으로 확장될 수밖에 없다고 봅니다.

김언호 ▮ 신부님에게 그림은 종교적인 것이기도 하겠지요? 그림에 대한 신부님의 말씀을 들으면 일종의 종교론 같은 느낌도 듭니다. 그림이란 인간의 가장 원초적인 본능 같은 것이기도 하지만 또 다른 차원에서는 종교인가요?

조광호 ▮ 어느 종교에서도 '이미지' 혹은 '상'(像)을 완전히 떠날 수가 없습니다. '상'(像)을 철저히 배제한 종교에서도 사실 이미지와 무관한 종교는 없습니다. 이런 면에서 종교와 예술, 특히 조형예술은 종교와 불가분의 관계라고 생각합니다.

김언호 ▮ 종교적 차원이 곧 예술적인 차원으로 소통한다는 의미인가요?

조광호 ▮ 종교와 예술은 그 구조적 측면에서 아주 비슷하다고 봅니다. 내용은 물론 다르지만 눈에 보이지 않는 실재를 드러낸다는 측면에서 종교와 예술은 그 실존적 구조가 비슷하다고 볼 수 있을 것입니다.

김언호 ▮ 종교와 예술을 그렇게 보는 것은 신부님이 가톨릭 사제이기 때문인가요?

조광호 ▮ 아닙니다. 이것은 저 개인의 의견이 아니라 아주 보편적인 견해라고 할 수 있을 것입니다. 예술에서 특히 그림에 국한시켜 '눈으로 볼 수 없는 세상'을 보여주는 것이 그림이라면, 눈으로 볼 수 없는 절대자, 또는 초월자를 역사 속에 구체적으로 드러내는 것이 종교입니다. 이런 면에서 저는 '보이지 않는 진리를 드러내주는 것이 예술이자 종교'라고 생각합니다.

나의 '로고스의 암호'

김언호 ▮ 신부님이 그동안 해온 작품에서 크게 눈에 보이는 하나의 주제라면 '로고스의 암호'가 아닐까 합니다. 로고스란 말씀 또는 진리일까요? 인간이 걷게 되는 길일까요? 아니 인간의 소망일까요? 신부님에게 로고스는 무엇입니까?

조광호 ▮ '로고스'(logos)라는 말은 굉장히 큰 의미를 지닙니다. 서양에서는 우리가 말하는 로고스는 말씀이고 동양에서는 도(道)라고 할 수 있겠지요. 진리 자체입니다. 이 세상에서 우리는 진리나 말씀을 직접 접할 수도 있지만 대부분 우리는 그것을 암호로서 해독하여 알게 됩니다.

김언호 ▮ '말'은 메시지이지요. 또한 사상이고 이론이지요. 신부님의 '암호'란 풀어야 되고 해석되어야 된다는 뜻인가요?

조광호 ▮ 그렇습니다. 이 명제는 철학자 야스퍼스(Karl Jaspers)가 말한 것으로 초월자의 실존 내용(메시지)을 인간이 알아듣기 위해서는 결국 '암호'를 해석해야만 하는 구조를 피할 수 없다고 본 것입니다. 사건과 사물, 그 모든 것을 통해서 진리의 정체, 다시 말해 '말씀'을 알아듣기 위해 해석을 해야만 한다는 것이지요.

김언호 ▮ 신부님의 '로고스의 암호'라는 주제에 대하여 좀더 자세히 말씀해주시지요.

조광호 ▮ 앞서도 말씀드렸지만 저에게 미술, 특히 회화는 그동안 무엇을 묘사하는 것이 아니라 내면을 표현하는 것이었고, 그 내용은 저의 내면에 떠오르는 주제를 회화적 요소(점·선·색채 등)로 표현하는 것이었습니다.

세계 내에 존재하는, 내 앞에 전개되는 모든 사건과 사물은 우연한 무의미의 사건과 사물이 아니라 존재자의 원형(archetype)이라 할 수 있는 말씀, logos의 상징적 언어라고 생각합니다.

그러기에 이 상징적 언어는 내 일상에서 내가 해독해야만 할 암호가 됩니다. 가시적 세계는 물론이고 비가시적 세계에 이르기까지 존재의 내면에 가득한 신비의 문 앞에서 그 빗장을 애써 당겨보는 것이 바로 내가 그림을 그리는 가장 근본적인 동기가 될 것입니다. 꿈꾸면서도 추락함을 체험하고, 시공에 갇혀 유한성을 절감하면서도 무한과 영원을 희구하며, 매몰된 자유의 웅덩이 속에서 한 줄기 빛을 찾는 것이 우리의 정신세계라고 한다면, 이런 내적 풍경이 추상으로 표현된 것이라 할 것입니다.

김언호 ▎로고스란 사실은 총체적인 의미로서의 인간세계의 구조를 인식하는, 사상과 이론을 의미하겠지요. 다시 말해 '인문학'이라고 볼 수 있을 것입니다. 어떻게 살 것인가라는 질문이기도 하겠지요. 저는 신부님의 미술작업 '로고스'를 이렇게 해석하고 싶어요. 그러기에 신부님의 미술세계에서 로고스란 인간세계의 복잡한 구조와 의미를 말하는, 하나의 차원이 아니라 복합적이고 다차원적인 의미를 내포하고 있겠지요. 로고스란 인문학의 세계이겠지만 사실은 당초부터 조형적이었을 것입니다. 문자로 표현되는 로고스일 것입니다. 인간은 스스로의 삶과 정신을 표현하기 위해 문자를 만들었을 것입니다. 체계적이고 논리적인 문자의 세계, 그러기에 문자라는 것 자체가 이미 가장 위대한 미술이라고도 할 수 있지요.

조광호 ▎'로고스의 이미지화'에 대한 연구가 요즘은 인문학의 중요한 과제로 떠오르는 듯합니다. 실제 상형문자는 그림이자 미술입니다. 문자는 하나의 상징적인 그림이 정리된 소통의 도구입니다. 그리스-로마자 '알파'는 소머리 모양입니다. 이는 농경사회에서 비롯된 상형문자의 역사라고 봅니다. 상형문자의 오리지널로 들어가면 굉장히 비슷한 것들이 많습니다. 고대 문자의 근본이 상형문자였듯이 제가 로고스의 암호를 선택한 것도 제가 표현하고자 하는 내용을 가장 잘 표현할 수 있는 방법이었기 때문입니다.
가령 내면적이고 정신적인 어떤 추상적 실체를 그림으로 표현하려 할 때 이와 같은 추상화가 좋은 방법이 될 수 있었다는 말씀이 되겠습니다.

김언호 ▎신부님의 그림에는 알 수 없는 신비스런 문자가 여러 번 등장합니다. 회화적 완성도를 높이기 위한 표현입니까. 아니면 종교적인 의미도 있는 것인가요?

조광호 ▮ 그러한 상징은 저의 퍼스널 이코노그래피(personal iconography: 개인
적 도상)입니다. 상징적 도상에는 보편적인 것도 있고 지역성을 띤 것도
있지만, 한 개인의 도상이 있을 수도 있습니다. 예를 들어 '00 : ●●'은 디지
털 시간으로, 하나는 메워져 있고 하나는 비워져 있는 이런 아이콘을 저는
'순수한 현재' '창조적으로 충만한 시간', 이른바 새롭게 결단을 촉구하는
'새로운 운명의 성서적 시간'으로 사용합니다. 모든 사람이 굳이 다 알아
들어야 하는 문자가 아니기 때문에 때로는 더 차별화된 조형언어가 될 수
있다고 봅니다.

김언호 ▮ '성서적인 시간'을 좀더 구체적으로 설명해주세요.

조광호 ▮ 이는 '순수현재'로서의 시간입니다. 순수현재라는 것은 우리가 오늘을 살
고 내일을 산다고는 하지만 우리가 실제로 사는 시간은 사실 순수한 현재
뿐이라는 뜻입니다. 인간은 현재만 사는 존재입니다. 과거 또한 살아왔을
뿐이고, 미래에 살 수 있다는 가정뿐입니다. 인간은 순수현재, 바로 '지금,
여기'에 사는 것입니다. 신약성서에 "때가 찼다"는 말씀을 자주 하는데 이
는 바로 순수현재를 말합니다. 모든 것은 현재에 와 있습니다. 하느님의
은혜도, 남을 도와주고 뉘우치는 것도 사실은 바로 현재에 이루어져야 하
는 시간이 성서적 시간입니다. 이런 내용을 그림에서 저는 '퍼스널 이코노
그래피'로써 표현했습니다.

'코레아 판타지'에 대하여

김언호 ▮ 이번 전시회에서 '코레아 판타지'(Korea Fantasy) 이외에 수십 점의 드로잉
과 판화, 이콘화 등 지난 40여 년 동안 해오신 작업을 선보이고 계십니다. 그
런데 신부님의 이번 전시에 출품된 회화 작품 가운데 상당수가 과거에 그려
오던 작품과는 전혀 다른 구상적 회화 작품들이던데 어쩐 일이십니까?

조광호 ▮ 너무나 다른 표현이라서 그동안 제 작업에 익숙해진 분에게는 다른 작가의 작품처럼 생소하게 느껴질 것입니다.

김언호 ▮ 우리가 세상을 살면서 변하는 것은 당연하겠지요. 시간이 흐르면서 우리의 생각도 변한다는 생각을 합니다만, 무슨 특별한 의미나 계기가 있나요?

조광호 ▮ 모든 예술은 내용과 형식으로 되어 있지요. 음식의 종류에 따라 그릇이 달라지듯이 회화에서도 이런 변화는 사실 너무나 자연스러운 작가의 고유한 자유에 해당된다고 봅니다. 특히 현대에 이러한 표현 방법의 변화는 보편적인 현상이라 생각합니다.

김언호 ▮ 앞으로 신부님의 작품은 이런 식으로 변해갈 것인가요?

조광호 ▮ 아닙니다. 저는 추상과 구상의 경계를 넘나들면서 그림을 그릴 것입니다. 묘사에 의존한 것이건 표현이나 형식에 의한 것이건 내용에 따라 자유롭게 할 것입니다.

김언호 ▮ 특히 한국적 이미지가 강렬하게 표현된 작품이 많은 데는 어떤 까닭이 있나요? 이 땅에서 살아가는 한 예술가로서의 자기발견 또는 자기각성인가요?

조광호 ▮ 이 작업은 이 땅에서 태어나 성장하고 살아가고, 언젠가 영원히 뼈를 묻어야 할 고향에 대한 본능적인 애착과 사랑에서 시작된 것입니다. 더 구체적으로 말하자면 살아온 날보다 살아갈 날이 더 짧다는 것을 의식하면서 한 발 더 늦기 전에 적어도 한번은 보다 적극적이고 직접적인 표현을 통해, 오늘 내가 사용하고 있는 나의 조형적 언어로 한국적 이미지를 그려보고 싶은 충동의 결과라고 할 수 있습니다.

김언호 ▮ 지난 80년대 베를린에서 만난 작곡가 윤이상 선생은 고향으로 돌아오고 싶다는 간절한 말씀을 하셨습니다. 수구초심(首丘初心)을 몇 번이나 언급하시면서, 고향에 묻히고 싶다는 말씀을 절절하게 하시더군요. 그러나 선생은 고국으로 귀환하지 못하고 이국에서 돌아가셨습니다. 윤이상 선생을 떠올리니 예술가로서의 신부님이 조국 '코레아'로 향한다는 것은 너무나도 당연한 일이라고도 생각됩니다. 예술가는 원초적으로 고향을 더 사랑하겠다는 생각도 하게 됩니다. 어떻습니까? 이번 작업이 만족스러우신가요?

조광호 ┃ 아닙니다.(웃음) 저는 이 작업들을 통해 우리 민족의 전형적 전통미를 표현하고픈 욕심이나 나의 이런 작업들에 대한 결과를 떠나서 이 작업을 즐기고 있습니다. 조금 거창한 얘기 같지만, 나를 키워주고 내 삶의 의미와 아름다움을 가르쳐준 모국의 문화에 대해 감사하는 마음으로 이 작업을 해보았습니다. 내가 태어나 자라났던 어머니 품속 같은, 이 땅 이 문화 속에서 받은 은혜로움과 아름다운 영적 생명에 대한 감사의 마음이 이 작업의 바탕이 되었다고 감히 말할 수 있을 것입니다.

김언호 ┃ 신부님이 해오신 미술작업에 대해 좀더 구체적으로 들어보도록 하지요.

조광호 ┃ 저는 그림공부를 전통 산수화부터 시작했습니다. 선을 중심으로 하는 그림을 많이 그렸습니다. 드로잉은 오늘날까지 계속 해옵니다. 그림을 그리면서 정서적인 것, 감정적인 것을 가장 직접적으로 표현하는 것이 드로잉입니다. 선이란 내면의 정신적 생명을 가장 다이내믹하게 표현할 수 있는 방편임에 틀림없다고 생각합니다. 미술 사조가 아무리 바뀌고 변해도 이 원칙은 만고불변의 진리가 되리라고 생각합니다. 이러한 의미에서 드로잉은 제 안에 내재되어 있는 정신적이고 정서적인 DNA를 직접적으로 드러내는 작업이라고 말할 수 있을 것입니다.

김언호 ┃ 신부님의 그림을 '활달하다'는 말로 표현할 수 있을까요? 어떻게 보면 래디컬하고, 최근의 작품은 굉장히 컬러풀하기도 합니다. 종전과는 다른 화려한 색채를 사용하고 있습니다. 선과 색감, 특히 스테인드글라스에서 나타내는 그 색감이 최근에 오면서 평면작업에 많이 나타나는 것인가요?

조광호 ┃ 그렇습니다. 요즘에는 아주 색채 중심의 그림을 그립니다.

김언호 ┃ 어떤 이유에서 그렇습니까?

조광호 ┃ 그동안 저는 흑백의 세계를 고수해왔습니다. 그 매력에 빠져 있었지요. 그

긴 터널을 빠져나와서 이제는 색채의 세계로 들어왔다고나 할까요?

우리 색을 재현하고 싶어졌다

김언호 ▍ 검은색이란, 천주교 사제로서의 색채로 느껴집니다만, 최근의 작업은 '신천지'라고 할 수 있을까요?

조광호 ▍ 앞서 말씀드렸듯이 최근 저는 한국인의 색채, 한국인의 빛에 빠져보고 싶습니다. 우리에게는 소색 중심의 정갈하고 정제된 정적인 색채가 있는가 하면 너무나 원색적이고 역동적인 '다이내믹 코레아'가 있습니다. 그 가운데 원색적인 이미지를 재구성하고자 하여, 요즘은 우리 고유의 색채와 조형세계에 탐닉하고, 시도해보고 있습니다.

김언호 ▍ 신부님의 '코레아 판타지'는 한국여성이 입는 아름다운 한복의 오방색으로 느껴지던데요?

조광호 ▍ 오방색을 일반적으로 한국의 색이라고 하지만 사실 우리 전통색은 오방색보다 훨씬 더 풍부하다고 봅니다. 이를테면 조선의 민화에서 보는 색채는 아주 다양하고 화려하지요.

김언호 ▍ 한국사람들은 이러한 기본적인 색들을 조화롭게 사용하는 미학적인 본능과 역량이 있는 것 같은데요.

조광호 ▍ 역사적으로 우리는 우리의 색채를 다양하게 전개하고 계승시키지 못한 것도 사실인 것 같습니다. 그러나 요즘 영상매체를 통해, 특히 전통복식을 선두로 우리의 색채운동이 혁명적으로 일어나고 있는 듯도 합니다. 우리 색채의 화려함이 있고 이러한 화려함을 뒷받침할 수 있는 고차원의 고상함이랄까요? 자연스럽고 깊은 자연색, 그 안에 무르녹아 있는 정감, 고유한 색감이 있습니다. 저는 그런 색감들을 재현해내고 싶은 꿈을 갖고 있었습니다.

저는 한국에서 태어나서 그림을 그렸는데, 한국인의 전통적인, 보이지 않는 어떤 것들을 표현해보고 싶은 충동이 요즘 와서 더 생겼습니다. 흑백의 세계, 담채의 세계, 그 내면과 그 너머의 세계로 이어지는 한국의 화려한 색상을 찾아 '코레아 판타지' 시리즈를 시작하게 되었습니다.

김언호 ❙ 우리같이 책 만드는 사람에게도 색채와 색감에 급격한 변화가 보입니다. 인쇄술의 발달도 연관이 있겠지만, 10년 20년 전의 책에 비해 요즘의 책들은 매우 컬러풀하고 강한 색상을 쓰고 있습니다. 이는 서양에서도 마찬가지입니다. 독일도 이전의 중후함이 아닌 화려함으로 변화하고 있습니다.

조광호 ❙ 여기에는 현대 디지털 문명이 절대적인 영향을 미친 것이 아닐까요?

김언호 ❙ 제가 책을 만들기 시작한 70, 80년대에는 화려한 색깔에 대한 일종의 두려움 같은 것도 있었어요. 특히 붉은색을 쓰는 것이 주저되었습니다. 책 제목을 붉은색으로 하면 많은 이들이 약간 의아하게 생각하는 분위기였지만, 저는 과감하게 사용했습니다. 이제는 다들 그렇게 합니다. 새로운 문명, 새로운 과학기술은 새로운 '색의 발견'입니다. 한국적인 색깔과 리듬을 가지고 '코레아 판타지'를 하는 것에 대해 저는 신부님의 새로운 세계를 기대합니다.

사실 '한 가지 색'보다는 여러 색의 공존 속에서 여러 성격의 색이 서로 조화될 때 각각의 색들이 좀더 아름다운 기능을 발휘하겠지요. 프랑스의 미셸 파스투로(Michel Pastoureau)는 그의 흥미로운 책 『블루』에서 "색은 하나 이상의 색이 조화나 대립관계 속에서 그 기능을 발휘할 수 있다"고 했습니다.

조광호 ❙ 색이란 보편적인 문화와 문명의 세계이지요. 딱히 한국적인 색깔만이 있는 것도 아니라는 생각도 듭니다. 색감은 모두 소통되는 것으로 인류의 보편적인 현상입니다. '코레아 판타지'는 그 색감과 형태, 그 안에 들어 있는 이미지들을 전통 속에서 찾고 전통 속에 있는 이미지들을 오늘의 나의 시각으로 재구성하여 표현해보는 것입니다. 전통을 그대로 묘사하는 것이 아니라 전통의 맥을 오늘날 나의 조형의식으로 재구성·재창조해보는 것입니다. '코레아 판타지'는 나의 이전 작업과 연장되는 또 다른 작업일 뿐입니다.

오늘의 나, 오늘의 우리 현실을 제대로 표현하다보면

김언호 ▌ 저는 어린 시절을 농촌에서 농사일 하면서 보냈습니다. 그래서인지 봄날 잿빛으로 변한 초가지붕들 사이로 피어나는 살구꽃 빛깔이 그렇게 제 가슴과 머리에 각인되어 있습니다. 나의 색깔이라고 할까요. 아직도 봄날 들판에 피어나는 자운영과 출렁거리는 초록색 보리밭, 가을날 들녘의 황금물결, 그런 색이 나의 삶에 묻어 있는 것 같아요. 인간은 고향의 빛과 그림자를 벗어날 수 없을 것 같아요. 신부님이 한국의 색으로 돌아오는 것은 미술가로서는 더 그렇게 되겠구나 하는 생각을 합니다.

신부님의 스테인드글라스는 아무래도 서양적인 기법이지요? 유리가 물론 동양에 없었던 것은 아니지만, 거기에도 분명 한국적인 전통을 모티프로 삼아서 작업을 할 수 있을 거란 생각이 듭니다. 그러나 보통의 경우는 서양적인 요소들이 부각된 것 같습니다. 지금 신부님께서 분명 한국적인 스테인드글라스 작업도 해낼 수 있을 것이라 생각합니다. 부산의 남천성당이나 숙명여대 박물관의 로비화, 이번에 하신 송도 연세대와 같이 말이지요.

조광호 ▌ 예술의 세계에서 미술은 보편성이 가장 강한 장르일 것입니다. 가장 가까운 것이 조형언어입니다. 인류의 공통된 상징성이 있기 때문입니다. 그런데도 한국적이라고 얘기할 수 있는 것은 꼭 한국적인 문양이나 한국적인 색을 이용하기 때문이 아닙니다. 이 시대에 살고 있는 한국사람으로서 나의 감수성에 충실할수록 그 작품은 한국적인 감정이입이 될 것이라 생각합니다. 물론 그 안에 우리가 가지고 있는 구체적인 한국적 상징을 배제할 수는 없습니다. 한국의 전통 문양이나 이전에 말한 오방색 등이 나의 작업

" 색감은 모두 소통되는 것으로 인류의 보편적인 현상입니다. '코레아 판타지'는 그 색감과 형태, 그 안에 들어 있는 이미지들을 전통 속에서 찾고 전통 속에 있는 이미지들을 오늘의 나의 시각으로 재구성하여 표현해보는 것입니다. 전통을 그대로 묘사하는 것이 아니라 전통의 맥을 오늘날 나의 조형의식으로 재구성·재창조해보는 것입니다. '코레아 판타지'는 나의 이전 작업과 연장되는 또 다른 작업일 뿐입니다."

• 조광호

에 들어가지만 그것에만 호소하는 것이 아닙니다. 오늘의 나, 오늘의 우리 현실을 충실하게 표현하면 그 또한 넓은 의미의 한국적인 것입니다. 한국의 고유성을 억지로 강조하면 부자연스러워지겠지요.

김언호 ▎우리의 정서가 깃들어 있을 때 진정한 한국적인 작품이 만들어질 수 있다는 말씀이시군요. 신부님의 한국인으로서의 감수성을 우리 고유의 전통에 담아 새로운 작품세계를 표현하실 수도 있을 것 같습니다. 이를테면 한국의 민화를 가지고 스테인드글라스 작업도 가능할 것이라 생각해봅니다.

조광호 ▎저는 민화뿐만이 아니라 민화의 현대적인 변형을 통해서 새로운 작품을 시도하고자 합니다. 예를 들면 고려시대나 조선시대의 전통 문양도 몇 단계의 변형과정을 거쳐서 새롭게 탄생합니다. 때로는 구체적으로 드러나지 않더라도 그 미적 에스프리가 살아 숨쉴 수만 있다면 토착화된 한국적인 이미지의 재탄생이라 할 수 있을 것입니다.

김언호 ▎신부님의 최근의 신작들은 색채의 과감한 변화뿐 아니라 훨씬 더 구체적인 생명현상이 표출되어 있어요. 구체적인 꽃과 나무와 곤충, 그리고 인간들이 출현합니다. 어떻게 하면 생명을 더 잘 살아 있게, 제대로 살아가게 할 수 있는가에 대한 고민인가요?

조광호 ▎과거 저는 내면적인 세계를 겨냥해서 그림을 그렸습니다. 나이를 먹으면서는 더욱더 직접적인 호소를 하게 되었어요. 사람들과 더욱 가까이, 더 호소력 있게 다가가고 싶더라고요. 미니멀하게 고도의 정신적인 표현으로 그 안에 높은 정신성을 나타낼 수 있습니다. 그러나 좀더 서사적인, 구태의연한 설명적인 서사가 아니라 보다 다이내믹한 체험이 들어 있는 서사, 즉, 다양한 설명을 통한 메타포의 세계로 그림을 이끌어냈을 때 즐거움과 보람이 있습니다. 더 넓은 객관의 세계가 그 안에 있다고 믿습니다. 예술성의 문제일 뿐이지 그 형식은 사실 '손바닥의 안과 밖'일 뿐이라 생각합니다.

김언호 ❙ 신부님은 지금 사제로서의 길을 걸어가면서 미술가로서의 길을 걷고 있는데, 이 두 가지 길의 공통성도 있다고 하셨지만 서로 충돌하는 부분은 없나요? 특히 신부님의 미술세계는 오히려 오늘의 현실을 깊숙하게 다루고 있지 않습니까?

조광호 ❙ 충돌한다기보다는 긴장이 있다고 하겠습니다. 앞서 말했듯이 종교라는 것과 예술이라는 것이 크게 보면 상당히 닮아 있을 뿐만 아니라 구조는 굉장히 비슷합니다. 종교도 그러하지만 특히 미술도 눈에 보이지 않는 아름다움을 가시적으로 드러내는 것입니다. 넓게 보면 종교도 예술도 '진리를 드러내는 것'입니다. 가장 아름다운 것은 진리입니다. 인간은 진리 앞에서 감동합니다. 이런 면에서 종교와 예술은 가장 친화적인 요소가 있지만 그 속으로 들어가면 갈수록 서로가 상이한 부분이 분명히 존재합니다. 사회적 인습이나 선입견 때문에 오는 긴장도 있지만 그보다 더 큰 긴장은 종교적 진리는 목적의식이 분명하고 이성적이지만 예술의 세계는 그렇지 않은 부분이 있어서 긴장이 생깁니다.

김언호 ❙ 신부님의 진리는 미술가로서의 진리라기보다 종교적인 의미에서의 진리입니까?

조광호 ❙ 참 어려운 문제이지만 저는 진선미의 총화를 진리라고 표현하고 싶습니다. 더 넓게는 '바른 이치'로, 어쩌면 '가장 아름다운 이치'인 진리를 어떻게 드러내느냐를 생각하면 미술에서의 진리와 종교적 진리는 결코 다르지 않다고 생각합니다. 그래서 종교는 예술로써 아름다운 향기와 열매를 맺는 나무가 될 수 있고, 예술은 종교적 경지에 이르러서야 그 절정의 향기와 열매를 맺을 수 있을 것이라 생각합니다.

김언호 ❙ 종교적인 행위 이전에 인간적인 행위가 보다 체계적이고 진지하면 예술일 수 있을까요? 사물과 현상, 행위와 사고가 아름다우면 예술이 아닐까요?

그렇다면 종교와 예술은 같은 진리를 추구하지만 서로 다른 영역에 존재하는 것들이겠군요.

조광호 ┃ 그렇습니다. 어느 시기에 철학을 신학의 시녀로 생각한 것과 마찬가지로 예술도 종교적인 진리를 전달하는 수단으로 보았던 시기도 있었습니다. 그러나 이것은 참으로 잘못된 것이지요. 예술과 종교는 유사성이 있지만 서로 각자의 길과 목적이 따로 존재해야 한다고 생각합니다.

김언호 ┃ 예술은 종교의 하부적 존재로서가 아니라 예술은 예술 자체인 것이겠지요. 그래야 진정한 예술이겠지요. 독자적인 세계를 스스로 구현할 수 있는 차원과 세계, 정신과 지경과 능력을 의미하겠지요.

조광호 ┃ 저도 그렇다고 생각합니다. 예술은 예술 자체로서 존재하는 것입니다. 비슷하지만 다른 것입니다. 섞여도 합쳐도 안 되는 것입니다.

위대한 예술에 심오한 종교선이 깃들고

김언호 ┃ 예술과 종교는 따로 존재하면서 서로가 소통할 수 있는 것이고, 서로 다른 존재들이 소통하는 것이 참 종교와 참 예술이 아닐까요? 종교에서나 예술에서 도그마는 진리가 아니겠지요.

조광호 ┃ 그렇습니다. 위대한 예술 안에 심오한 종교성이 깃들고, 위대한 종교에는 분명히 위대한 예술이 태동됩니다. 예술이 없는 종교는 타락합니다. 사이비 종교를 보면 알 수 있지요. 어떤 종교가 어느 정도로 진리 안에 인간 정신과 영혼을 영성적으로 고양시킬 수 있는 종교인지를 알려면 그 종교인의 예술을 보면 알 수 있다고 봅니다.

김언호 ┃ 종교도 궁극적으로 아름다움을 추구하는 것인가요? 최고의 경지로서 예술도 그러하고요.

조광호 ┃ 진리의 총화를 가리켜 '미'(美)라고 해야겠지요. 궁극적으로 '아름다움'밖에 더 이상 표현할 수 있는 게 뭐가 더 있겠습니까? "태초에 아름다움이 있었다"고 해야 할 것입니다.

김언호 ▎진선미에서 어떤 것이 다른 것의 위와 아래에 있을 수가 있을까요? 미가 진이 될 수 있고, 진이 미가 될 수 있고, 선이 진이 될 수 있고. 그러나 '진'을 가장 잘 전달해줄 수 있는 것이 '미'가 아닐까요? 진과 선과 미란 상호 연계되는 중층적·복합적 구조이겠지요. 신부님의 어린 시절, 젊은 시절로 거슬러 올라가 이야기를 나누어보지요.

조광호 ▎저는 종교적인 메시지 전달을 풍요롭게 하기 위해 미술을 하기보다 미술을 통해 종교적 진리, 그 아름다움을 표현하는 것이라 생각합니다. 그러나 오늘에 이르기까지, 그 여정은 물론 제 의지만으로 된 것이 아니었고, 어쩌면 주어지는 길이었다고 해야 할 것 같습니다. 현실적인 문제 때문에 때로는 갈등이 많았습니다. 전공을 공부해야 하는데 너무 그림을 그리고 싶어, 그림이 방해가 된다고 생각하기도 했습니다. 내일 시험인데 공부를 안 하면 낙제가 될 수 있었어요. 붓을 모아서 쓰레기통에 버린 적도 있었습니다. 그러나 아침에 다시 주워오는 그런 시절이 있었습니다.

김언호 ▎아름다움을 추구하는 것은 인간의 본능이라고 했습니다. 아름다움을 추구하는 아름다운 본능이 작동한 것이었겠지요.

조광호 ▎저는 정말 그림 그리는 것을 좋아했습니다. 그림 그리는 일은 저에게 황홀경이었습니다. 하지만 그림을 그리니 즐거움만이 아니라 날이 갈수록 그 즐거움은 고통의 대가라는 것도 알게 되었습니다. 그림이라는 것은, '생각하는 머리'와 '느끼는 가슴' 이 두 가지를 '표현해내는 손'이 삼위일체가 되어야 비로소 그림이 되는 것이지 않습니까? 신통찮은 머리와 척박한 가슴이 문제가 되기도 했지만, 마음먹은 대로 표현이 안 되어 고통스러운 날들이 많았습니다. 그러나 이러한 과정을 예술가적 삶이라 한다면 결과에 상관없이 그 과정을 통해서, 이미 받을 수 있는 보상을 다 받은 것이라 생각합니다.

김언호 ▮ 예술은 기본적으로 형식이지요. 내용을 담아내는 구체적이고도 때로는 추상적인 형식이겠지요. 뿐만 아니라 예술이란 정신이자 사상입니다. 예술이란 그렇기에 난해하기도 하고 복잡하기도 하면서 아름다움이라는 단순함을 가지지요.

조광호 ▮ 사실 모든 예술가는 형식과 내용, 그 사이에서 방황하며 괴로워하는 존재라고 해야 할 것입니다. 그러기에 "예술이란 행복의 지켜지지 않는 약속"이라는 표현에 고개를 끄덕이게 되지요.

김언호 ▮ '소리'라는 것이 참으로 위대한 예술이란 생각을 합니다만, 음악예술에 대해서는 어떤 생각을 갖고 계신가요?

조광호 ▮ 어느 경지에서 음악도 그 규칙을 초월할 수도 있을 것이지만 음악에서는 도가 도이지 미가 될 수 없지요. 철저하게 수학적이지요. 그림은 이러한 형식을 뛰어넘지만 좀더 본격적인 의미에서 본다면 미술과 음악은 별반 다를 게 없는 듯합니다. 그림에서도 내용과 형식, 그 사이에 '바로 그것이 아니면 안 될 어떤 것'에 대한 당위성이 엄격히 존재하기 때문입니다.

김언호 ▮ 신부님은 사제의 길과 예술의 길 이 두 가지를 드물게 병행시키고 있는데 한국사회에서는 이렇게 토털한 행위를 용납하지 않는 것 같습니다. 천주교 안에서도 사제의 길과 예술가의 길을 함께하는 것이 과연 가능한가요?

조광호 ▮ 한 가지도 벅찬 마당에 신통찮은 사람이 양다리를 걸친 게 아닌가 하고 고민도 많이 합니다. 그러나 앞서 말씀드렸듯이 종교와 예술은 둘 다 사람을 위하는 것입니다. 종교는 인간구원 혹은 해탈을 목표로 합니다. 그러나 확실한 것은 예술이 인간의 구원이나 해탈을 가져다주지 못한다고 저는 생각합니다. 도와주기는 하지만 예술이 구원행위에 꼭 도움이 되는 것은 아닙니다. 그러기에 때로는 의심의 눈총을 받기도 합니다만, 가톨릭 교회는 여러 면에서 그래도 관대한 분위기인 것 같습니다.

김언호 ▍ 종교에서 예술이란 때로는 사치일 수도 있겠지요. 예술이란 가장 탁월한 감성의 경지일 터인데, 그런 점에서 종교와는 조화가 되지 않는 게 아닌가 하는 생각도 합니다.

조광호 ▍ 종교나 예술이나 인간 세상에서 본격적 의미를 체현해내지 못하면 인간의 삶에 사치가 될 수 있고, 때로는 독이 되고 삶의 걸림돌이 될 수도 있을 것입니다. 이 현상을 한 개인의 삶에 조명해보면, '나에게 그리고 타인에게'도 그러하겠지요. 진정한 의미를 지닌 예술이라면 결코 악한 예술은 없을 것입니다. 그러나 저는 때때로 악한 그림은 있을 수 있다고 생각합니다. 악의 도구가 된다는 것입니다. 악한 목적을 위해 미술을 동원하는 관제미술이 그렇게 될 수 있을 것입니다.

김언호 ▍ 다른 분야도 마찬가지겠지요. 자신이 걷는 길의 의미와 목적을 잘못 체현한 많은 철학자들과 정치학자들도 자신과 타인에게 선한 삶을 살게 하는 것이 아니라 인간을 짓누르고 인간을 탄압하고 죽음으로 이끄는 역할을 합니다. 권력과 독재에 봉사하는 지식인들이 많습니다. 이렇게 따지면 미술도 음악도 마찬가지이지요.

조광호 ▍ 저는 사제와 화가라는 두 가지를 병행하고 있는데 제가 살아오면서 느끼는 것은, 화가가 되기 위해 사제가 된 것은 아니라는 것입니다. 어디까지나 저는 사제로서 그림을 그립니다. 이제까지 저는 나 자신을 한번도 다른 이 앞에 화가라고 소개한 적이 없습니다. 저의 직업은 사제입니다. 일을 그림으로 할 뿐입니다. 저에게 그림은 수단이지 목적이 아닙니다. 유명한 화가가 되기 위해 노력한다든지 후세에 무언가를 남기겠다는 유혹도 있습니다만, 늘 저는 제자리를 확인하도록 자신을 재촉합니다.

저는 사제로서 살기 위해 그림을 그릴 뿐입니다. 저에게 그림은 목적이 아니었습니다. 그림은 제가 하느님 앞에 살아 있는 동안 '나와 이 세상 사이에 말과 글로 다 할 수 없는 이야기와 느낌'을 소통하는 '정신과 마음의 통로이고, 영혼의 파이프라인'입니다. 그러기에 그림은 저에게 외로운 독백도 아니고, 일방적 메시지 전달을 위한 도구도 아니고, 남에게 주는 교훈적이고 교조적인 도구는 더더욱 아닙니다.

김언호 ▎ 신부님의 미술관과 예술관이 한층 분명해지는 말씀입니다. 하느님의 대리인을 개신교에서는 목사라고 하고 천주교에서는 신부라고는 불리는데, 신부님의 개인사를 한번 들어볼까요? 오늘의 신부님을 있게 한 삶의 역정이라고 할까요.

조광호 ▎ 신부라는 말은 정확한 말이 아닙니다. 서양에서는 '파더'라고 합니다. 영적인 아버지라는 또 다른 뜻입니다.

김언호 ▎ 신부라는 호칭보다는 '사제'라는 호칭이 의미가 더 맞네요. 그러나 '신부님'이라는 말이 참 따뜻하게 다가와요.

조광호 ▎ 사제는 천주교뿐만이 아니라 개신교·불교를 초월해서 보편적인 의미를 갖는 것이지요.

김언호 ▎ 세상을 살다보면 자신의 길이 필연이든 우연이든 생기게 됩니다. 인간에게 처음부터 길이 주어지지는 않겠지요. 세상사에 부딪히면서 어떤 이는 철학자의 길을 걷고 어떤 이는 법률가의 길을 걷게 되지요. 처음부터 자기의 길을 가게도 되지만, 저의 경우도 세상을 살면서, 출판인의 길을 걷게되었습니다. 신부님도 처음부터 사제의 길을 걷겠다고 한 것은 아니겠지요? 어떻게 하다가, 어떤 계기로 사제가 되었나요?

조광호 ▎ 저의 집안은 본래 천주교 집안이 아니었습니다. 저의 집안은 철저한 유가 집안이었습니다. 그런데 제가 고등학교 1학년이 되면서, 이른바 사춘기라고 해야 할까요? 세상에 눈을 뜨게 되었습니다. '왜 사는가' '나는 누구인가' 등 자신과 세상에 대한 의문을 맞닥뜨리게 되었습니다. 존재적인 물음을 갖게 되면서 저는 심각한 고민에 빠져들었지요. 한때는 스님이 되어볼까라는 생각도 했습니다.

김언호 ▌우리와 같은 세대의 사람들이 공히 겪는 통과의례였는지 모르겠습니다. 저도 대학을 다니다가 학교 그만두고 농사를 지어볼까 고민했습니다. 절로 들어가자는 생각도 했습니다. 가난한 시대를 살아온 청소년들의 삶의 풍경이 아닐까 합니다.

조광호 ▌중고등학교 시절, 저는 천주교회 앞에서 살았어요. 우연히 천주교회를 나가게 되면서 여러 인연이 만들어지더군요. 교회의 문고에 꽂혀 있는 책들을 읽었어요. 조그마한 시골 성당의 문고에서 내 인생의 숙제를 풀 수 있겠다는 생각을 했어요. 아니, 실제 풀어보고 싶었어요.

그러면서 당시 노동운동을 하시던 신부님을 만났어요. 양노엘 신부님이라는 분이신데, 나중에 한국에서 추방되어 LA에서 한인사목을 하시다가 돌아가신 아일랜드 신부님이었지요. 당시 30대 후반이셨고 저는 10대 후반이었습니다. 그때 저는 그 신부님으로부터 너무나 많은 영향을 받았습니다.

김언호 ▌어려운 시대에 사회와 인간에 대해 헌신하고, 특히 가난하고 어려운 사람을 도와주는 분을 만난 것이 신부님의 운명이 된 것이군요. 그런 분을 만날 수 있는 행운이 신부님에게 주어졌군요.

조광호 ▌저 개인과 세상의 문제를 풀기 위해서는 제가 해야 할 일들이 있다고 스스로 생각했어요. 고통받는 사람들을 위해 일하고 싶었어요. 사회의 부조리 같은 것이 눈에 들어오기도 했어요. 그러면서 방학 때에는 노동판을 뛰어다녔지요. 고등학교 1학년 방학 때였는데 산에서 돌을 내려와서 바다를 메우는 노동을 했어요. 노동판의 어른들이 했던 일들이었어요. 끝도 없는 노동이었습니다. 매일 열 시간씩 노동을 했지요. 노동자들의 현실을 몸과 가슴으로 체험해보았습니다. 일을 한 달간 해도 주인들이 보름치 임금을 떼어먹었어요. 노동자들의 우는 모습을 보면서, 저 스스로 이런 문제를 해결해보고 싶었어요. 당시 저희 집은 제빙공장을 하고 있어서 저희 집에 노동자들이 왔다갔다하는 것을 보았지요.

형이 저를 이상하게 보았어요. 아무에게도 말을 안 하고 비밀로 했으니까요. 제 인생의 고민을 해결하고자 시작했으니까요. 요즘의 노동현장 체험인 셈이지요. 이런 부조리한 사회현실을 극복하기 위해서, 또한 제 고민을 해결하기 위해서 저는 신부가 되어야겠다고 생각했습니다. 저 자신을 위해서 제 인생 문제를 해결하고, 아울러 사회적으로 억압받는 사람들의 문제도 해결하고. 이 두 가지가 신부가 되는 결정적인 이유였어요. 그러다보니 천주교를 더 열심히 믿게 된 것입니다.

김언호 ▌ 신부님은 또 다른 어느 글에서 '배고픔의 큰 슬픔'을 말씀했더군요. 신부님의 그림을 보면서 저는 실존 같은 것뿐만 아니라 '사회의식' 같은 것도 함께 느낍니다. 집안에서도 모르게, 신부의 길 사제의 길로 가기 시작했지만, 신부님의 내면에는 어려운 사람들의 삶, 시대상황이 각인되어 있었군요.

조광호 ▌ 저 자신의 이런 내적 변화를 아무에게도 말하지 못한 채 마음의 준비를 하고 있었습니다. 저녁 때마다 코피가 났지요. 고등학생이 그 힘든 일을 했으니 말입니다. 한 노동자가 그러더라고요. 돌을 피하지 말라고. 돌을 피하다가는 맞게 된다고. 무심히 일을 하다보면 돌이 피해 간다고. 사실 돌을 피하면서 언제 일하겠어요? 그렇게 방학 두 번을 노동판에서 보냈습니다. 그러다보니 동네에서도 집안에서도 이상하게 본 거예요. 동네사람들이 제가 돈독이 올랐다고 하는 이야기도 들었어요. 다른 집안 아이들도 저 때문에 많이 혼나곤 했어요. "쟤는 저렇게 일을 하는데 너희들은 뭐하는 거냐"고.

그런 일을 직접 하면서 결심을 굳히게 되는 것이었습니다. 출가의 결심을 굳히기 위한 작업이었어요. 스스로 계기를 만들었습니다. 내가 지향하는 목표를 위해서, 나한테 닥쳐오는 불안한 미래에 대한 두려움을 극복하기 위해서 저는 심한 노동을 선택한 것입니다. 철공소에서 프레스 깨는 작업도 했지요. 고등학교 1학년 학생이 무슨 힘이 있었겠어요? 그러나 제 상황을 극복하기 위해서 그런 노동을 하게 된 것이었습니다. 혼자서 감당하기엔 뭔가 답답한 심정을 노동으로 해결하자는 것이었습니다. 그러다보니 심장이 약해져서 한 1년을 고생했어요. 그래도 고민이 생기면 바닷가에 가서 정신없이 뛰기도 했습니다. 저는 이렇게 10대 후반을 보냈습니다.

결국 신부가 되기로 결심했어요. 마침내 저 자신을 정리하여 가족과 신부님께 말씀드렸어요. 나중에는 제 일생에 가장 큰 신앙의 버팀목이 되어주셨지만 처음엔 어머님께서 완강히 반대를 하셨어요. 아버님은 일찍이 돌아가셨고, 첫째 형은 6·25 때 전사하셨습니다. 제빙공장을 하던 둘째 형이 저를 건축가로 만들고자 했습니다. 제가 그림을 잘 그렸거든요. 건축가가 되게 하려고 했는데 갑자기 신부가 되겠다고 하니 형도 크게 반대를 했어요. 저는 당돌하게 형이 내 인생을 책임져줄 것이냐고 물으면서 내가 내 인생을 살겠다고 말했어요. 그 후로 형은 돌아가실 때까지 제 인생에 대해 말씀하지 않으셨어요.

김언호 ┃ 그때의 험한 노동이 그 후 신부님의 작업에도 표출되는군요. 스테인드글라스 작업도 그렇고 페인팅에도 노동의 흔적이 감지되네요. 신부님이 지금 작업하시는 걸 보면 제게는 '예술노동자'로 비칩니다.

조광호 ┃ 저는 미술의 수많은 정의 가운데 "미술은 노동이다"(Kunst ist Arbeit)라는 정의를 좋아합니다.

김언호 ┃ 신부님의 내면에 원초적인 뭔가 있었기에 그런 것이 아니었을까요? 아름다움 또는 정의와 진리를 찾으려는 지향과 성향이 있었기에 그 길을 가게 되지 않았을까요? 물론 집중적인 독서와 노동도 영향을 미칠 수 있었겠지요.

조광호 ┃ 그런지도 모르지요. 어린 나이였지만 당시 저에게는 정말로 너무나 엄청난 변화가 제 내면에 일어났던 게 사실입니다.

김언호 ┃ 신학교에 입학하면서 이제 인생의 또 다른 차원을 경험하게 되었겠습니다. 신학교란 일반 대학과는 다른 교육과정일 터인데요. 그 후 생활은 어 떠했나요?

조광호 ▮ 저는 신학교에 가면 눈밭에서 기고, 그럴 거라 생각했는데 전부 공부만 하 는 것이 제 생각과 너무 달랐습니다. 노동판에서 경험한 노동적인 투사의 모습이 그곳에는 없었습니다. 이론 공부만 하고 조용하더군요. 충격이 컸 습니다. 이래도 되는가 생각하고, 그러다 군대를 가게 되었지요. 저는 육 군 헌병학교, 특수부대에 뽑혀 3년 동안 혹독한 훈련을 받았어요. 얼마나 기합이 강했던지 많이 맞기도 했어요.

김언호 ▮ 군대 간다는 것에 대해 거부반응은 없었습니까?

조광호 ▮ 없었어요. 종교와 관계없이 그런 부분은 명확했습니다. 저의 큰형도 6·25 때 돌아가셨습니다. 군대생활은 대단했어요. 인간의 삶이 참으로 모질다 는 것을 여러모로 군대에서 체험했습니다.

김언호 ▮ 제대 후에 다시 학교에 복학했나요?

조광호 ▮ 복학을 하면서 베네딕도 수도원에서 수련을 받았습니다. 본격적인 수련이 시작된 것이지요. 엄격히 짜인 시간표에 따라 명상과 수련을 철저하게 받 았습니다. 1년 동안 수련을 받은 뒤 휴학을 하고 2년 동안 벽화 그리는 프 랑스 신부님의 조수를 했습니다. 벽화를 그리는데, 가난한 시골성당 큰 벽 의 밑칠은 때로는 혼자 다 했어요. 전 조수니까 매일 밑작업만 했는데, 마 지막에 한 벽화를 함께 그리게 해주더라고요. 그 어른은 유명한 앙드레 부 통이라는 세계적인 화가였는데, 그분의 작업을 사람들이 다 지워버렸어 요. 한국에 한 20년 있었는데, 우리 한국교회의 문화적 현주소와 그 현실 을 두 눈으로 목격하면서 참으로 많은 것을 예감하는 계기가 되었지요.

김언호 ▮ 학교를 다닌 기간이 참 길었네요. 물론 배움은 학교에서만 가능한 것이 아 니겠지요.

조광호 ▮ 휴학하고 수련하면서 학교를 10여 년이 넘도록 다닌 셈이지요. 마침내 사제로 서품되고 저는 왜관에 있는 분도출판사의 시청각실에서 일하게 되었습니다. 당시 출판사 사장이셨던 독일인 임세바스티안 신부님으로부터 너무나 많은 것을 배울 수 있었습니다. 사람은 궁극적으로 무슨 일을 해야 하는지, 어떤 가치관을 가지고 살아야 하는지를 배울 수 있었습니다. 1980년 광주항쟁의 역사적 실체가 침묵 속에 매몰될 때 그분과 함께 몇 가지 일을 하다가 계엄사에 끌려가기도 했지요. 그 다음에 저는 한국천주교 주교단의 천주교 200주년 기념사업회에서 일했습니다. 출판국장 겸 기획위원이자 간사였습니다. 200주년 기념 영화와 책도 만들고, 200주년 행사의 중심에서 준비작업을 했습니다. 1982년이었습니다. 그러면서 천주교 월간지 주간으로 일을 했습니다.

이런 일을 하다가 독일로 유학을 가게 되었습니다. 스스로가 미술을 하겠다고 간 것이 아니라 교회에서 좀더 전문적으로 미술교육을 받으라고 해서 갔어요. 시험이 뭐가 있는지도 몰랐습니다. 아무것도 모르고 그냥 갔습니다. 34세 때였습니다. 남독 뉘른베르크 조형예술대학, 쿤스트 아카데미에서 5년간 공부를 했습니다. 제 일생에서 가장 열심히 공부한 시기였습니다. 미술의 어느 분야든 마음껏 공부할 수 있는 기회가 주어졌으니 그야말로 저에겐 너무나 황홀한 시간이었습니다.

귀국해서 그림 그리는 일을 본격적으로 하기 시작했는데 예전에 출판일을 하면서 못다 이룬 꿈이 있었어요. 그리고 그 꿈을 이룰 수 있는 기회가 왔었습니다. 그게 바로 21세기 문화와 영성을 주제로 엮은 월간 『들숨날숨』이란 잡지였습니다. 물론 잡지 그 자체가 목적이 아니라 이 잡지를 통해, 파이프라인을 만들어, 서로를 소통시키고 싶었어요. 21세기 종교 다원주의 사회에서 문화와 영성의 소통과 연대를 위한 운동의 틀을 만들자는 의도였습니다.

김언호 ▮ 인간이 혼자는 살 수 없지요. 개인뿐만 아니라 모든 집단과 조직, 사회와 국가와 민족도 마찬가지지요. 더불어, 손에 손잡고, 같이 사는 것이지요. 서로가 서로를 이해하고 연대하면서요. 신부님이 늘 말씀하시는 연대성 (Solidarity)에 관한 말씀을 듣지요. 아울러 신부님이 편집인이 되셔서 5년 동안 60여 회나 발간했던 월간 『들숨날숨』에 대해 한 말씀 해주시지요.

월간 『들숨날숨』으로, 솔리달리티 운동

조광호 ┃ IMF가 시작된 1998년에 창간된 월간 『들숨날숨』은 원색 국배판에 100여 쪽 되는 잡지로 천주교 신자는 물론 일반 지성인을 위한 문화 · 영성교양 지였습니다.

김언호 ┃ 그 잡지는 아주 의미 있는 내용을 담아냈다는 생각이 듭니다. 매호 특집 주제를 설정해 우리 사회에 생각하는 회두를 던진 것도 의미 있는 문화운 동이었다는 생각도 듭니다. 『들숨날숨』은 비기독교인에게도 유익한 기사 들로 가득 차 있었어요. 신부님의 개성과 열정이 투영된 잡지 같습니다.

조광호 ┃ 의도적으로 천주교 냄새가 나지 않는 잡지를 만들자는 게 아니라 이 잡지 의 성격 자체가 우리 시대의 문화와 영성(culture and spirituality)의 폭넓 은 담론의 장을 열어가는 데 있기 때문이었습니다. 가톨릭의 보편정신을 바탕으로 우리 사회의 핵심이 되는 문제들을 겨냥하여 문화 콘텐츠를 분 석하고 비평하는 우리 사회의 '눈과 입과 귀'가 되고자 한 것이었습니다.

김언호 ┃ 1998년은 참으로 어려운 시기였습니다. 출판계도 심각한 어려움을 겪었 습니다. 그러나 어려운 시기에 단행본을 주로 펴내는 출판인들은 한국출 판인회의(Korea Publisher's Society)와 같은 새로운 연대운동을 조직화하 는 일에 나서게 됩니다. IMF 사태가 온 것에 대한 총체적 반성이고 출판인 들에 의한 인문학적 대응이었습니다. 『들숨날숨』도 말하자면 가톨릭적인 인문운동이라고도 할 수 있겠군요. 신부님이 주창하고 진행하는 문화 · 영 성의 연대운동은 우리 사회의 문제들에 대한 정신적 · 도덕적 운동이 아니었나 싶습니다. 위기를 극복해보자는 것이었겠군요.

조광호 ▎ 저는 나름대로 이 잡지를 통해 가톨릭 교회와 이 사회가 21세기를 준비하는 데 파이프라인이 될 수 있다고 생각했어요. 인류가 공동운명체라는 의식이 확장되는 시기에 우리가 당면하는 각종 문제들을 담론화하고 여러 가지 대안적 이야기를 하고 싶었습니다. 그래서 이 잡지가 기존 잡지와 가장 차별화된 첫 번째는 문화와 영성 문제를 이미지화시키는 작업이었습니다. 두 번째로는 하나의 주제를 여러 측면에서 입체적으로 분석·비평하되 가장 핵심적인 이야기로 초점을 정확하게 하고 명징화하는 작업이었습니다. 이 잡지는 이러한 주제를 심도 있게 접근할 수 있는 길잡이 역할을 할 수 있도록 하는 것이었습니다. 세 번째로는 이 잡지는 편집회의 자체가 편집하는 데 주력하는 것이 아니라 담론으로 뜨거운 토론의 장이 될 수 있도록 인적·물적 투자를 했다는 점이 특징이라 할 수 있을 것입니다.

김언호 ▎ 우리 시대에 참으로 중요한 잡지가 될 수 있었을 텐데, 왜 5년 만에 폐간되었나요?

조광호 ▎ 제60호를 내고 『들숨날숨』은 숨을 거두었습니다. 많은 이들이 성원해주셨고, 특히 우리 사회 여러 분야의 최고 전문가들이 많은 원고를 보내주셨습니다. 교계 내부로부터 호응도 좋았지만 반대나 무관심도 많았습니다. 경제적인 문제도 있었지만 보다 더 큰 걸림돌은 교회 안에서도 성급한 신자본주의의 눈초리로, 기다려줄 수 없는 성급함이 걸림돌이 되는 것을 실감할 수 있었습니다. 종교계 잡지가 다 그러하지만 자기 울타리 안에서의 담론 이외의 것을 터부시하는 경향이 있지요. 이런 마당에 교회 안에서 왜 이런 종류의 잡지가 필요한가, 라는 질문과 의문이 많았습니다.

진리와 진리는 서로 모순될 수 없다

김언호 ▎ 종교란 다른 어느 것보다도 문화적이지요. 앞에서도 이야기했지만 예술적인 것을 통해서 종교는 더 아름답고 보편성을 획득하게 되겠지요. 종교적인 참여는 문화를 통해서 하는 것이 더 합리적이고 실천력을 갖게 되지 않을까요?

조광호 ▌ 특히 오늘날 21세기 종교는 다른 영역의 문화와 소통하고 함께 걸어가야만 합니다. "진리와 진리는 서로 모순될 수 없다"는 요한 바오로 2세 교황의 말씀대로 혼자서가 아니라 세상의 선의를 가진 사람들과 함께 손잡고 가지 않는다면 21세기 죽음의 문화 앞에 우리의 미래는 어두울 뿐입니다. 대화가 아니라 대화의 차원을 넘어 연대해야 하는 이유가 여기에 있다고 봅니다. 감성에 바탕을 둔 문화적 창의성과 포용력이 없는 종교는 21세기에 살아남는다 해도 사람들이 텅 빈 집을 지키게 될 것입니다.

김언호 ▌ 잡지를 발간하면서는 그림을 그릴 시간이 아무래도 적었겠군요.

조광호 ▌ 아니에요. 그림 그리는 시간이 나에게 전부로 왔던 시기는 지금까지 없었습니다. 사실 그림은 저에게 사이드 잡이었습니다. 교회에서 온전히 제가 그림을 그릴 수 있는 시간을 주지는 않았습니다. 그러나 나의 미술에 대한 열정은 중단되지 않았습니다.

김언호 ▌ 열정을 넘어서는 운명 같은 것이었나요?

조광호 ▌ 사실 조금은 미쳤지요. 내가 주교단 일을 할 때는 엄청난 과제가 나에게 주어졌지만 그래도 붓은 놓지 않았습니다. 가령 저녁 10시에 퇴근하더라도 꼭 그림을 그렸어요. 방도 재료도 아무것도 없던 시절에도 도서관 찬바닥에서 그림을 그리기도 했습니다. 그러면서 1982년에 동덕화랑에서 첫 전시를 하게 되었습니다. 그때 오광수 선생이 전시회를 위해 글을 써주었습니다. 28년 전이었어요. 그 바쁜 와중에도 잠을 줄여가면서 작업한 작품들이었습니다. 전시장에 어떤 중학교 여선생님이 와서 저를 얼마나 부러워하던지. 복도 화장실 옆에서 그림 그렸다는 얘기를 해줬어요. 그랬더니 얼굴을 붉히면서 죄송하다고 하더군요.

독일에서 배운 것

김언호 ▎ 독일에 가서는 달랐겠습니다만, 정규적인 미술교육을 받은 적이 없는 것 같은데요.

조광호 ▎ 정규교육은 아니었습니다. 사실 유치원 때부터 그림 그리기를 좋아했지만 광주에 가서 석성이라는 분에게서 동양화를 배운 것이 처음이었어요. 그 다음에 앙드레 부통 신부로부터 벽화를 배웠고, 그러다가 유럽으로 가게 된 것입니다. 독일에 가서 아카데믹한 그림공부를 시작했어요. 1984년, 1982년의 그 첫 전시회 경력만을 가지고 떠났습니다. 그 후 귀국하여 마흔 이 넘어서 여러 종류의 작업을 포함해 본격적으로 그림을 그리게 되었습니다.

김언호 ▎ 신부님의 미술에서는 교육이 전부는 아니었군요. 독일에서는 새로운 세계를 만났겠군요. 독일에서는 어떤 체험들을 했나요?

조광호 ▎ 독일에서의 가장 큰 체험은 그림을 그린다는 것이 무엇을 한다는 것인지를 알게 된 것입니다. 기술을 배운 것이 아니라 한 작가로서 평생을 살 수 있는 에너지를 받게 되었다고 할까요? 평생 그림을 그리면서 지낼 수 있는 습관을 길러준 것이 바로 독일의 공부였습니다. 그게 독일의 교육방법이었어요.

김언호 ▎ 스스로 일어설 수 있는 방법과 홀로 걸을 수 있는 정신을 가르쳐준 것이네요. 내가 스스로 걸어갈 수 있는 길을 찾는 방법과 습관을 학습한 것이군요.

조광호 ▎ 그곳에서는 한번도 교수가 그림을 이렇게 그려라 저렇게 그려라고 한 적이 없었습니다. 묻지 않으면 대답도 없었던 것이 독일의 교육이었습니다. 어떤 기술적인 교육을 원하는 사람은 스스로 공방에 가서 전문 마이스터들로부터 배울 수 있었습니다. 나머지는 사실 독학이었습니다. 교수는 학생이 어디로 가야 하는지를 안내하는 존재였습니다. 교수와 끝없는 토론이 미술교육의 80퍼센트를 차지하고 있었습니다.

" 교육이라는 것은 책을 읽고, 생각하고, 토론하여, 스스로 터득하는 것입니다. 한국의 교육은 스스로 훈련하지 않고 생각하지 않고 터득함도 없이, 완전한 답, 하나의 답을 달라고 합니다. 진정한 교육은 스스로 하게 하는 것인 데도요. 대학은 본디 인문교육을 하는 곳이지요. 우리 대학이 지금처럼 실용을 계속 강조하다보면 참으로 의미 있고 창조적인 일을 해내는 인재를 키워낼 수 있을까요? 흔히 경쟁력을 이야기하지만 인문학적 담론과 성찰이 진정한 경쟁력의 원천이고 국가와 사회의 품격을 보장할 것입니다. "

• 김언호

김연호 ▮ 독일에서 배운 교육의 방식과 철학이 지금의 학생들에게도 통합니까?

조광호 ▮ 우리나라의 학생들은 테크닉을 배우고자 합니다. 선생님들로부터 테크닉 배우기를 원해요.

김연호 ▮ 한국은 이른바 '정답'을 요구하고 가르쳐주는 교육을 합니다. 학문에 하나의 '정답'이 있을까요? 특히 미술에서말입니다. 답을 학생 스스로 찾게 하는 것이 교육의 본령이 아닐까요?

조광호 ▮ 안타깝지만 우리 사회의 학생들은 묻지 않은 답을 선생님이 가르쳐주길 원합니다. 씹어서 입에 넣어주기를 바라는 것이지요. 이런 교육은 창의적인 교육이 아닙니다.

김연호 ▮ 교육이라는 것은 책을 읽고, 생각하고, 토론하여, 스스로 터득하는 것입니다. 한국의 교육은 스스로 훈련하지 않고 생각하지 않고 터득함도 없이, 완전한 답, 하나의 답을 달라고 합니다. 진정한 교육은 스스로 하게 하는 것인 데도요.

조광호 ▮ 아시다시피 한국의 교육 방법은 정말 문제가 있습니다. 학생들은 '노하우'에 대한 관심만 있을 뿐 'what'이나 'why'에 대한 관심은 없습니다. 유럽에서 저는 평생 내가 그림을 통해서 살아갈 수 있는 습관과 자세를 배우고 보았습니다. 제가 평생 그림을 그리는 습관과 사고하는 방법을 체험한 것입니다. 내가 질문을 통해서 공부를 해야겠다는 것을 깨달았습니다. 배움이란 무조건적인 지식의 습득, 백과사전식의 지식을 얻는 것이 아닙니다. 내가 무엇에 대한 의문을 가졌을 때 이 의문을 가지고 거기에서부터 출발하는 방법 등을 저 나름의 새로운 방식으로 터득하는 것입니다. 이 과정을 통해 공부하는 것이 왜 즐거운지도 알게 되었지요. 제가 많이 알아서 척하는 것이 아니라, 제가 어떤 질문을 가지고 출발했을 때부터 그 즐거움이 저에게 행복했다는 것이지요. 그렇지 않으면 무엇을 알고, 만들어낼 수는 있어도 자기 것이 아니니까 지속적인 발전도 없을 것이고 끝내 자기 일에 긍지를 갖지 못할 뿐 아니라 끝내 행복할 수 없을 것입니다.

김언호 ▍ 귀국해서는 미술과 함께 무엇에 관심을 가지게 되었습니까?

조광호 ▍ 독일에서 돌아와서는 미술뿐만 아니라 특별히 저는 '문화운동'에 대해 관심을 갖고 참여하게 되었습니다. 문화운동은 한 작가로서의 활동뿐 아니라 사제로서 제가 해야 할 일 가운데 중요한 부분이라고 생각하기 때문입니다.

김언호 ▍ 신부님은 미술가이지만 잡지와 출판뿐 아니라 여러 문화운동에 관심을 두고 계신 '문화운동가' 같습니다. 그러나 아직은 우리 사회가 그것을 쉽게 수용하지 못하는 부분도 있지요.

조광호 ▍ 사실 문화에 운동이란 단어를 붙이시니까 그렇지만 반 퍼슨(C.A. van Peursen)은 "사람들이 문화란 '만들어진 형성물'로 고정된 어떤 것이라 생각하여 그것을 명사라고 특징 짓지만 이제 문화는 명사가 아니라 동사라고 이야기해야 할 시대가 되었다"고 했습니다. 요즘 제가 몸담고 있는 조형예술대학도 창조적 변화를 모색한다는 면에서는 그 자체로 너무나 중요한 문화적 자장이 일어날 수 있는 곳이라 믿습니다.

대학은 교양과 문화를 지닌 창조적 전문가를 키운다

김언호 ▍ 학교를 좀더 이야기해보지요. 지금 조형예술대학의 학장 신부로 힘차게 학교를 일으켜 세우고 있는데, 조형예술대학에서 특히 중시하는 교육정신이나 교육방법이란 무엇인가요?

조광호 ▍ 사람들이 가장 중요시 여기는 것은 역시 자신의 인생입니다. 젊은이는 말할 필요도 없겠지요. "나는 왜 여기에 왔는가? 나는 이곳에서 무엇을 하려 하는가?" 하는 질문이 끝임없이 선행되어야 할 것입니다. 대학은 직장을 구하기 위한 직업훈련소가 아닙니다. 대학은 한 인간으로서 건강한 교양과 문화를 지닌 창조적 전문가가 되기 위한 터전입니다. 대학은 자신의 전공지식 습득은 물론 그 분야에 몸 바쳐 평생을 살아갈 수 있는 원초적 에너지를 마련하고, 사회의 한 구성원으로서의 인격과 교양을 갖출 수 있는 성장의 못자리가 되어야 합니다.

대학은 우선 자기 전공에 대한 건강한 근성과 프로 의식을 지닐 수 있어야 한다고 생각합니다. 좋은 습관을 기르라는 것이지요. 공동으로 함께하는 법을 배우고 그 안에서 자신의 역할과 창의성을 발휘할 수 있는 능력을 기르고 가급적이면 다양한 문화체험을 통해 넓은 안목을 시닌 인재양성이 되어야 한다고 봅니다.

김언호 ┃ 혼자 하는 것이지만 더불어 하는 것이지요. 더불어 사는 지혜가 참으로 중요합니다.

조광호 ┃ 더불어 할 수 있어야만 혼자도 잘할 수 있을 것입니다. 특별히 학제 간의 통섭과 통합이 이루어지는 오늘 21세기의 조형예술 분야는 '포괄적인 디자인과 예술'이 아니면 의미가 없게 될 것입니다. 창조적인 생명문화의 창출은 바로 이런 폭넓은 사고와 배려로부터 탄생될 수 있기 때문입니다.

김언호 ┃ 예술가도 예술가이기에 앞서 한 공동체의 일원이고, 자신의 가치를 구현하기도 하지만 더불어 함께 만드는 공동체의 가치가 아름답겠지요. 진정한 행복이란 더불어 같이 살아가는 삶이란 생각을 합니다. 함석헌 선생님이 제기하신 '같이살기 운동'이 오늘에 다시 새롭고도 심각한 가치로 다가옵니다.

조광호 ┃ '축복'이라는 것은 원래, 남과 함께 나눌 때만이 자신에게도 타인에게도 축복이 될 수 있습니다. 어떤 사람에게 어떤 달란트나 복이 주어졌다고 해서 그 능력과 축복을 자기 자신만을 위해 쓰면 그 축복은 퇴색되거나 오히려 화(禍)가 될 수도 있습니다. 살아 있는 세포가 분열을 하듯 복은 나눌 때만이 축복이 될 수 있다고 생각합니다. 예술의 목적도 당연히 이런 범주에서 축복이 될 수 있을 것입니다.

김언호 ▎ 예술이란 혼자 하는 것이기는 하지만 사회적 의미로서 서로 같이 가는 것이겠지요. 함석헌 선생님은 1970년대의 저 엄혹한 유신시대에 같이살기 운동을 일으키자고 제창하셨는데, 시대의 어려움은 '같이' 극복할 수 있겠지요. 그러나 주변을 보면 예술은 예술가가 혼자 하는 것으로 되어 있는 현상도 있습니다. 때로는 지나치다고 보입니다. 혼자 하는 것이기도 하지만 자신의 창조적 가치를 더 높이기 위해서는 그 예술의 의미와 가치를 더불어 같이 생각하고 함께 누리자는 생각을 해야 합니다. 창조와 나눔을 통해 문화예술은 더 아름답고 더 힘차고 더 확장되지 않을까요?

조광호 ▎ 여러 악기가 함께하는 오케스트라처럼, 그림도 혼자 그리지만 그 속에 담긴 '진리의 드러남'으로 이웃과 신비롭게 연계되어 있습니다. 예술은 사회 속에서 서로 담론이 되고 소통이 되어야 한다고 봅니다. 저는 예술지상주의자가 아닙니다. 예술을 위한 예술을 이야기할 수는 있지만 너무나 극단적인 생각이지요. 그것을 부인하지 않지만 그것만을 내세울 수는 없습니다.

김언호 ▎ 서로의 개성이나 존재 가치를 이야기해야지 우열을 가릴 수는 없습니다. 진정성 같은 것을 이야기해야겠지요. 지금 신부님께서 추구하고 있는 미술의 장르는 참 많습니다. 페인팅 · 스테인드글라스 · 판화 · 성화 등 광범위한데, 이에 대해 듣고 싶습니다.

조광호 ▎ 저에게 미술 장르의 경계는 큰 의미가 없습니다. 넓은 의미에서 종교나 예술에서도 경계는 분명 존재하고 또 경계는 지켜져야 하지만 경계가 소통을 막고 방해하는 벽이 되어서는 안 될 것입니다. 경계를 넘나드는 바람이 생명을 불러일으키듯이 그것이 어떤 장르이든지 소통되는 예술이 되어야 한다고 생각합니다. 무언가 하나를 해서 유명해지는, 브랜드화되는 가치나 전략 같은 것이 오늘날 분명히 있습니다. 때로는 서로의 이익을 위해, 계약에 의한 사기 같은 일도 일어날 것입니다. 예술을 브랜드화하여 그것으로 돈을 벌거나 명성을 얻는 것이 죄는 아니지만, 할 수만 있다면 저는 다양한 내용을 다양한 형식으로 체험해보려고 합니다. 판화·드로잉·스테인드글라스·벽화·조각 등 이 모든 것이 사실은 다른 내용이 아닙니다. 서로 다른 악기가 고유한 음색으로 표현될 때 오케스트라가 되듯이 삶도 인생도 독주보다는 합주가 더 좋을 거라고 생각합니다.

김언호 ▎ 미를 추구하는 데는 여러 길이 있다는 것이군요. 그 길들은 서로가 만나는 것이지요.

조광호 ▎ 이건 전혀 이상한 게 아닌데 우리 사회는 이 점에서 상당히 보수적이라는 생각이 듭니다. 사실은 경쟁 사회 안에서 본능적으로 느끼는 위기 의식은 바로 경직된 문화현상으로 드러난다고 봅니다. 저희 학교에서는 원한다면 어느 학과 수업이든지 자유롭게 넘나드는 멀티플레이어로 공부하는 것을 권장합니다.

김언호 ▎ 오늘의 현대미술은 너무 브랜드화되어 있습니다. '브랜드'는 상업주의의 또 다른 표현이겠지요. 어쨌든 돈을 벌기 위해 브랜드를 만듭니다. 자본의 논리에 개성적 문제의식이 함몰되어 있습니다. '개성'이라고도 하지만 '팔기 위한' 미술을 '만들어'냅니다. '창조'하는 미가 아니고 찍어내는, '자동복제'가 그래서 문제가 되는 것이지요.

조광호 ▎ 그렇게 되는 것은 세상이 그런 것을 평가하고 자본주의 관행에 길들여진 자본주의형 미술소비자들이 요구하기 때문이지요.

예술가란 자유로운 행동을 의미한다

김언호 ▎ 물론 '브랜드'를 나쁘다고만은 할 수 없겠지요. 하지만 한 장르만 가지고 평생 그것만 한다면 그건 무엇일까요. 예술이라는 것은 근본적으로 실험 정신이 아닌가요? 진정한 아름다움이란 실험정신이겠지요.

조광호 ▎ 물론이지요. 다만 다원화되는 오늘 같은 사회에서는 르네상스, 바로크, 낭만주의 시대와는 달리 여러 장르가 서로 넘나들며 여러 방법으로 표현되는 것이 보편적 문화현상이라 여겨집니다. 그렇기에 내가 하는 것만이 정의이고 다른 것은 정의가 아니라고 말해서는 안 될 것입니다. 그보다는 요즘 세상은 예술가 자신이 '브랜드'에 묶여 오도가도 못하고 자유를 박탈당하기 쉽고 또 유혹이 많다는 이야기가 아닐까요?

김언호 ▮ 예술가란 한 자리에 서 있는 존재가 아니라 여러 곳으로 움직이는 존재가 아닐까요? 과격하게 말한다면 기존의 현실과 조건으로부터 '해방'되려는, 자유를 먹고 사는 존재, 자유정신입니다. 이곳저곳을 떠돌아다니는 예술가, 이런저런 실험을 하는 예술가를 저는 떠올립니다.

조광호 ▮ 어떤 주제가 설정되면 작가는 그것을 어떤 방식으로든 표현할 수 있는 자유를 누릴 수 있을 때만이 창조의 폭이 넓어질 수 있을 것이고, 진정한 의미에서 진실이 담긴 내용을 표현할 수 있을 것입니다.

김언호 ▮ 예술이기 때문에 경계를 넘나들 수 있습니다. 저는 북한이 건너다보이는 마을에 살고 있는데, 아침저녁 출퇴근을 하면서 강 너머 저쪽의 마을을 바라다봅니다. 늘 '경계'를 생각합니다. 저 너머의 사람들과 그들의 세계와 생각과 현실을 상상해봅니다. DMZ로 막혀 있어서 불가능하지만 마음대로 넘어 다니고 싶은 본능 같은 것이 발동됩니다. '인위'로 폐쇄시켜놓은 이 상황을 극복해야 한다는, 그래서 자유롭게 길을 오갈 수 있으면 좋겠다는 생각을 합니다. 예술마을 헤이리를 구상하고 실행하면서 저는 그런 경계의식, 변방의식을 중요하게 생각했습니다.

조광호 ▮ 참 흥미로운 이야기입니다. 눈에 보이는 경계는 물론 눈에 보이지 않는 경계를 넘어서는 것이 예술이기에 '정치와 예술' '예술과 경영' 등 모든 예술은 곧 인간의 삶은 물론 문화 안에서 자유와 소통을 위한 길이요 강이고 바람이라고 생각합니다.

김언호 ▮ 예술은 정말 자유입니다. 어디 예술만이겠습니까. 모든 학문과 사상도 자유를 전제로 하겠지요. 아니 학문만 그렇겠습니까. 삶이 곧 자유이겠지요.

조광호 ▮ 속박된 상황에서 창조적인 일이란 당초부터 불가능하겠지요.

미술은 미술가를 위한 것이 아니다

김언호 ▮ 여기서 저는 예술에서의 '서사'를 제기하고 싶습니다. 저는 한국의 작가들이 보다 서사적인 작품을 더 많이 할 수 없을까를 생각합니다. 미술로 서사를 표현하는 것이 쉽지는 않겠지만, 미술이 큰 서사 또는 큰 스토리를 새롭게 발견해야 하지 않을까요?

조광호 ▮ 서사적 표현이 결코 쉬운 것은 아니라고 생각합니다. 엉성한 시는 조잡한 산문이 되어버리지만 훌륭한 산문은 시가 되기도 합니다. 그림에서도 가끔 놀이와 유머가 있어야 하지만 유머나 놀이가 그냥 그대로 남으면 유치해질 수 있으니까요.

김언호 ▮ 신부님의 큰 장르 하나는 성화라고 볼 수 있는데, 가톨릭 사제이기 때문이겠지요. 신부님의 성화 작품을 보면 한국적인 얼굴이 많이 나타납니다. 그건 앞으로 더 오랜 시간 진행하신다면 재미있겠어요.

조광호 ▮ 한쪽으로는 조심스럽습니다. 한국사람을 그린다고 해서 한국적인 그림이 되는 것은 아니지요. 종교회화에서 그러한 직접성을 나타냈을 때 이것이 예술로서 품격을 갖기는 어려울 수도 있고, 큰 모험일 수도 있습니다. 제가 그린 성화는 일종의 '시안'이라고 말할 수 있습니다. 시도해본다는 점에서 지금까지 전통적으로 내려오는 그리스도교 미술의 전통에 한국적인 이미지를 접목하는 것을 일차적인 단계로 작업한 것입니다. 그 다음 단계로 일차에서 차용된 이미지를 오늘 우리의 이미지로 환치시켜 우리의 감성에 녹아들게 이미지를 발전시키고 창출해내는 것이 한국 그리스도교 미술의 숙제요 과제가 되어야 할 것입니다.

김언호 ▮ 신부님의 성화 속에는 우리 어머니와 우리 누이의 모습이 많이 보입니다.

저에게는 참 친숙하게 다가옵니다.

조광호 ▮ 저는 이러한 모색을 통해서 언젠가 어떤 전형적인 형식이 상징화될 수 있다고 봅니다. 러시아의 경우도 마찬가지입니다. 러시아의 이콘이 정착하기 위해서는 수많은 작가들의 작업이 많은 세월을 거치면서 그 이미지가 정형화된 것입니다. 오늘 이 땅에 사는 우리도 우리 시대의 그리스도교 미술연구를 위해서는 우리에게 가장 친근한 이미지를 찾아서 이콘화시키는 작업을 할 수 있고 또 해야 한다고 생각합니다.

김언호 ▮ 한국인의 정신과 영혼을 구현하고 일으켜 세우기 위해서는 한국인 속의 예수님 또는 바이블같이 한국인의 높은 종교적 영성을 구현해내는 이미지나 이야기가 필요하다는 말씀이겠지요.

조광호 ▮ 성당이나 교회에 걸린 그림이라고 해서 종교화가 되는 것도 아니고, 열심인 신앙인이 그렸다고, 더욱이 신부나 목사, 수녀가 그렸다고 그리스도교 미술이 되는 것이 결코 아니라고 봅니다. 더 나아가 그 주제가 종교적 주제가 되었다고 그리스도교 미술이 되는 것도 아니라고 봅니다. 오로지 그 장르가 무엇이든 진정한 의미에서의 복음적인 메시지가 미술의 형식을 통해, 훌륭한 예술적인 표현이 되면 그것이 바로 훌륭한 그리스도교 미술일 것입니다.

김언호 ▮ 신부님은 참 다양한 실험을 하고 계십니다. 판화를 해본다든지 스테인드글라스를 좀더 대중화한다든지, 여러 사람들의 환경에 그 미술적 성과를 집어넣을 수 있도록 실험적인 모색을 하고 있습니다. 미술의 새로운 운동과 방향에 대해 이야기해주시지요.

조광호 ▮ 미술이라는 것은 미술가들을 위한 것이 아닙니다. 처음에 우리가 이야기했듯이 '홀로'와 '더불어' 이것이 바로 미술의 대명제라고 생각합니다. 우선 모든 예술은 더 많은 나눔이 이루어져야 한다고 생각합니다. 창조적 사고의 전환이 예술의 중요한 부분이지만 조작된 엽기로 센세이션을 일으켜

"모든 예술은 더 많은 나눔이 이루어져야 한다고 생각
합니다. 창조적 사고의 전환이 예술의 중요한 부분이
지만 조작된 엽기로 센세이션을 일으켜 주목받기만
을 겨냥하는 꼭두각시 예술과 분별할 수 있는 문화적
역량을 키우는 사회가 되어야 합니다. 남과 공유할
수 있고, 공동체적 생명의 삶을 이루어갈 수 있는 포
용성과 보편성에 기초한 미술이 되면 좋겠습니다."

• 조광호

주목받기만을 겨냥하는 꼭두각시 예술과 분별할 수 있는 문화적 역량을 키우는 사회가 되어야 할 것입니다. 남과 공유할 수 있고, 공동체적 생명의 삶을 이루어갈 수 있는 포용성과 보편성에 기초한 미술이 되면 좋겠습니다.

김언호 ▮ 신부님도 함께 참여하고 있지만 우리들의 문화와 예술의 나눔 운동은 나름대로 큰 의미를 갖는다고 생각합니다. 예술이 종전에 비해 대중화되어 있기는 하지만 여전히 특별한 사람들만을 위한 것이 되어 있습니다. 미술가만을 위한 미술, 소수를 위한 미술이어서는 미술의 대중적인 발전이 이루어질 수 없겠지요. 여러 사람들이 더불어 즐기는 미술을 통해서 인간의 삶이 더욱더 고양되고 인간 최고의 가치라고 볼 수 있는 미의 궁극적인 경지로 발전할 수 있을 것입니다. '나눔'의 정신과 실천이 참 중요한 일인 듯합니다. 영국의 윌리엄 모리스가 19세기 중·후반에 생활 속의 예술운동을 펼쳤지만 미술의 대중화는 여전히 우리 모두의 과제입니다.

윌리엄 모리스처럼 신부님은 '토털 아티스트'로 생각됩니다. 신부님이 계신 곳은 가톨릭대학교 조형예술대학인데, 아무래도 기독교적인 가치를 중요시하는 학교이지요?

조광호 ▮ 저희 학교는 그리스도교적인 보편 진리를 구현하고자 합니다. 더 구체적으로 말씀드리면 21세기 모든 인류의 화두가 된 생명문화 창출을 하자는 것입니다. 생명의 신비와 소중함을 먼저 교육하고 있습니다. 이러한 인문학에 디자인과 순수미술을 접목할 때 비로소 사람과 자연을 살리는 포괄적인 토털 디자인과 예술이 가능하게 될 것이기 때문입니다.

죽어가는 생명을 살리기 위해

김언호 ▮ 최근 신부님의 작품에는 녹색이 많이 보입니다. 생명에 대한 관심이 더 고조되고 있는 것일까요? 미술가로서의 신부님이 지닌 본연의 모습인가요?

조광호 ▎ 제가 이번에 시도한 작품에는 생명에 대한 아이러니가 있습니다. 가장 화려한 자연의 빛과 색을 통해서, 그 화려함 속에 가장 비극적인 생태계의 분열이 일어나는 역설적 상황을 그려내보고자 한 것입니다.

김언호 ▎ 압도적인 화려함으로 생명의 죽음과 인간사회의 비극을 보여주시는 것이군요.

조광호 ▎ 희극 속에서 비극이 더 비극적 요소로 보이듯, 인간은 유한성이라든지 상대성을 갖고 있기에, 상대성을 극대화하여 대치되는 요소 간의 거리를 더 잘 느낄 수 있듯이, 화려함 속에서 비극적인 분화를 표현해본 것입니다.

김언호 ▎ 우리가 살고 있는 현대는 과거 어느 시기보다 화려한 발전을 이룬 사회입니다. 그래서인지 신부님 말씀처럼 이런 화려함 뒤에 감춰진 현대사회의 병폐들이 더욱 비극적으로 보입니다. 이를 치유하기 위해서는 오늘날 대학과 사회의 유기적인 교육이 무엇보다 중요하다고 생각됩니다. 학생들과 일반 사회와 연관된, 시민과 함께하는 교육을 생각해보셨는지요.

조광호 ▎ 대학에서의 교육도 중요하지만, 전반적으로 한 사회의 시민의식과 그 수준이 높아질 때 학생의 수준도 높아질 것입니다. 모두들 그렇게 생각하고 있지만, 오늘날의 대학은 결코 폐쇄적인 상아탑이 되어서는 안 될 것입니다. 공부하는 방법과 내용도 그러하지만 다양한 문화적 경험을 하면서 성장할 때만이 글로벌한 인재양성이 가능할 것입니다.

대학은 인문학 하는 곳

김언호 ▎ 최근에 인문학이 특히 강조되고 있습니다. 인문적 학습과 교육, 인문적 독서가 참 중요한데, 우리 사회가 너무 실용일변도로 달려가는 것을 모두 걱정하고 있습니다. 조형예술대학도 궁극적으로는 인문적인 인식과 훈련이 중요할 것 같습니다. 인문적인 토대 위에서 진정 수준 있는 예술과 예술적 가치가 생성되겠지요?

조광호 ▎대학에서 인문적인 교육이 없다면 대학은 학원과 같습니다. 학원은 인문적인 교육을 하는 곳이 아니고 기술적인 암기 훈련기관입니다. 인문학은 모든 학문의 자양분이 되기 때문입니다. 양질의 인문학적 바탕 위에서만 이 사람을 살리고 세상을 살릴 수 있는 인재가 양성될 수 있을 것입니다. 앞에서도 이야기했지만, 국가의 품격, 그 국가에 사는 인간의 품격도 인문학적 훈련으로부터 가능할 것입니다.

김언호 ▎대학은 본디 인문교육을 하는 곳이지요. 우리 대학이 지금처럼 실용을 계속 강조하다보면 참으로 의미 있고 창조적인 일을 해내는 인재를 키워낼 수 있을까요? 대학은 높은 차원의 교육을 지향해야 하지요. 흔히 경쟁력을 이야기하지만 인문학적 담론과 성찰이 진정한 경쟁력의 원천이고 국가와 사회의 품격을 보장할 것입니다.

조광호 ▎인문학의 토대가 없는 발전은 분명 한계가 있을 것입니다. 그런 학원식 시험대비 암기교육은 자기 것이 아니라 남의 것을, 곧 사라지고 마는 지식을 자기 것으로 착각케 하는 속임수 교육입니다. 깊은 인문학에서 힘 있는 창조성을 발휘하는 교육이 비로소 기능하다고 생각합니다. 인문학은 창조의 샘이기 때문이지요. 샘이 없는데 양동이만 마련하면 뭣합니까? 인문학에 토대하지 않는 예술교육이라는 것도 결국 밑 뚫린 양동이를 잘 치장하는 것과 다를 바 없을 것입니다.

김언호 ▎이제 미술을 하신 지도 40년이 훌쩍 넘었습니다. 특별히 목표를 정해놓고 하시려는 것이 있나요?

조광호 ▎저는 사실 목표가 없습니다. 앞서 말씀드린 대로 예술이 저의 궁극적인 목표도 아니듯이 특별한 목표설정은 없습니다. 출발부터 그랬지만 그저 형편 닿는 대로 편하게 생각합니다.

김언호 ▎예술은 인간의 영혼을 궁극으로 구원해주지 못한다는 말씀이신가요?

조광호 ▎예, 사실 사람이 사람에게 궁극적으로 해줄 수 있는 것이 무엇입니까? 숨을 거두는 사람을 우리가 살려낼 수 없듯이 인간은 인간에게 궁극적 존재가 될 수는 없습니다. 이 인터뷰를 시작할 때 저는 "예술은 행복을 약속은 하지만 행복을 구체적으로 가져다주지는 못한다"는 철학자 아도르노의 말을 인용했습니다. 사실 같은 내용의 다른 표현이라고 생각됩니다. 그럼에도 불구하고 길 가는 인간, '호모 비아토르'(homo viator)는 끊임없이 그 행복의 문 앞에서 서성이며 이 세상을 살아가게 되겠지요.

김언호 ┃ 머리를 하늘로 두고, 두 발로 서서, 저 너머의 지평을 바라보며, 때로는 그 너머의 것을 상상하며 걷는 인간의 삶은 그 자체로 종교적인 존재가 아닐까요?

조광호 ┃ 세상에 인간만이 종교적인 존재일 것이고 인간만이 예술적인 존재일 것입니다. 개미가 아무리 기가 막힌 집을 짓는다 해도 그것을 가리켜 예술이라고 하지는 않을 것입니다. 지금 말씀하신 바로 '그 너머의 것'을 인간은 외면할 수가 없습니다. 그러기에 인간의 삶의 뿌리에 종교적 초월성이 그리움으로 내재되어 있다고 봅니다. 그러기에 언제 어디서나 인간이 살았던 흔적엔 제단이 있습니다.

김언호 ┃ 신부님의 연구실이자 작업실 이름이 '갤러리 비아토르'(gallery viator)이군요. 예술가든 종교인이든 철학자든 길을 걸어가는 존재들일 것입니다. 아니, 모든 인간은 길 위에 있습니다. 길을 걸어가면서 나 자신을 생각하고, 길 위에서 우리는 세상을 만나겠지요.

조광호 ┃ '호모 비아토르' 그 누구나 외로운 순례자입니다. 그러기에 인간은 동행자가 필요한 게 아닐까요? 이런 의미에서 예술이란 것도 동행자겠지요. 때로는 말하는 눈빛으로, 때로는 말로 할 수 없는 말을 하면서, 함께 길을 갈 수 있는 동행자가 아닐까 싶습니다.

김언호 ▎동행자들이 있기에 우리는 행복합니다. 세상의 진리와 아름다움, 예술에 대해서 같이 이야기하고 토론하는 것은 참으로 중요한 일입니다. 인간의 정신과 사상의 발전은 더불어 이야기하는 가운데서 가능하겠지요. 같이 걸어가면서 이야기하는 역사, 담론의 역사입니다. 지금까지 신부님은 여러 사람들과 더불어 이야기하고, 이야기하도록 사람들을 모으는 일을 하신 것 같습니다. 종교 사제이기도 하지만 한 예술가로서 젊은이들을 같이 참여케 하고 사회의 여러 장르에 있는 사람들을 담론에 참여케 하는, 어떻게 보면 사제와 예술가의 두 역할을 잘 조화시켜내는 일을 해서 행복하신 것 같습니다.

조광호 ▎감사한 말씀입니다만 저에겐 과분한 말씀이시지요. 사실 저는 그런 꿈쟁이에 불과한 사람이지요.

김언호 ▎저는 책을 만드는 사람인데 책이란 담론의 근거와 계기를 만드는 마당 또는 매체입니다. 사람들을 새로운 담론에 참여케 하는 것이 책입니다. 그런데 책을 만들다 보면 예술이나 음악, 영화와 연극도 '한 권의 책'으로 보게 됩니다. 다른 성격의 장르들이 통합되는 문화의 총합, 융합현상이겠지요.

조광호 ▎그런 면에서 우리는 서로 다른 일을 하지만 동행자이자 동업자도 되겠군요! 말씀(logos)을 해석하고 선포하고 전하는 사람을 사제라고 한다면 김언호 사장님도 사제입니다.

김언호 ▎한 권의 책이란 한 시대의 정신과 사상을 담아냅니다. 동시대인들은 이 한 권의 책으로 새로운 삶을 추구하는 정보와 에너지를 얻습니다. 이 땅의 많은 출판인들은 '한 권의 책'에 자신을 걸고 있을 것입니다.

조광호 ▎카를 라너(Karl Rahner)라는 신학자에 따르면 사제는 시인이어야 한다고 했습니다. 사제는 시인이고, 시인은 사제입니다. '꼭 하고 싶은 이야기', 때로는 '그 누군가 하지 않으면 안 되는 이야기'를 강렬한 아름다운 언어의 메타포를 통해서, 그 존재의 실상을 드러내주는 것이겠지요.

김언호 ▮ 신부님 말씀대로 그런 시적 사고와 감성을 지니고 사는 사람이 많은 사회는 행복할 것입니다. 품격이 있는 국가·사회일 것입니다.

조광호 ▮ 우리 시대는 시적 사고가 희박해진 사회인 듯합니다. 지금 우리 시대는 물량적인 사고 내지 전략적인 사고에 함몰되어 너무나 극심한 이해관계로 얽힌 사회가 된 듯합니다. 시적 사고가 사라진 사회에서는 '너와 나의 관계'가 아닌, '너와 그것과의 관계'뿐입니다. '신비의 관계'가 아니라 '문제의 관계'입니다.

물론 시인이 많다고 시적인 사회가 만들어지는 것도 아닐 것입니다. 시적인 사고는 바로 존재론적인 생각을 하는 것으로, 사물과 사건 속에 있는 핵심 진리에 대한 담론, 진리를 천착하는 사고와 성찰에서 시적인 사고가 나오는 것입니다. 아름다운 언어나 현학적인 시가 시적인 사고가 아닙니다. 간디가 물레를 돌렸듯이 우리도 때로는 모든 것을 다 말하고 다 알아버리려고 재촉할 것이 아니라 '생각의 물레'를 돌릴 수 있는 '시적 사고'가 풍부한 사회를 만들어가야 하겠지요.

김언호 ▮ 인문학적인 상상력, 시적인 상상력이 우리 사회를 발전시키는 에너지이지요. 지금의 한국사회는 '물질'과 '전략'과 '경쟁'이라는 물신적 신화에 빠져 허우적거리고 있습니다. 사회도덕과 인간적인 삶이 도외시되고 있다는 생각을 하게 됩니다. 행복한 인간사회, 진정한 국가·사회의 에너지는 물신적 사고로 가능하지 않다고 확신합니다.

조광호 ▮ 어떻게 하면 성공하느냐 그런 것에 모두들 쫓아가고 있지만 그러한 성공에 대한 약속도 지켜지지 않는 행복의 약속이라는 것을 알아야 하겠지요.

나의 진리만이 진리가 아니다

김언호 ▮ 어떻게 하면 성공하고 어떻게 하면 돈을 벌 수 있느냐, 이런 것들이 지나치게 목표가 되고 화두가 되고 있습니다. 미술세계도 어떻게 브랜드가 되느냐가 관심입니다. 그림이 무엇인지, 나에게 무슨 이야기를 하는지를 담론하기보다는 이 그림의 가격과 브랜드만이 주요 관심의 대상입니다. 브랜드란 자본주의의 발가벗은 현실이지요.

조광호 ▎ 화가와 작품이 브랜드화되는 것이 우리 시대의 또 하나 중요한 특징인 듯합니다. 가짜가 생기고 있습니다. 사실 돈이나 명예로 묶인 '버릴 수 없는 노하우'는 작가를 구속하고 메마르게 할 뿐 아니라 더 포장되고 더 전략적인 가치로 진실과 진리를 외면할 수 있는 유혹을 더 크게 작용하는 것이 사실일 겁니다.

김언호 ▎ 인간다운 삶을 가능케 하는 인문학, 예술과 미술에 주어지는 문제의식들을 지금 신부님께서 제기하신 것 같습니다. 미술전시를 한다는 것도 나 스스로를 한번 되돌아보는 것이기도 하지만, 같이 길을 가는 사람들, 동역자들이 만나는 공간이자 담론하는 공간이 되겠지요.

조광호 ▎ 전시 목적이 여러 가지가 있겠지만 이 세상 그 누군가와 작품을 매개로 담론할 수 있는 자리를 만든다는 것이 저에겐 가장 우선시되고 가장 큰 즐거움입니다. 물론 작품을 준비한 저는 작업을 하면서 작품 그 자체와 많은 담론을 통해서 이미 보상을 받았다고 해야 할 것입니다. 이런 면에서 작업은 늘 '홀로'와 '더불어' 하는 것인 듯합니다. 모든 예술은 그 과정과 결과도 '홀로'와 '더불어' 되는 것이지 결코 홀로가 될 수가 없습니다. 진리가 진리를 배척하지 않듯이 참된 의미에서 선의를 지닌 예술은 '내 것만이 최고요 진리라고 하는 어리석은 독선'을 벗어날 수 있을 것입니다. 에코(Umberto Eco)의 『장미의 이름』에서도 나오듯이 독선은 남을 죽일 수도 있습니다. 이런 의미에서 예술성이 배제된 독선의 도그마는 결코 진리가 될 수 없을 것입니다.

김언호 ▎ 지금도 세계 도처에서 '인간들의 전쟁'이 자행되고 있습니다. 인간들이 생사를 걸고 펼치는 전쟁이란 잘못된 독선과 이기심으로 위장된 진리가 도그마화되어 나타나는 것입니다.

조광호 ▌ 종교적 진리도 다른 이가 믿는 종교와 내가 믿는 종교가 혼란을 일으키는 것이 아니라, 나와 다른 종교를 믿는 사람도 '진리의 한 면'을 지니고 있다고 인정할 때 비로소 자신이 진리라고 믿고 주장하는 진리가 당위성을 지니게 될 것입니다. 무한한 진리의 보편성 앞에 내가 보는 것이 전부가 아니라는 겸손함, 진리 앞에 이러한 경외심을 지닐 때 비로소 선의를 지닌 이웃과 '대화를 넘어서 연대'가 가능하게 될 것입니다. "나만 진리고 남은 가짜고, 나만 천국 가고, 다른 사람은 지옥을 간다"는 주장은 그 자체로 진리 앞에 등돌리는 행위입니다.

김언호 ▌ 진리 앞에 그러한 포용성과 겸허함이 언론의 자유, 사상의 자유의 핵심이자 건강한 민주주의의 기초가 되는 것이 아니겠습니까? 이 과학시대에도 인간들의 독선과 도그마는 여전합니다. 이것을 치유하는 것이 예술이 될 수는 없을까요?

조광호 ▌ 그 점에서 사상적 기초를 놓은 예술가가 독일의 요셉 보이스였습니다. 그는 우리 시대에 가장 영향력 있는 예언적 예술가로서 21세기는 종교보다 오히려 예술이 인간구원을 담당해야 하는 시대가 될 것이라고 했습니다. 물론 그가 말하는 구원의 개념이 다를 수 있겠습니다만, 예술이 인간사회에 생명과 활력을 주는 에너지가 될 것이라 예언했습니다. 참된 예술이 지닌 이 뜨거운 에너지의 총화를 가리켜 그는 '사회적 조각'(social sculpture)이라고 했습니다.

김언호 ▌ 조각은 무엇을 깎아내거나 붙여서 무엇을 만들어내는 것이니까 그러한 철학적 명제를 조형적으로 표현하니 더 직접적으로 와 닿는군요.

조광호 ▌ 보이스가 그냥 조각이 아니라 '사회적'이라 규정한 것에는 오늘 저희가 나눈 대화의 열쇠가 숨어 있는 듯도 합니다. 사회란 역시 '홀로'와 '더불어'

라는 연대 위에 터합니다. 불완전하고 유한한 인간인 내가 아는 것이 전부가 아니라는 것을 전제하여 '진리 앞에서 겸허한 마음'을 가져야 한다는 것을 시사하고 있습니다. 내가 느끼고 보는 진리만을 절대화할 때는 진리에 대한 경외심이 없어집니다. 진리에 대한 경외심을 가지면 상대방에게 귀를 기울이게 되고, 비로소 진정한 대화가 이루어지게 될 것입니다. 진리를 듣는 일이 우선입니다. 귀가 뚫려야 말이 나오듯, 말하기보다 듣는 것이 더 중요합니다.

오늘날 환경파괴가 인간성의 파괴, 나아가 우주적 환란이 되는 것 역시 인간이 이웃과 자연은 물론 초월자의 목소리에 귀를 막은 결과가 아니겠습니까? 예술은 바로 진리 앞에 겸허한 자세로 내면의 목소리를 듣고, 그 진리의 빛나는 얼굴을 세상에 언뜻언뜻 드러내는 인간의 가장 눈부신 언어라고 생각합니다.

김언호 ▎ 지금까지의 이야기는 한 예술가로서의 말씀이지만 또한 한 사제로서의 귀중한 이야기로 생각됩니다. 신부님이 갖고 계신 내면의 이야기를 들을 수 있어서 참 의미 있는 시간이었습니다. 오늘 제기하신 주제들은 우리가 함께 담론하는 숙제가 되었으면 좋겠습니다.

조광호 ▎ 가브리엘 마르셀의 말을 빌리지 않아도 사람은 누구나 희망하는 존재입니다. 어쩌면 오늘 나눈 대화의 모든 지향점이 희망을 이야기한 것이라는 생각이 듭니다.

김언호 ▎ 신부님께서 들려주신 편안한 이야기야말로 우리 시대가 필요로 하는 인문정신이자 이 시대에 발을 딛고 삶을 살아가는 우리의 품격에 대한 구체적이고도 대안적인 이야기입니다. 이 시대를 살아가는 모든 이에게 생각하고 담론하는 어떤 소재가 될 수 있다고 생각합니다. 인간의 영혼을 깨어 있게 하고 한 사회를 일으켜세우는 데에 필요한 예술정신과 인문학, 그리고 이의 기초작업인 교육에 대해서, 그것들이 추구해야 할 지향에 대해서 오늘 신부님과 이야기하는 즐거움을 나눴습니다. 사제로서 예술가의 길을 걷는 신부님을 새롭게 이해하는 귀한 자리였습니다. 앞으로 더욱 건필을 기대합니다.

조광호 ❙ 대단히 감사합니다.

우리 정치의
품격을 위하여

김민웅 성공회대 교수 · 세계체제론

" 자신을 빼놓고 모든 것을 안다고 말하는 이는
정작 아무것도 모르는 자다. 그런 이가 많은 사회에서
정치는 권력이 정한 방향으로 눈이 먼 채 질주하게 마련이다.
이런 상황에서 저널리즘과 역사학이 한몸이 되어서
새로운 질문에 끊임없이 마주하는 일은 정치의
질적 발전을 위해 반드시 요구된다. 오늘날 한국의 저널리즘은
빠른 속도로 과거의 망각 위에 새로운 뉴스를
포화상태로 만들고, 역사학은 현재를 제대로 다루지 않는다.
이걸 넘어서야 한다. 사회적 망각과의 투쟁은
정치의 격을 무너뜨리는 독선적 권력에 대한
가장 중요한 철학적 사유의 출발점이다. "

국민과 소통하지 못하는 권력

2010년 현재 한국 정치는 어떤 모습일까? 지난 시기 치열한 투쟁을 통해 쌓아온 민주주의의 정치사회적 역량을 무너뜨리는 권력의 행태가 지속되면서 사회갈등이 심화되고 있다. 이러한 상황은 정치의 본질적 기능들이 원활하게 작동하는데 중대한 지장을 초래하고 있으며, 역사발전의 다음 단계로 진입하는 데 어려움을 주고 있다. 이것은 일종의 '역사적 반동의 시기'에 나타나는 현상으로서, 무엇보다도 김대중·노무현 정부로 대표되는 민주정권 10년의 각종 유산을 폐기, 저지하려는 권력의 의지로 인해 발생하는 사태다.

지난 6·2 지방선거의 결과로 확인되었던 것처럼 우리 사회의 민주주의적 기초는 만족할 만한 정도는 아니지만 그래도 평균 수준 이상으로 견고했고, 4대강, 세종시 등의 문제와 관련해서 절차적 합의의 중요성도 깊이 인식했다. 내용적으로는 경제적 권리를 전면에 내세우는 민주주의의 보다 강화된 요구가 아직 정치의 핵심 주제로 등장하고 있지는 않다. 하지만 적어도 과정상의 합리성이 결여된 선택과 결정, 정책은 이로써 대체로 거부당하는 운명에 처했다. 이것은 '정치적 소통'이 얼마나 중요하고 일방적 설득이나 제도적 강요가 얼마나 취약한 정치 운용인가를 입증한다. 이제 정치는 민심의 목소리에 귀를 기울이며 직면한 문제를 풀어가야 한다.

하지만 지난 지방선거 이후 민심을 살피고 소통의 정치를 발전시키려는 집권세력의 모습은 여전히 잘 보이지 않는다. 도리어 그와는 거리가 먼 사찰파동마저 일어나면서 '비선조직의 권력 사유화 논쟁'이 벌어졌고, 이로써 권력은 국민을 섬기는 것이 아니라 지배 대상으로 여기고 있음이 드러났다. 국민의 삶을 질적으로 개선해야 할 의무가 있는 정치의 공적 영역이 정권의 권력 유지를 위한 도구로 전락함으로써 결국 민주주의 사회에서는 존재할 수 없는 마키아벨리식 군주체제가 정치공학으로 작동하는 격이었다. 즉, 권력을 관리·유지·확대하는 기술에 대해서는 강하게 집착하지만 정치라는 그릇에 담아야 할 본질적 가치에 대한 고뇌와 전망은 없다.

우리 사회의 의식수준을 높이고 낡은 구조를 청산할 수 있는 격조를 기대할 수 있는 정치는 이런 토양에서 태어나고 자라기 어렵다. 이런 조건에서는 쌍방향 소통에 근거를 두고 구체적인 정책을 제시하기보다는 주권자인 국민을 조정과 동원의 대상으로 보기 쉽다. 사실상 파시즘 정치의 요소를 갖추고 있는 것이다. 『파시즘의 해부』(The Anatomy of Fascism)을 쓴 로버트 팩스턴은 파시즘은 "대중정치 시대의 발명품"이라면서 국가의 권위에 충성하는 가운데 개인의 비판적 사고를 마비시키며 운용된다고 지적하고 있다. 한나 아렌트가 『전체주의의 기원』(The Origin of Totalitarianism)에서 밝힌 바 있듯이, 인간을 국가의 지침이라는 커다란 틀 속에 종속시키는 동시에 사회적 연대로부터 절연된 "개인의 원자화"를 만들어내는 방식과 본질적으로 동일하다. 원자화된 개인은 현실 비판의식을 가지고 정치적 억압이나 경제적 착취에 맞서기에는 무력하다. 이런 개인이 많아질수록 권력의지는 더욱 용이하게 관철되고, 개인은 동원과 조정의 대상으로 전락해가며 소통은 어디에도 찾아볼 수 없다. 또한 일단 국가 지침의 실행에 방해가 될 만한 문제제기의 공간은 폐쇄된다. 이런 상황에서 주권자 시민은 정치사회적 현실에 대한 비판적 공감대와는 분리된 채 원자화되면 될수록 다루기 쉽다. 이러니 권력은 정책 추진이 잘 되지 않을 때에는 홍보 부족이라고 생각하고, 엄청난 예산을 투입해서 프로파간다라고 볼 수밖에 없는 선전활동에 집중한다. 비판적 담론과 합리적 논의는 이러는 가운데 실종된다.

오늘날 한국 사회에서 개인은 사회적 연대가 약하다 해도 무엇보다 소통방법의 기술이 비약적으로 발전하고 있기 때문에 권력의 이 같은 시도는 실패하게 되어 있다. 언론과 방송이 우리의 사유방식을 압도적으로 규정하는 중심회로이기는 해도, 모든 것을 장악하고 관장할 수 없는 여론 형성의 빈틈은 매일 수없이 생겨나고 있다. 광장의 정치가 봉쇄된다고 해도 트위터

소통의 시대를 열고 있는 현실에서 일방적 권력과 공학적 정치에 대한 저항의 근거지는 규모의 차이만 있을 뿐 산재해 있다.

특히 젊은 세대의 경우, 과거 민주화 투쟁세대와 비교해서 역사의식이나 정치 참여의지가 느슨하지만 억압기제에 훨씬 민감하고 문화적으로 발랄한 세대라는 점에서 일방통행식 정치란 효력을 갖기 어렵다. 덧붙여 지난 시기에 축적된 민주주의의 사회적 인프라는 어느새 사람들의 일상 사고와 삶에 상당한 영향을 미치고 내면화되어 있고, 그런 점에서 역사적 반동의 정치는 날이 갈수록 시대착오적 모순에 직면할 것이다.

자본이 지휘하는 신자유주의 정치

한국 정치의 본색을 탐구하는데 빠져서는 안 될 또 하나의 대목이 '자본이 지휘하는 정치'라는 점이다. 이는 사실상 한국 정치의 척추를 이루는 사안이다. 1999년 IMF 관리체제 이후 한국이 혹독하게 경험한 것은 자본이 국가를 통솔하고 국가의 기능을 동원해서 그 이해관계를 노동 배제적으로 실현한다는 사실이다. 이것은 김대중 · 노무현 정부 당시에도 지속적으로 문제가 되었으나 이명박 정권에 들어서 더욱 강도 높게 진행되고 있다. '기업 프렌들리'라는 이름의 기업우선정책은 물론 종부세 폐지로 대표되는 부자 감세, 전임노조 임금지급 제한 등으로 상징되는 노조에 대한 정책적 압박, 용산참사에서 목격했듯이 재개발 지역민들에 대한 불공정 정책, 4대강 사업에 따른 사회복지 예산 부족, 주요 공기업에 대한 민간자본 지배구조 만들기, 각종 토건정책 등 모두 한국 자본주의 체제에서 정치가 무엇에 기여하고 있는지를 여실히 보여준다. 이른바 '신자유주의 정치'의 심화다.

문화인류학자이자 마르크스 정치경제학자인 데이비드 하비는 『신자유주의: 간략한 역사』(*A Brief History of Neoliberalism*)에서 신자유주의 정치의 본질은 "계급 권력의 복원"(the restoration of class power)이라고 단언했다. 이는 자본에 대한 국가적·사회적·문화적 제동장치를 해체하는 것이며, 국가가 자본의 수하기관이 되어 노동을 통제하고 자본의 이윤을 극대화하는 정책을 추진해나가는 것이다. 하비의 표현대로 공적 자원과 세제를 기반으로 "기업 복지가 인민의 복지를 대체해버린 상황"(Corporate welfare substituted for people welfare)이 되었다. 이제 '한미 FTA'라는 통로를 통해, 이러한 정책을 주도하는 권력이 전면 공고화될 상황에 마주했다. 한미 FTA는 단순히 수입·수출 물품에 대한 국제 거래규약에 그치는 것이 아니라 훨씬 강력한 자본의 약탈 구조를 한국에 이식시키는 문제이며, 그에 대한 보호 장치를 모두 걷어내는 것이다. 그에 더하여 공적 영역을 이들 자본의 이윤창출 기구로 만들 법적, 제도적 장치를 마련하는 작업이 포함되어 있다. IMF가 금융자본에 집중한 규모라면 한미 FTA는 보다 거대한 전체적 틀이 되어 우리의 자산과 미래를 미국 자본의 압도적 헤게모니 아래 두는 것이다. 이렇게 되면, 미국의 자본과 결합한 한국의 계급권력은 정치적 변동에 상관없이 목적한 바를 구조적으로 관철할 수 있게 된다. 미국 자본주의 체제가 지난 수년간 공황 수준의 위기를 겪었다는 점에서 볼 때, 한미 FTA를 통해 한국시장이 그 위기의 흡수장치가 될 가능성이 높아졌으며, 나아가 한국 자본주의의 모순 또한 심화된다는 사실도 주시해야 할 것이다.

한국 사회는 안타깝게도 아직 이 문제에 대해 깊이 성찰하고 올바른 해법을 제시하지 못하고 있다. 자본이 지휘하는 정치가 우리의 삶을 얼마나 피폐하고 곤혹스럽게 하는지, 그 '욕망의 정치'가 얼마나 절망을 가져다주는지 꿰뚫어보지 못한다.

신자유주의 정치는 칼 폴라니가 『거대한 전환』(The Great Transformation)에서 지적했듯이 "사회가 시장을 관리하는 것이 아니라 시장이 사회를 지배하면서 빈곤이 창출되는 구조" 속에 더 깊이 빠져드는 길이다. 물론 신자유주의 정치가 걷잡을 수 없이 세력을 키우며 한국 정치의 중심을 장악한 것

266

은 아니다. 신자유주의를 불가피한 현실적 선택이라고 여겼던 민주당이 야당이 되고 나서 이를 비판적으로 돌아보는 입장 변화가 있고, 진보정당들은 이미 오래 전부터 이 문제에 줄기차게 맞서왔다. 신자유주의 정책은 자본의 자유를 극대화한다는 점에서, 겉으로는 서민정책을 내거는 권력집단에게도 정치적 부담이 되고 있다. 즉 자본이 약속해주는 욕망에 압도되고, 자본주의 안에서의 성공을 선망하는 까닭에 자본주의의 모순에 대한 대중의 이해는 얕을 수밖에 없고, 이를 정치적 주제로 삼아 해결해나기란 쉬운 일이 아니다.

신자유주의 정치가 단지 계급권력의 복원을 통해 이해관계를 관철해나간다는 점을 넘어서서 우리 사회의 공동자산을 법적, 제도적 장치를 통해 실제 독점·약탈한다는 사실에 눈을 떠야 이에 대한 청산의 정치가 가능하다. 이는 자본주의 자체에 대한 근본적 비판과 아울러 한국 자본주의 체제의 여러 가지 행태를 가감 없이 폭로하고 그 사회적 책임을 준엄하게 묻는 정치가 작동할 수 있게 하는 일이다. 그런 노력이 축적되어감으로써 마르크스가 우려했듯이 "국가가 자본의 운영위원회가 되는 상황"을 막을 수 있다. 국가론에 대한 정치사회학적 분석과 견해를 탁월하게 제시한 니코스 풀란차스는 대중의 출현으로 인해 국가가 자본의 기본적인 헤게모니를 인정하는 장기적 이해를 대변하고 있다 해도 국가는 자본에 일방적으로 장악당한 기구가 아니라 "계급투쟁의 장"이라는 특성을 가지고 있다면서, 국가가 자본으로부터 "상대적 자율성"을 가지고 있는 부분을 파고들어야 한다고 강조한다. 그는 대중의 지지와 신뢰라는 항목과 자본의 이해라는 항목이 서로 충돌할 때 권력은 저울질을 한다는 것이다. 즉 대중의 지지와 신뢰가 파괴 국면으로 갈 경우 자신을 유지할 수 없다는 것을 알고 있으므로 자본에 일정한 손해를 끼치더라도 자본의 단기적 이해를 압박하는 변화를 보일 수도 있다고 본다.

이러한 분석과 시선은 국가와 자본의 일체화 현상에 대한 대중의 저항운동이 얼마나 중요한 의미를 갖는지 일깨운다. 그런 운동이 확산되어갈 때, 국가는 자본의 지휘권에 일정한 제동을 걸고, 그런 기능이 유지되는 공간에서 자본의 헤게모니를 넘어 정치·경제적 선택이 비로소 가능해진다. 이는 절차적 합리성의 문제에 사회경제적 차원의 문제의식을 유기적으로 결합시키는 일이다. 즉 권력이 제시, 추진하려는 일에 대해 절차적 검증을 넘어 자본주의 정치의 모순과 억압에 대한 내용적인 대안 모색의 과정에서 우리 사회의 요구를 담아내는 숙제가 여기에 있다. 그렇게 해야만, 정치가 우리의 삶이 지향해야 할 격조와 존엄성을 지켜내고 발전시킬 수 있는 사회 전체의 능력이 될 수 있다. 아니면, 우리는 정치를 자본의 거대한 성채 앞에 헌납하는 일상을 반복하게 되고, 선거는 '자본의 제사장'을 뽑는 정치적 제의가 되고 만다. 따라서 자본주의 정치에 대한 대안이 없다고 저항을 포기하는 순간, 대안을 논의할 공간마저 사라진다는 사실을 유념해야 한다.

남북관계와 동북아의 미래구상

국제적으로 그간 압도적이던 미국의 주도권 자체에 중요한 변화가 전개되고 있다. 이에 우리 정치는 한반도 평화를 기초로 한 동북아시아의 미래를 어떻게 감당할 것인지, 역사적 요청에 부합하는 좌표를 제대로 설정하지 못하고 있다. 특히 천안함 정국에서 보인 국가권력의 성찰 수준, 대응방식, 사고원인 규명 과정의 정보통제와 논의의 일방성 등은 결국 외교적으로도 성과 없이 끝났다. 검증의 과학성도 제대로 확보하지 못했을 뿐만 아니라 동북아 전체의 변화에 대한 구조적 이해도 올바르지 못했다. 남북관계의 파탄은 한반도 평화의 위기로 이어지고, 이는 곧 동북아 전체 질서에서 미·중 대치전선 형성으로 치닫는 것이 분명한데도 이런 위기를 적절히 관리할 수 있는 능력도 방식도 없었다. 더구나 선거 국면과 결합한 정치공학적 접근과 한반도 미래에 대한 전망도 없이 목청을 높이는 안보의식 강화는 민심의 이탈만 불러왔다. 중국의 패권체제 편입과 그에 따른 역학 관계의 재편성은 동북아의 미래를 어떻게 풀어나가야 하는지 관련 당사국 모두에게 중대한 사안인데, 이에 대한 철저한 인식과 전략의 수립 없이 대결주의적 대북정책에만 과도하게 의존함으로써 국제적 행동반경을 스스로 제약하고 말았다. 이러한 정치는 한국의 국제적 존재감에 품격을 더하기보다는 자칫 조소거리가 될 수 있는 조건을 만들고, 동북아 평화체제 구축의 주도권에 타격을 주었다.

이런 정치가 발생한 까닭은 한반도 평화문제에 대한 역사의식이 결여되어 있고, 동북아 패권질서의 재조정 과정에 대한 치밀한 분석이 받쳐주지 못했기 때문이다. 역사의식 결여란 지난 시기 축적해온 남북관계의 평화적 역량을 발전시키려는 의지 없이 한반도의 유기적 성장체제를 왜곡하고 군사조치를 강화하는 단절적 방식으로 대응한 데에서 극명히 나타난다. 이로 말미암아 6·15남북공동성명이나 10·4선언 같은 냉전구조 타파에 역사적 전환점이 된 합의사안을 발전시켜 한반도 미래구상을 민족적 주권 사안으로 인식하여 동북아 패권체제에 대한 조율기능과 완충지대로서의 역할을 하는 데 실패하고 말았다. 이는 100여 년 전 조선말기에 한반도를 둘러싼 청과 러시아, 일본·영국·미국의 복합적 대결체제에 제대로 대응하지 못했던 상황의 반복과 유사한 결과를 가져옴으로써, 특히 대중국 외교에서 궁지를 자초했다.

이는 천안함 정국을 통한 대북 주도권 확보라는 냉전적 목표에만 단선적으로 매달린 자충수였다고 할 수밖에 없다. 서해를 긴장지대로 만들어 북에 대한 군사적 압박을 가하려 했던 계획은 도리어 중국의 반발을 초래해, 한미 합동 군사훈련지역이 동해로 바뀌는 사태를 가져왔으며, 중국의 패권적 위상만 확인시켜준 셈이 되었다. 이러한 국제질서에 대한 사태 파악과 외교

전략의 미성숙은 단연코 확보해야 할 한반도 평화체제에 대한 주도권 자체에 동요를 가져왔고, 이는 국내 정세의 안정에도 일정한 타격을 줌으로써 지방선거를 통해 권력기반의 부분적 붕괴를 가져왔다.

세계 체제적 변화의 관점에서 살펴볼 때, 동북아시아는 미국의 세계자본주의 체제의 주도적 기능이 약화되어가는 전환기적 상황에 직면해 있고, 중국이라는 대안적 세력 등장으로 인한 패권 경쟁체제가 강화되고 있는 현실에 놓여 있다. 미국의 패권 질서 변화를 면밀하게 추적해온 조반니 아리기가 『장기 20세기』(*The Long Twentieth Century*)에서 지적했듯이 전쟁이라는 휘발성이 강한 요인이 전면에 나서기 쉬운 때라는 점에서 어느 시기보다 평화체제 유지와 그 관리가 중대한 국가 과제가 되었다. 이를 인식하지 못하는 권력과 정치는 자칫 국가 전체에 비극적 운명을 불러올 수 있다. 국민의 안위를 퇴로 없는 국제정치의 희생양으로 만들 수 있다는 점에서, 그대로 둔다면 대단히 위험하다.

결국, 한국정치의 현재는 첫째, 소통의 구조가 민주화되어 있지 않으며, 둘째, 자본주의 체제의 모순을 극복하고 대안을 찾는 사회적 논의가 심화되고 있지 않으며, 셋째, 한반도와 동북아시아의 현실을 유기적으로 이해하고 평화체제를 발전시킬 수 있는 주도적 역량이 후퇴하고 있는 상황이다.

격조 있는 정치란, 바로 이러한 현실의 과제를 명확히 인식하고 이에 대한 합리적 논의와 현실적 선택을 우리 사회 전체의 이해로 넓혀가는 과정에서 만들어질 수 있다. 누구에게나 인간적인 삶이 가능해지고, 정치경제적 사안에 대한 민주적 참여가 보편적 현실이 되며, 군사적 대결주의에 고착된 국제질서를 평화체제로 전환해내는 힘을 키워나갈 수 있는 근본 바탕이 된다.

품격 있는 정치를 위한 세 가지 과제

그렇다면 이러한 현재를 극복하고 격조 있는 정치의 토대를 마련하기 위해서는 어떻게 해야 하는가? 이 과제와 관련하여 사회적 망각과의 투쟁, 국민과의 소통회복, 변화하는 세계 질서와의 유기적 공생이라는 세 가지 사안을 중심으로 생각해보기로 한다.

사회적 망각과의 투쟁

우리 사회는 아무리 충격적인 사건을 겪어도 시간이 흐르면 어느새 그 일에 대해 깨끗이 잊고 산다. 그러다보니 우리는 이른바 '역사의식'이라는 것을 길바닥에 놓고 살아간다. 사건과 사건의 고리를 짜임새 있게 연결시켜 하나의 큰 그림으로 읽어내지 않고 사건 자체의 화제성에만 몰두하고, 이내 시들해져버린다. 사유의 깊이가 얕고 가벼워지는 것이다. 그래서 사회의 내적 변화에 대한 정신분석적 성찰도 깊게 다져지지 않는 것만 같다. 무엇이 우리를 걸려 넘어지게 했는지, 무엇이 우리를 일으켜 세웠는지 또 무엇이 우리에게 절망과 희망을 주었는지 기억하지 못한 채 뭔가에 쫓기듯 줄곧 앞만 보고 달리기만 한다.

이러한 사회적 분위기에서는 당장 필요하고 실용적인 것은 뭐냐, 라는 질문에 대해 조급히 답하기에 바쁘다. '본질적 가치'에 대한 논의와 대화를 할 수 있는 겨를은 좀체 없다. 그런 곳에서 정치는 망각을 밥으로 삼아 기만을 일삼는다. 망각은 언제나 이런 식으로 진실을 왜곡되게 재구성하는 토대가 된다. 인간을 인간답게 하고 약자를 위한 공동체의 책임과 연대를 구축해갈 정치의 격조는 기대할 수 없다. 무엇이 자기 세력 확장에 유리한가에 대한 정치공학적 발상은 넘쳐나지만, 진정 국민의 삶을 풍요롭게 할 수 있는 정치적 사유 능력은 자꾸만 꺾인다. 그런 정신이 사라진 자리에서 정치는 권력의 이해관계를 옹호하고 선전하는 프로파간다와 어떻게든 그것을 관철시키려는 폭력성을 드러내며, 거짓 약속으로 표를 모아 권력의 성채를 짓는다.

그곳에서 만들어지는 일들은 우리로 하여금 볼 것만을 바라보게 요구한다. 즉 사고의 방향과 내용이 이미 정해진다. 현상의 본질 또는 진실에 대한 접근은 차단된다. 권력이 일방적으로 정해놓은 문법과 시각, 그리고 주장만이 합법적이고 그밖에는 불법이 되는 것이다. 천안함 사건 원인 규명 과정에서 인양한 선미에 대한 촬영 거리와 각도가 규정된 것은 이러한 정치논리를 고스란히 보여준다. 이런 현실을 되풀이하지 않게 길을 여는 것 또한 정치다. 그래서 기억을 새롭게 하는 일은 모든 정치행위와 그에 대한 평가의 중심에 놓여야 한다. 그렇지 않으면, 지금 벌어지고 있는 일들의 원인도 모르고 책임도 불분명해지며 가야 할 목표도 헷갈리게 된다. 되돌아본다는 것은 '지나고 보니 전체가 보인다'라는 깨달음과 맞닿아 있다. 현재 자신이 어디에 있는지 그 좌표를 제대로 인식할 수 있어야 한다.

결국, 쉽게 망각하는 공동체는 현재에 대해서도, 앞으로 가는 길에 대해서도 무지하다. 현실을 세심하게 기록하고 그 안에 담긴 본질을 응시하는 일은 우리 자신을 아는 일이다. 자신을 빼놓고 모든 것을 안다고 말하는 이는 정작 아무것도 모르는 자다. 그런 이가 많은 사회에서 정치는 권력이 정한 방향으로 눈이 먼 채 질주하게 마련이다. 이런 상황에서 저널리즘과 역사학이 한몸이 되어서 새로운 질문에 끊임없이 마주하는 일은 정치의 질적 발전을 위해 반드시 요구된다. 오늘날 한국의 저널리즘은 빠른 속도로 과거의 망각 위에 새로운 뉴스를 포화상태로 만들고, 역사학은 현재를 제대로 다루지 않는다. 이걸 넘어서야 한다. 사회적 망각과의 투쟁은 정치의 격을 무너뜨리는 독선적 권력에 대한 가장 중요한 철학적 사유의 출발점이다. 동서양을 막론하고 고전적 정치철학의 모든 출발점은 지난 시기의 역사에 대한 기록과 성찰에서 비롯되었다. 한 시대가 겪은 사건에 대한 기억이 말소되지 않도록 지켜갈 때 비로소 품격 있는 정치가 가능해진다.

국민과의 소통회복

지난 지방선거의 결과에서 가장 주목되는 점은 선거 전 여론조사와 출구조사 사이의 격차였다. 이는 소통의 정치에 실패한 권력의 운명과, 비공식적·비제도적 공간에서 소통의 정치를 끊임없이 이어가고 확장하는 대중 사이의 간격을 의미한다.

우선 여론조사의 기술적 한계란 언제나 있게 마련이라는 사실을 전제로 하자. 제한적인 모집단을 근거로 파악한 여론에 오차가 있음은 이상한 일이 아니다. 게다가 유선전화 여론조사라는 것은 오늘날 트위터로 사회적 의사 전달 통로가 확장되고 있는 마당에 기본적인 문제를 안고 있다. 특정 시간에 유선전화를 받을 수 있는 사람들이 중심이 된 모집단의 성격 자체가 대표성을 상실했기 때문이다. 더군다나 점점 줄어드는 유선전화 등록 수를 감안하면 전화 여론조사에 근거한 통계는 여론의 전모를 밝히는 데 제약이 따른다. 특히 유동성이 높은 젊은 세대의 생각을 짚어내는 데 상대적으로 통하기 어려운 방식이다. 그러다 보니 교육이나 취업 등 젊은 세대의 고민을 해결할 수 있는 정치의 창출은 당연히 부차적이 될 수밖에 없었다.

그러나 이보다 더 중대한 문제가 그 안에 도사리고 있었다. 그것은 민심의 정확한 반영이 수시로 이루어질 수 있는 사회적 소통 공간이 위축되거나 폐쇄된 결과였다. 2008년 6월 촛불광장에서 이루어진 이명박 정권에 대한 자유로운 비판과 활발한 의사소통은 우리 사회 내면에 잠재되어 있거나 표출될 의지를 강하게 가지고 있던 여론을 그대로 볼 수 있는 과정이었다. 대통령은 이러한 사회적 격동 앞에 머리 숙여 정치적 소통의 부재 또는 부족함에 대해 사과했다. 하지만 이후 정권이 택한 방식은 소통의 확대가 아니라 단절, 비판 여론에 대한 탄압으로 나타났다. 경찰의 물리적 진압은 물론 언론과 방송, 인터넷 공간에서 정부에 대한 비판을 솎아내기 시작했다. 마치 촛불광장에서 겪었던 정치적 도전에 대한 보복처럼 보일 정도로 전면적이었다. 공식·비공식 언론방송의 공간에서 영향력이 해체되거나 축소된 인사들은 한둘이 아니었고, 이로 인해 이명박 정권의 문제와 모순에 대한 지적과 비판은 힘을 잃어갔다. 이와 함께 메이저 보수언론이 만들어낸 권력과의 동맹은 기득권 세력의 주장과 생각이 전체 여론인 것처럼 끌고 갔다.

사태가 이렇게 되면서, 정권에 대해 민심은 정직한 속내를 드러내기 주저했을 뿐만 아니라 권력도 비판적 여론과 민심의 존재 자체를 제대로 파악하기 어렵게 되고 만 것이다. 이것이 소통의 정치를 가로막은 과정에서 나타나게 된 중대한 모순이었다. 대통령 국정수행 지지도 50퍼센트는 대통령의 발언과 의지가 독주하는 이런 상황에서 만들어진 문제제기 없는 여론 조사였으며, 국정의 문제에 대한 비판적 정보가 부재한 상황에서 나온 기계적 결과에 지나지 않았다. 이러한 통계는 권력에게 환상을 주었을 뿐만 아니라 여론을 기획하고 정치공학적으로 제작, 생산해낼 수 있다는 심각한 착시현상에 빠지게 했다.

현실은 이런 권력의 판단과는 다르게 진행되어갔다. 여론조사는 아직 불확정적인 사안에 대한 예상 질문인데 반해, 출구조사는 이미 선택한 행동에 대한 보고서라는 점에서, 그 결과는 권력에게 충격적이지 않을 수 없었다. 다채로운 의견표출과 비판적 담론이 권리로 보장된 민주주의를 해체시키면 그것이 권력 자신에게 부메랑이 되어 타격을 준다는 사실을 미처 깨닫지 못한 자승자박의 결과였다. 따라서 국민의 목소리가 드러나는 소통로가 차단되면, 그것이 권력에 유리하게 작용할 것 같지만 결과는 전혀 다르게 나타나는 법이다. 4대강, 세종시, 천안함 등 굵직굵직한 사안뿐만 아니라 교육과 복지 등 각종 현안에 대한 소통의 부재는 정치 자체에 감당하기 어려운 부담으로 돌아오고 권력 운영에도 타격을 주는 상황이 만들어진다.

이는 집권세력만이 아니라 야권에도 해당하는 문제다. 소통의 정치로 대중과의 정치적 스킨십을 밀도 있게 형성해내지 못하면, 권력에 대한 저항과 비판만으로는 대안세력의 위상을 갖지 못한다. 밀도 있는 소통의 정치는 단지 기술적 사안이 아니라 대중의 요구와 기대, 희망을 중심에 놓고 사고하는가 아닌가로 결정된다. 물론 대중의 모든 요구가 옳거나 역사적 진행과정에서 타당하다고 볼 수는 없지만, 이를 기초로 해야만 그 다음의 문제제기도 가능하고 정치적 역량도 그에 맞게 재구성할 수 있다. 특히 진보진영의 경우, 대중의 요구와 정치적 이상 사이에서 좌표설정이 쉽지 않은 경우가 생기는데 이 역시 소통의 정치에 대한 밀도를 높이면서 풀어나갈 때 실마리가 보일 것이다. 다시 말해서, 소통의 정치만으로는 부족하지만 이걸 생활밀착형으로 접근해나갈 때 자본주의의 대안논쟁도 대중적 차원에서 전개될 수 있는 근거가 마련될 수 있다.

변화하는 세계 질서와의 유기적 공생

우리의 형편은 언제나 세계 질서가 어떻게 돌아가는가와 결정적으로 관련 있다. 이는 근현대사의 생생한 경험이자, 우리가 직면하고 있는 현실에서도 이론의 여지가 없는 진실이다. 그러나 세계 질서에 대한 이해의 수준이나 분석의 각도는 고정되어 있다시피 하다. 특히 한미동맹이라는 냉전형 군사주의의 틀 속에 갇혀 있어 국제적 주도권 육성에 성공하지 못하고 있다. 천안함 정국에 대한 외교적 대응이나 주권헌납에 다름아닌 전작권 환수 연기나 한미 FTA 등의 사안을 비롯해서 우리 자신의 운명을 국제적으로 어떻게 개선시킬 것인가에 대해 아직도 많은 한계에 직면하고 있다. 다행스러운 것은, 지난 지방선거를 통해 남북관계의 군사적 접근이 더는 정치공학의 대상이 될 수 없음을 뒤늦게 절감하게 된 사실이다.

미국 중심의 세계자본주의 체제는 다른 방식의 조처를 취하지 않으면 그 생존력에 중대한 위기가 발생한다는 것을 최근 십여 년간 전 세계가 경험하고 있다. 이제는 미국의 일방적 위계질서에서 다원적 국제질서로 세계 구조는 재편되어가고 있다. 뿐만 아니라 이라크 전쟁이 미국의 동북아 패권유지 역량에 손상을 가했고, 달러체제의 동요가 동아시아 국제기금의 조성이라는 주제를 다시 제기케 하는 등의 상황에서 세계 질서가 유기적으로 맞물려 있음이 드러나고 있다. 결국 이러한 정세 속에서 우리가 취할 바는 기존의 한미동맹 체제라는 낡은 구조를 극복하고 다른 나라들과 좀더 포괄적이고 유기적인 관계를 강화하는 방향으로 나아가야 한다. 그렇게 하기 위해서라도 한반도의 긴장 요인을 적극 해소하고, 미국의 군사적 영향력을 축소시켜 나가며 우리의 외교적 행동반경을 넓혀나가는 노력이 절실해지고 있다. 이러한 노력이 우리 정치의 중심 과제로 떠오르고 그것을 제대로 펼쳐나가기 위한 사회적 담론과 지도력 육성이 이루어져나갈 때, 정치의 격조는 지난 시기의 모습과는 확연히 달라질 수 있다. 우리 정치가 지구적 차원의 시야를 가지고 21세기형 정치로 거듭날 수 있는 길이 여기에 있다.

이렇게 보자면, 지난 세월 우리 사회 내부에 축적된 소통 수단의 기술적 변화와 민주주의의 사회적 기반 확대, 한반도 평화체제에 대한 의지를 가치 있게 주시하고 존중하지 않는 정치의 패배는 명확하다. 사회적 망각을 저지하는 노력 또한 도처에서 이루어지고 있다. 그것은 현실정치에 대한 비판 의식의 공감대 확산으로 이어지고 있다. 결국, 민심은 이미 첨단기술의 소통 수단을 활용하는 동시에, 개방적 의사 표현과 논의 구조에 익숙하고 한반도 평화체제 수호에 강한 의지를 가지고 있는데 반해, 권력은 이 모든 지점에서 낙후한 인식을 드러내고 있지는 않나 하는 우려를 감출 수 없다. 낡은 생각에 묶여 있는 정치는 상황 변화를 겸허하게 받아들이지 못하고 정치 공학의 힘이 여전히 효력을 발휘할 수 있다고 믿는다. 격조 있는 정치로 발전할 수 없다.

격조 있는 정치는 정치공학적 발상에서 나온 기만과 폭력을 거부한다. 사회적 약자에 대한 모멸적 정책을 받아들이지 않으며, 강자를 위한 계급권력의 복원에 저항한다. 격조 있는 정치는 세계 질서의 유기적 변화에 무감하지 않으며, 자신의 주도권을 패권체제에 굴복하여 포기하지 않는다.

이러한 정치를 위해서 우리는 첫째, 소통의 기술적 변화가 가져온 논의 공간의 확대, 민주주의의 정치사회적 기반의 축적, 평화통일의 안정적 관리라는 세 가지 측면을 어떤 경우에도 손상시켜서는 안 될 귀중한 자산임을 끊임없이 환기시키고 보편 권리로 세워나가는 일이 필요하다. 이를 가로막는 정치와 권력은 어느 때라도 퇴출되어야 마땅하다는 의지와 인식이 확고하게 자리 잡아야 한다. 그런 의지가 내면화되어 있는 사회에서 차원 높은 정치를 기대할 수 있다.

둘째, 언론과 방송의 비판적 기능을 최대한 되살려야 한다. 이는 사회적 망각에 맞서기 위해서도 중요하다. 권력의 정보 독점구도를 막아낼 다각적인 통로개설과 개방적 접근을 비롯해 제약 없는 논의의 보장을 위한 언론방송의 민주화가 절실하다. 자본과 권력이 지배하는 언론방송의 현실을 극복해내지 못하면 정치는 돈에 매수되거나 권력에 종속되어 국민적 요구를 외면한다. 토론 프로그램의 시간도 보다 많은 사람들이 볼 수 있도록 조정되어야 하며, 보도와 탐사 프로그램의 정치적 자율성을 보장하는 실천이 있어야 한다.

셋째, 정치의 본질을 사회적 담론으로 삼아나갈 수 있는 출판의 육성과 이를 기반으로 한 시민교육, 공개토론의 활성화를 위한 사회적 투자가 이루어져야 한다. 이런 토대 위에서 현실과 밀착된 정치철학이 발전하고, 사회적 인식과 전망의 뿌리가 튼튼해지며, 근본적이고 밀도 있는 사유가 공유될 수 있다. 그럴 때 비로소 격조 있는 정치 풍토를 만들고, 그런 정치지도자를 배출할 수 있으며, 이는 미래를 위한 지혜로운 선택과 투자가 될 것이다.

이 모든 작업에서 무엇이 옳은가, 무엇을 추구해야 하는가, 무엇이 정당한가, 하는 정치윤리적 질문이 우리 사고의 습관이 되도록 하는 일이 핵심으로 거론되어야 한다. 제대로 된 논의와 합의 없이 안락사 문제나 성범죄자에 대한 화학적 거세가 손쉽게 법제화되는 사회에서 자연에 폭력을 가하는 4대강 사업 같은 국가 중대사도 절차 없이 관철되어간다. '정치윤리적 사유의 능력'을 소중히 여기고 함양해가는 공동체를 갈망할 때 우리는 이미 격조 있는 정치의 문턱을 넘어서고 있을 것이다. 올바른 정치는 우리 모두의 권리이자 현대판 군주론자들에게 빼앗겨서는 안 될 자산 아닌가.

최근 공정사회에 대한 논의가 활발해지고 정의론에 대한 관심이 깊어지는 시대적 흐름은 우리의 정치적 사유방식과 내용을 변화시켜나갈 조짐이다. 생각이 바뀌지 않고는 새로운 미래를 만들어나갈 방법은 없다.

노무현 전 대통령은 바보만이 가질 수 있는 우직함과 원칙에 대한
헌신을 유지했던 드물디 드문 정치인이었다. 많은 국민들이 표한 애도는
그가 간직했던 높은 미덕에 대한 그리움이었다.